Bettina Malle

Helge Schmickl

Essig herstellen als Hobby

ökobuch

Autorin und Autor

Bettina Malle und Helge Schmickl veröffentlichten bereits die erfolgreichen Praxisbücher „Schapsbrennen als Hobby“ und „Ätherische Öle selbst herstellen“, die sich aufgrund ihres hohen Gebrauchswerts rasch durchsetzten. Die beiden promovierten Chemiker veranstalten seit Jahren mit großer Resonanz Seminare zum Schnapsbrennen, Herstellen ätherischer Öle sowie zum Herstellen von Essig.

Von Bettina Malle und Helge Schmickl bereits erschienen:

176 S., Hardcover, farbig, zahlreiche Abb.
ISBN 978-3-947021-33-8
€ 19,90

192 S., Hardcover, farbig, zahlreiche Abb.
ISBN 978-3-947021-28-4
€ 19,90

Bibliografische Information der Deutschen Nationalbibliothek

Die Deutsche Nationalbibliothek verzeichnet diese Publikation in der Deutschen Nationalbibliografie; detaillierte bibliografische Angaben sind im Internet unter http://dnb.d-nb.de abrufbar.

Titelfoto und Fotos im Innenteil:

Bettina Malle und Helge Schmickl außer:
Pixelio: S. 156 (2), 160 (2), 166, 178 u, 179 u, 184 (2), 185, 186, 187, 188
Wüstenfeld, Berlin 1930: S. 23, 24, 25 (2), 26, 119 o l

ISBN 978-3-947021-40-6

4. Auflage 2023

Königstr. 43, 26180 Rastede
E-Mail: verlag@oekobuch.de
http://www.oekobuch.de

Druck: Grafisches Centrum Cuno, Calbe

FSC
www.fsc.org
MIX
Papier aus verantwortungsvollen Quellen
FSC® C043106

Unsere Bücher werden nach höchsten Ansprüchen an Nachhaltigkeit und Ökologie produziert und wir optimieren ständig weiter:

- Papiere und Pappen sind FSC® oder PEFC™ zertifiziert
- Druckfarben auf Pflanzenölbasis
- Druckplattenbelichtung komplett chemiefrei
- Klebstoffe lösungsmittelfrei
- 100% Öko-Strom bei Druck und Bindung
- Müllvermeidung und Recycling bei der Produktion
- kurze Wege, gedruckt in Deutschland

Inhalt

Vorwort

Essig ist ein bekanntes Produkt mit einer langen Tradition, dennoch wurde die hobbymäßige Essigherstellung in der Literatur bis dato nur stiefmütterlich behandelt. Wir mussten feststellen, dass sich für den Haushaltsbereich die Beschreibungen meistens darauf beschränken, einen Wein länger offen stehen zu lassen, dann bilde sich die Essigmutter und der Essig schon von selbst. So entsteht jedoch ein minderwertiges Produkt, eigentlich nur für Reinigungszwecke oder für Essigwickel gegen Fieber geeignet. Guter Essig schmeckt aber hervorragend und ist (verdünnt) ein bekömmlicher Durstlöscher. Er riecht nicht muffig oder scharf und ist auch nicht von unappetitlichem Kleingetier wie Essigfliegen, Maden, Essigälchen usw. befallen. Da all diese „Begleiterscheinungen“ bei unseren Versuchen aufgetreten sind, war der Weg zu den ersten positiven Resultaten und Geschmackserlebnissen sehr erfahrungsreich.

Beispielsweise war es notwendig, einen Essigreaktor sowie eine vergleichsweise genaue Analysenmethode für den Hausgebrauch zu entwickeln, da Essiganlagen inkl. Messsonden nur für kommerzielle Großhersteller entsprechend teuer und groß angeboten werden. Außerdem ist es uns gelungen, aktive Essigkulturen auf Trägern tiefzufrieren und damit neue Essiggärungen zu starten.

Im Buch sind fünf Gärmethoden und die entsprechenden Gerätschaften praxisnah beschrieben, beginnend mit der traditionellen Essigherstellung sowie einer einfachen Anleitung für erste Versuche bis zu Verfahren für bestmögliche Resultate. So kann jeder Leser seinen Gegebenheiten und qualitativen Ansprüchen entsprechend die passende Methode finden, um seinen Essig künftig selbst herzustellen.

Viel Spaß beim Lesen und gutes Gelingen!
Dr. Bettina Malle & Dr. Helge Schmickl
www.essigherstellung.at

Kapitel 1

Historischer Rückblick

▲ Französischer Essigverkäufer (Kupferstich, A. Bosse, 17. Jh.)

Der Essig zählt zu den Produkten, die nicht erfunden, sondern durch Zufall entdeckt wurden. Sobald es alkoholische Getränke wie Bier und Wein gab, entstand – zuerst ganz von selbst und ungewollt – durch das Stehenlassen dieser Getränke Essig. Mangels Wissen zur Konservierung von Bier und Wein wurde bei längerer Lagerung somit immer Essig erzeugt.

Daher ist es nicht weiter verwunderlich, dass der Essig bereits bei den Ägyptern, Babyloniern, Griechen und Indern bekannt war. Die Babylonier stellten einen Dattelessig her, den sie vorwiegend zum Konservieren von Lebensmitteln nutzten. Die Ägypter tranken gerne Hequa, ein aus Gerste gebrautes Bier, das man sauer werden ließ.

► Essigmacher im 18. Jahrhundert (Wiener Kupferstich, Flugblatt, 18. Jh.)

Im Römischen Reich tranken die Legionäre vorwiegend Posca, einen mit Wasser verdünnten Weinessig. Hippokrates schrieb ein Werk über die medizinische Anwendung und die Herstellung von Essig. Der Essig hatte in dieser Zeit sehr große Bedeutung als Konservierungsmittel. Nur so war es möglich, Fleisch, Fisch, Gemüse und Früchte haltbar zu machen und zu transportieren.

▲ J.W. Döbereiner

Im Mittelalter gab es unterschiedliche Kräuteressige. Hildegard von Bingen und Nostradamus erforschten die Wirkung der unterschiedlichen Heilpflanzen, die in Essig extrahiert wurden.

▲ F.T. Kützing

Etwa um 1400 wurde in Frankreich das erste Mal Essig nach dem Orléansverfahren in einer „Fabrik“ hergestellt. Auch der Essighandel ging von Frankreich aus. Mit Hilfe von Essigkarren wurden Krüge und Fässer transportiert. Neben dem Konservieren und Einlegen diente Essig auch als Desinfektionsmittel und fand bereits im Altertum Eingang in die Schönheitspflege.

▲ L. Pasteur

Der Franzose Lavoisier fand im 18. Jahrhundert heraus, dass die Essigvergärung nur mit Hilfe von Sauerstoff stattfinden kann. Aufgrund der Versuche von Davy konnte Döbereiner erstmals eine Gärungsgleichung aufstellen. Kützing erkannte unter dem Mikroskop erstmals eine lebende Materie, die für die Gärung verantwortlich ist. Diese Theorie wurde aber kaum beachtet. Erst im 19. Jahrhundert gelang es Pasteur durch beweisende Versuche, diese Theorie zu bestätigen. Knieriem und Maier stellten schließlich 1873 fest, dass die Essigsäureherstellung aufgrund von Bakterien abläuft. Bald darauf wurde der Essig erstmals in Flaschen abgefüllt.

Im frühen 20. Jahrhundert wurde schließlich synthetischer Essig mittels Holzdestillation gewonnen. Kurze Zeit später gab es die erste großtechnische Essigsäuresynthese.

Heute ist Essig ein beliebtes Würz- und Genussmittel, wird außerdem für die Konservierung und Reinigung benutzt und findet selbst in der Medizin (wieder) Anwendung.

Kapitel 2

Grundlagen

Vielen von Ihnen ist es sicher schon passiert, dass Sie eine Flasche Wein oder Bier unverschlossen stehen ließen. Nach einiger Zeit war in der Flasche jedoch nicht mehr der vermeintliche Bier- oder Weingeschmack, die Flüssigkeit schmeckte sauer. Es hatte sich Essig gebildet. Aber worum handelt es sich hierbei eigentlich?

Was ist Essig?

Essig ist eine Flüssigkeit, die aus Wasser und Essigsäure besteht. Je nach Essigsorte befinden sich auch andere Inhaltsstoffe wie z.B. Aromen oder Geschmacks- bzw. Farbstoffe darin.

Essig = Wasser + Essigsäure

Der **Essig** ist dadurch definiert, dass er mindestens 5 %, aber höchstens 15 % Essigsäure enthält. Er ensteht durch die Essiggärung aus einer alkoholhaltigen Flüssigkeit oder durch Verdünnen einer gereinigten Essigsäure mit Wasser. Der Restalkoholgehalt von 0,5 % darf nicht überschritten werden. Die **Essigessenz** enthält zwischen 15,5 % und 25 % Essigsäure.

Anmerkung: Essig ist nicht mit **Eisessig** zu verwechseln. Dabei handelt es sich um eine stark konzentrierte (99 % – 100 %) Essigsäure.

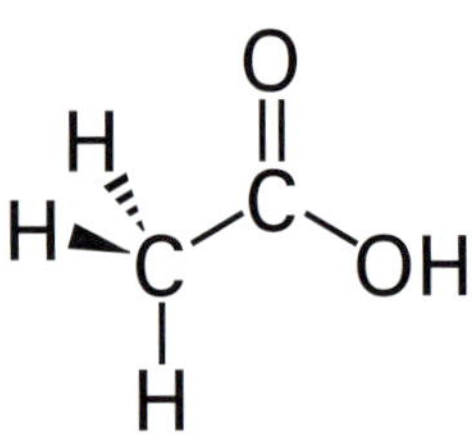

▲ Strukturformel (Keilstrich) der Essigsäure

Name: **Essigsäure** (Ethansäure nach IUPAC-Regelung)

Chemische Formel:	CH_3COOH
Schmelzpunkt:	17 °C
Siedepunkt:	118 °C
Dichte:	1,05 g/ml
Molmasse:	60,05 g/mol

Merkmale eines guten Essigs

- ▷ Aussehen: klar, Trübungen und Älchen nur in geringer Menge; Trübungen sind bei naturtrüben Essigen allerdings erwünscht.
- ▷ Färbung: Je nach verwendeter Fruchtmaische hat der Essig auch eine Färbung. Weißweinessige sind klar, Rotweinessige z.B. ganz dunkel. Die Farbe darf auch durch Zuckercouleur oder Früchte, die eingelegt wurden, verändert werden.
- ▷ Geruch, Geschmack: Er sollte fruchtig bzw. nach der jeweiligen Essigbasis schmecken, nicht fade oder dumpf, und keinen Fehlgeschmack aufweisen.
- ▷ Konservierung: Viele Essige werden mittels Schwefelung oder Kochsalz bis zu 2 % konserviert, um im fertigen Produkt Trübungen, Essigmutterbildung, Älchen usw. zu verhindern.
- ▷ Vortäuschen der Schärfe durch fremde Säuren und scharf schmeckende Stoffe ist verboten. Schärfen ist nicht erlaubt, scharfe Gewürze im Gewürzessig allerdings schon.

Chemische Vorgänge

Wie entsteht Essig?

Essig kann sowohl auf natürliche Weise durch die Alkohol- und darauf folgende Essiggärung hergestellt werden als auch auf künstliche Weise im Labor.

Anmerkung: Es ist im Labor möglich, zwischen synthetischem Essig und Gärungsessig zu unterscheiden, und zwar mittels der 14C-Radioaktivität.

Synthetische Herstellung

Im industriellen Bereich kann Essig auf mehrere Arten hergestellt werden. Das wichtigste Verfahren ist der Monsanto-Prozess, bei dem aus Methanol und Kohlenmonoxid unter Druck und mittels Katalysator Essigsäure hergestellt wird.

► Essigherstellung aus Methanol

$$CH_3OH + CO \xrightarrow{\text{Druck, Kat.}} CH_3COOH$$

Methanol + Kohlenmonoxid ⟶ Essigsäure

Auch aus Acetaldehyd kann durch die Oxidation mit Sauerstoff oder Luft Essigsäure gebildet werden.

► Essig aus Acetaldehyd

$$CH_3CHO + \tfrac{1}{2}O_2 \longrightarrow CH_3COOH$$

Acetaldehyd + Sauerstoff ⟶ Essigsäure

Das Produkt mit einem Säuregehalt von ca. 80 % wird verdünnt, woraus die **Essigessenz** entsteht, hauptsächlich für Putz- und Desinfektionsmittel. Für die Anwendung als Speiseessig wird diese auf 5–15% heruntergesetzt und heißt dann **Säureessig**. Der wiederum wird vorwiegend zum Konservieren in der Industrie verwendet. Weltweit wird Essig zu ca. 20 % synthetisch und zu 80 % mikrobiologisch hergestellt, der mikrobiologische Anteil beträgt ca. 190.000 t jährlich.

Mikrobiologische Herstellung

Der Essig entsteht durch Vergärung einer alkoholhaltigen Flüssigkeit. Um also aus einem Fruchtsaft oder Fruchtbrei Essig herzustellen, sind zwei Gärungen notwendig:

1. Schritt: die alkoholische Gärung

Aus zuckerhaltigen Produkten wie Obst kann durch Hefe Alkohol entstehen. Die Hefe frisst den Zucker auf und scheidet Alkohol aus. Dieses Vorgehen nennt man alkoholische Gärung. Sie findet **OHNE Sauerstoff** statt.

Die Gärungsgleichung sieht wie folgt aus:

► Gärungsgleichung

$$C_6H_{12}O_6 \xrightarrow{\text{Hefe}} 2\,CH_3CH_2OH + 2\,CO_2$$

Zucker ⟶ Ethanol + Kohlendioxid

1.000 g ⟶ 511 g + 489 g

Bei dieser Reaktion wird Wärme frei.

Beachtlich ist, dass aus 1 kg Zucker ca. 0,5 kg hundertprozentiger Alkohol entsteht.

2. Schritt: die Essigsäuregärung

Die Essigsäuregärung verläuft über zwei Stufen und findet **MIT Sauerstoff** statt. Zuerst wird durch Sauerstoff aus Alkohol Acetaldehyd gebildet.

$$2\,CH_3CH_2OH + O_2 \longrightarrow 2\,CH_3CHO + 2\,H_2O$$

Alkohol + Sauerstoff ⟶ Acetaldehyd + Wasser

◄ Essigsäuregärung, 1. Teil

In Gegenwart des Essigferments, der Pilzart Micrococcus Aceti (ist in Bier, Wein und Zider bereits vorhanden), verläuft die Gärung schließlich weiter zu Essigsäure:

$$2\,CH_3CHO + O_2 \longrightarrow 2\,CH_3COOH$$

Acetaldehyd + Sauerstoff ⟶ Essigsäure

Die Reaktion ist ein exothermer Prozess, d.h. Wärme wird frei.

◄ Essigsäuregärung, 2. Teil

Die ideale Umgebungstemperatur für die Gärung sind ca. 25–30 °C. Unter diesen Bedingungen kann aus 1 g Alkohol ca. 1 g Essigsäure entstehen. Die folgende Abbildung gibt Ihnen einen Überblick der Ausbeuten.

Theorie:	1% Vol. Alkohol	ergibt	ca. 1%	Essigsäure.
	1 g Alkohol	ergibt	ca. 1,3 g	Essigsäure.
	1 ml Alkohol	ergibt	1 ml	Essigsäure.
Praxis:	1% Vol. Alkohol	ergibt	ca. 0,8%	Essigsäure.
	1 g Alkohol	ergibt	1 g	Essigsäure.

▲ Essigausbeute aus Alkohol

Befindet sich in der Maische überhaupt kein Alkohol mehr oder nur noch ein sehr geringer Alkoholanteil, wird der Essig allmählich weiteroxidiert (= Überoxidation):

$$CH_3COOH + 2\,O_2 \longrightarrow 2\,CO_2 + 2\,H_2O$$

Diese Reaktion sollte man verständlicherweise unterbinden, da so der Essig verloren geht und ein markanter, muffiger Geruch auftritt. Das Nebenprodukt ist Essigsäureethylester (Ethylacetat), der für den Klebstoffgeruch während der Gärung sorgt. Dieser Geruch zeigt an, dass die Gärung richtig funktioniert, sie ist nahezu abgeschlossen, wenn dieser Geruch wieder verschwunden ist.

Die Essigbakterien

Auf allen organischen, zuckerhaltigen Stoffen wie Früchten, Wurzeln und Pflanzensäften, die auch der alkoholischen Gärung durch Hefen unterliegen, findet man Essigbakterien. Sie werden durch Wind, aber vor allem durch Insekten von einer Nährquelle zur anderen übertragen. Sobald der Nährboden der Hefen durch die Bildung von Alkohol vorbereitet ist und Wärme und Luft vorhanden sind, beginnen sie sich zu entfalten.

Es gibt verschiedene **Gruppen von Essigbakterien:**

- Maische- und Würzebakterien
- Bieressigbakterien
- Weinessigbakterien (Kulturessigsäurebakterien und wilde Essigbildner)
- Schnellessigbakterien (kommen in der Natur nicht vor, eine spezielle Zuchtform).

In den jeweiligen Untergruppen gibt es eine Vielzahl unterschiedlicher Bakterien. Diese näher zu erläutern, würde aber zu sehr ins Detail führen. Im Prinzip unterscheiden sie sich durch ihre Herkunft, ihr Temperaturverhalten, ihre Hautbildung, ihr Säureverhalten und ihre Alkoholtoleranz.

Bakterien, die eine Überoxidation begünstigen, werden Peroxidanten genannt und sind für die Essigherstellung nicht geeignet. Bakterien, die die Essigsäure nicht mehr weiterverarbeiten – sogenannte Suboxidanten –, sind jedoch erwünscht.

Bei der Essigerzeugung entsteht üblicherweise eine **Essigmutter.** Hierbei handelt es sich um eine Ansammlung von Essigbakterien und Zellulose, welche die Bakterien bilden. Die Haut kann je nach Bakterienart unterschiedlich aussehen:

- Trockene Haut: Die Haut schwimmt auf der Flüssigkeit und wird von dieser nicht benetzt, sie sieht von oben trocken aus. Im jungen Stadium ist sie glatt. Die gealterte Haut ist gerunzelt, ähnlich der Haut einer gekochten Milch. Die Haut wird nicht dicker.
- Nass schimmernde Haut: Es sieht aus, als ob die Oberfläche von einer dünnen Flüssigkeitsschicht bedeckt ist.

Die Haut ist dünn und steigt manchmal im Glas etwas hoch. Oft treten auch Trübungen in der Flüssigkeit auf.
- Schleim- und Lederhaut: Die Haut wächst unter der Flüssigkeitsoberfläche gallertartig. Sie ist dick, mit zunehmendem Alter sehr dick.

Gute Essigbakterien zeichnen sich durch folgende Merkmale aus:
- hohe Alkoholoxidationsleistung je Zeiteinheit
- hohe Temperaturstabilität
- widerstandsfähig gegen hohe Essigsäurekonzentration
- möglichst verlustlose Säureausbeute aus der verbrauchten Alkoholmenge
- keine Überoxidationserscheinungen.

Das Verhalten der Essigbakterien gegenüber **Alkohol** ist nicht immer gleich. Es gibt Bakterien, die maximal 6 % Vol. Alkohol vertragen können, andere Bakterien hingegen sogar 13 % Vol. Hierbei spielen der Nährboden und der Ernährungszustand der Bakterien eine wesentliche Rolle.

Für das Wachstum der Bakterien liegt das Temperaturminimum bei 6 – 10 °C, das Optimum für das Wachstum, je nach Bakterienart, zwischen 19 und 34 °C. Zwischen 35 und 45 °C wird das Wachstum eingestellt. Diejenigen Bakterien, die bei hohen Temperaturen noch wachsen, sind für die Essigproduktion am besten geeignet, da vor allem bei Verwendung von Füllkörpern lokal höhere Temperaturen entstehen.

Gegenüber **Essigsäure** haben die Bakterien keine hohe Resistenz. Meist stellen sie bereits bei 2 – 3 % Essigsäure ihr Wachstum ein, bzw. das Wachstum wird sehr langsam, sie produzieren dennoch Essig weiter, bis zu Konzentrationen von 11 %. Das Verhalten ist jedoch stark unterschiedlich und z.B. abhängig davon, ob die Bakterien in einem Kolben bzw. normalen Gefäß aufwachsen oder auf Füllkörpern.

Zum Wachsen und Gedeihen brauchen die Essigbakterien auch Mineralstoffe wie Kalium, Magnesium, Sulfate und Phosphate sowie Stickstoffquellen. Ideale Nährstoffquellen sind somit Malzauszüge, Bier, extraktreiche Weine, Fruchtweine, Fruchtsäfte sowie das stickstoffreiche Hefewasser und die Hefeabbauprodukte.

Die Essigbakterien sind durch ihre Hautbildung auf alkoholischen Flüssigkeiten leicht erkennbar und können eigentlich nur mit Kahmhäuten verwechselt werden (siehe Seite 115).

Wärmebilanz

Durch Oxidation des Alkohols erzeugen die Bakterien selbst die Wärme, die sie benötigen. Ein Essigreaktor mit Füllkörpern hat daher immer eine Temperatur über der Raumtemperatur. Natürlich wird auch an die Umgebung eine gewisse Wärme abgegeben.

Wichtig ist, dass die Bakterien nicht unter Kälte leiden, aber gleichzeitig so viel Wärme abgeführt wird, dass kein Wärmestau entsteht. Die optimale Bakterientemperatur liegt bei 25–37 °C. Die Bakterien, die die höchste Temperatur vertragen, sind am wertvollsten. In einer Füllkörperpackung herrschen nicht überall die gleichen Temperaturen: Am Rand und unten ist die Temperatur niedriger, die zentralen und oberen Zonen haben höhere Temperaturen.

Wird die Temperatur der optimalen Oxidationsleistung und das Optimum für das Wohlbefinden der Bakterien erreicht, lässt deren Produktivität nach. Damit diese Temperatur nicht erreicht wird, muss daher Wärme abgeführt werden, die Essigbildnertemperatur sollte immer knapp darunter liegen.

Essigarten

Man unterscheidet drei Arten von Essig. Der **Gärungsessig** wird aus Fruchtsäften, Fruchtmaischen oder Weinen hergestellt, indem die alkoholische Flüssigkeit mittels Essigbakterien vergoren wird. Beim **Ansatzessig** werden in eher geschmacksarmen Essig Kräuter, Früchte usw. gegeben, dadurch gelangt das jeweilige Aroma in den Essig, eine Vergärung findet hier nicht mehr statt. Und schließlich gibt es noch den industriell hergestellten **Synthese-Essig.**

Vergorener Essig

Diese Herstellungsart ist die einzige, bei der durch eine mikrobiologische Reaktion das Produkt Essig aus Alkohol hergestellt wird. Hier eine Auflistung der wichtigsten Gärungsessige:

- ▷ **Weinessig:** Die Herstellung erfolgt aus Weinen, überwiegend Weißwein. Diese Essige haben mindestens 6 % Säure. Der Wein muss aus frischem Traubensaft gewonnen werden (kein Tresterwein oder überzuckerte Produkte). Er hat eine rote oder weiße Farbe, je nach Traube, 6–10 % Säure. Bei der Angabe „50 % Weinessig" muss die Maische vor der Essiggärung zumindest zur Hälfte aus reinem Wein bestehen, der Rest kann auch verdünnter Branntwein sein. Bei „25 % Weinessig" ist mindestens ein Viertel der Maische reiner Wein.
- ▷ **Obstweinessig:** Herstellung erfolgt aus diversen Obstweinen, charakteristisch ist die vorhergehende Alkoholvergärung. Zu dieser Sorte Essig gehört auch der Apfelessig, einer der am meisten hergestellten Essige neben Wein- und Branntweinessig.
- ▷ **Branntweinessig (Spritessig), österreichischer Weingeistessig:** Dieser wird aus verdünntem Weingeist wie Primasprit (96 % Vol. Alkohol) oder Rohsprit (75–90 % Vol. Alkohol) gewonnen. Andere Rohstoffe dafür sind Alkohol aus Kartoffeln, Getreide oder Zuckerrüben (Rückstände aus der Zuckerherstellung). Vor der Essigvergärung wird der Alkohol verdünnt. Dieser Essig ist geschmacklos und billig in der Herstellung. Er wird meist mit Aromen und Kräutern versehen oder in der Industrie zum Einlegen und als Würzmittel verwendet.
- ▷ **Malzessig:** Entsteht aus gemälztem Getreide. Der Essig hat 6 % Säuregehalt, schmeckt süßsauer und ist sehr aromatisch.
- ▷ **Bieressig:** Wurde früher vor allem aus Resten, die bei der Bierherstellung entstehen, gemacht. Jahrzehntelang fast in Vergessenheit geraten, stellen viele, vor allem kleine, Brauereien inzwischen wieder Bieressig her.

- ▷ **Cidreessig (Zideressig):** Ein Essig aus Äpfeln mit kräftigem Aroma und gewissem Restzucker, ist daher milder als Apfelessig.
- ▷ **Einlegeessig:** Ein verfeinerter Branntweinessig, der mit Kräutern, Zucker und Aroma versetzt wird und gesalzen ist. In der Gastronomie braucht man ihn für Salate und zum Konservieren.
- ▷ **Kartoffelessig:** Stammt aus Kartoffelbrand, hat aber kaum Verwendung.
- ▷ **Rosinenessig:** Hat ein sehr intensives Aroma.
- ▷ **Molkeessig:** Die Molke wird eingedickt und zu Alkohol vergoren. Dieser Essig schmeckt immer sauerkrautartig und hat 5 % Säure.
- ▷ **Reisessig:** Reiswein oder die Rückstände bei der Herstellung werden zu Essig vergoren. Milder Essig mit nur 3 – 4 % Säure.
- ▷ **Honigessig:** Aus Honigwein (Met). Vor dem Gären wird der Honig verdünnt.
- ▷ **Tresteressig:** Entsteht durch das Vergären von Trester aus der Weingewinnung, er schmeckt eher herb.
- ▷ **Balsamessig:** Vor der Alkoholvergärung wird die Maische bzw. der Fruchtsaft eingedickt, die Essiggärung und Lagerung erfolgt in Holzfässern. Der Essig ist sehr dunkel, alt und hat eine Restsüße. Bei billigem Balsamessig wurde einem herkömmlichen Essig einfach Zucker zugegeben.

Handelsüblicher Essig ist meist Branntweinessig mit aromatischen und farbigen Zusätzen. Anders hergestellte Essige sind im Vergleich dazu in der Menge nur sehr gering.

Ansatzessig

Beim Ansatzessig werden vor allem Branntweinessig, Wein- und Apfelessig verwendet. Darin können nun Kräuter, Früchte, Gewürze usw. eingelegt werden und geben so diesem Essig ein typisches Aroma. Im Unterschied zum Gärungsessig findet hier keine Essigvergärung statt, es wird fertiger Essig aromatisiert.

- ▷ **Kräuter- und Gewürzessig:** Ausziehen von Kräutern und Gewürzen in Essig jeder Art, es können auch natürliche Essenzen und ätherische Öle verwendet werden. Beispiele sind Estragon, Knoblauch, Veilchen, Lorbeer, Zwiebel, Melisse, Rosenblüten, Basilikum und Minze.

▷ **Fruchtessig:** Frische oder getrocknete Früchte werden in den Essig eingelegt, oder man vermischt Fruchtsäfte mit Essig.

Mindestsäuregehalt

Der Säuregehalt, der mindestens enthalten sein muss, ist je nach Essigsorte verschieden. So muss dreifacher Essig mindestens 10,5 % Säure aufweisen, Tafelessig nur 3,5 %.

Essigsorte	Säuregehalt
Speise- oder Tafelessig	mind. 3,5 % – 7 %
Doppelessig, Einmachessig	mind. 5 % – 10 %
dreifacher Essig (Essigsprit)	mind. 10,5 %
Weinessig	mind. 6 %
Weinessig (50 % und 25 %)	mind. 5 %
Obstessig	mind. 5 %
Ansatzessig	mind. 5 %
Branntweinessig	mind. 5 %
alle anderen Sorten	mind. 3,5 %

◀ Mindestsäuregehalt verschiedener Essigsorten

Mikrobiologische Verfahren zur Essigherstellung

Es gibt drei Hauptgruppen, in die man die verschiedenen mikrobiologischen Verfahren zur Essigherstellung einteilen kann: Beim **Oberflächenverfahren** befinden sich die Bakterien auf der Flüssigkeitsoberfläche und bilden eine Haut. Das **Fesselverfahren** ist gekennzeichnet durch ein Trägermaterial wie z.B. Buchenholzspäne, auf denen sich die Bakterien ansiedeln. Die dritte Gruppe bildet das **Submersverfahren**, bei dem die Bakterien in der Flüssigkeit ständig untergetaucht sind. Der notwendige Sauerstoff wird eingeblasen.

Oberflächenverfahren

Das Oberflächenverfahren ist ein sehr einfaches Verfahren und besteht darin, dass die alkoholische Flüssigkeit in einem Behälter offen stehen gelassen wird. Die Bakterien bilden auf der Oberfläche eine Haut, wobei die Gärdauer zumeist länger als beim Fesselverfahren ist. Das Orléansverfahren ist eigentlich das einzige „originale" Oberflächenverfahren. Das Pasteurverfahren bietet lediglich ein paar wesentliche Verbesserungen, beruht aber auf demselben Prinzip.

Das Orléans- und Pasteurverfahren wird vor allem für Weinessig, Obstessig, gemälztes und ungemälztes Getreide, Kartoffeln und Zuckerrüben verwendet, sofern niedrigprozentiger Essig hergestellt werden soll. Die langsame Herstellung bei diesen Verfahren führt zu einem ausgezeichneten Bukett.

Orléansverfahren

Fässer mit 200–300 l Füllvolumen haben in der Mitte der Vorder- und Hinterwand Luftlöcher mit mehreren Zentimetern Durchmesser. In diese Fässer wird maximal bis zur Hälfte, also bis knapp unter die Löcher, eine Mischung aus Wein und Weinessig eingefüllt. Der Behälter wird nicht bewegt, die Luft streicht nur über die Oberfläche. Die Bakterien bleiben an der Oberfläche, und es entsteht eine Haut. Es kommt zu einer langsamen Vergärung, die mehrere Monate dauert. Wichtig ist ein nicht zu hoher Flüssigkeitsstand im Fass. Mit diesem Verfahren können bis zu 10 % Säure erreicht werden. In Abständen von einer Woche wird Essig abgezogen und durch Wein ersetzt. Sinkt der Alkoholgehalt in der Flüssigkeit unter 1 % Vol., wird die Essiggärung beendet, da es sonst zu einer Rückoxidation kommt.

Pasteurverfahren

Pasteur sah die Nachteile des Orléansverfahrens:

- ▷ Die Fässer hatten für eine sinnvolle Produktionsmenge einen hohen Platzbedarf.
- ▷ Es kam zu einer starken Älchenentwicklung, Kahmhefe und Schleimpilzentwicklung.

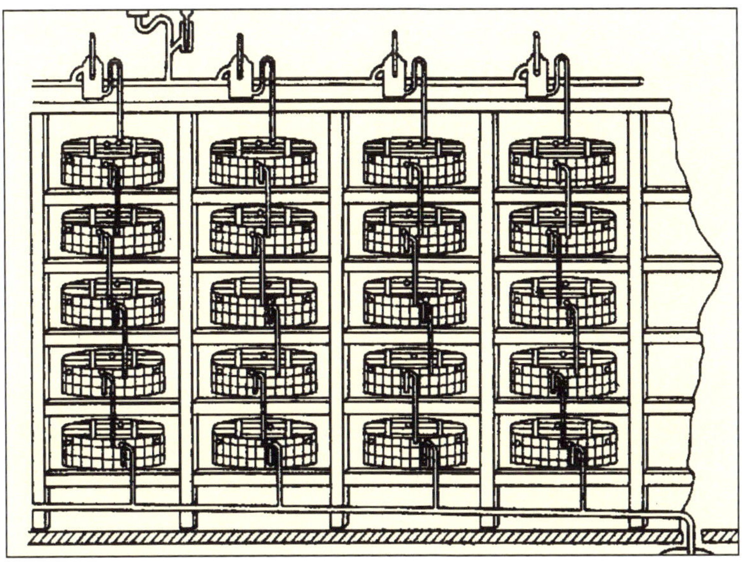

◄ Essiggärung nach Pasteur

Pasteur verwendete niedrige Bottiche, die man etagenweise übereinander stapeln konnte. Die Weinmaische wurde vorher pasteurisiert, d.h. erhitzt. Die Essigbakterien wurden in Schälchen entwickelt und dann auf die sterile Weinmaische gegeben. So wurde eine infektionsfreie Säuerung erreicht. Von dem in voller Gärung befindlichen Bottich konnte wiederum Haut abgenommen werden zum Animpfen von anderen Gefäßen.

Fesselverfahren

Bei dieser Herstellungsart werden die Bakterien auf einem Trägermaterial (Füllkörper) wie z.B. Buchenholzspäne aufgebracht. Die alkoholische Flüssigkeit wird – auch mehrmals – über diese Füllkörper geleitet, dadurch wandelt sich der Alkohol in Essig um.

Rollbildner

Ein Fass wird mit zwei Luftlöchern versehen: eines im Zentrum der Stirnwand, das andere im Bauch. Im Inneren ist es mit z.B. Buchenholzspänen gefüllt. Nach dem Einfüllen der Maische bis zur Hälfte wird es täglich ein- bis zweimal hin und her gerollt, die Luftlöcher werden vorher verschlossen. Durch das Rollen werden die Späne immer wieder mit Flüssigkeit benetzt. Die Gärung dauert Tage bis Wochen.

Drehbildner

Das Fass wird durch Lattenroste in zwei Teile aufgeteilt. Etwa zwei Drittel nimmt der Oxidationsraum ein, der mit Spänen gefüllte Fassraum, im anderen Drittel befindet sich die Maische. Das Fass hat außerdem zwei Luftlöcher: im Zentrum der Vorderfront die Luftzufuhr, im Fassbauch den Luftabzug.

Mit Hilfe eines Motors wird das Fass in periodischen Abständen gedreht. Durchtränkt die Maische die Füllkörper, wird das Fass sofort wieder in Ausgangsposition ge-

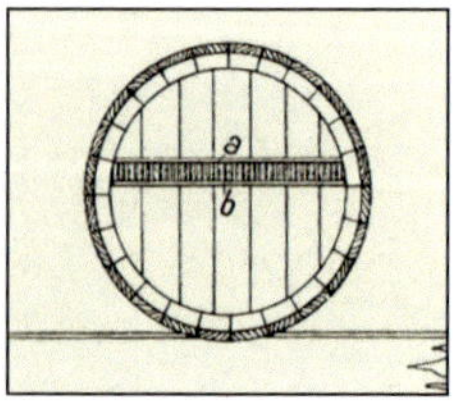

▲ Drehbildner

bracht, d.h. die Füllkörper sind wieder frei, die Maische ist im kleinen Fassteil.

Boerhaaveverfahren

Für dieses Verfahren benötigt man zwei aufrecht stehende Fässer, die mit Ablaufhähnen versehen sind, als Füllkörper dienen in beiden Fässern Weinreben, Traubenkämme oder Buchenholzspäne. Zunächst wird ein Behälter mit Essig gefüllt und damit angesäuert, danach kommt Maische mit einem geringen Säure- und hohen Alkoholgehalt in das Fass. Nach zwölf bis 24 Stunden Wirkzeit wird die Maische in das andere Fass gepumpt. Die Behandlung wird so lange wiederholt, bis die Maische vollständig in Essig umgewandelt ist. Die Säurebildung findet aber immer nur im leeren Fass auf den Füllkörpern statt. Sauerstoff wird stets beim Umfüllen zugeführt: Beim Einfüllen wird die alte Luft verdrängt, bei der Entleerung kommt Frischluft in das Fass.

▲ Boerhaave-verfahren

Schnellessigverfahren nach Schüzenbach

Buchenholzspäne werden in ein Fass gefüllt und dieses dann mit einem Deckel verschlossen. Zur besseren Verteilung der Maische wird diese über einen gelochten Siebboden auf die Füllkörper aufgebracht: Dieser Boden befindet sich im oberen Drittel des Fasses. Als Material für das Fass kommen Holz, glasfaserverstärkte Kunstharztanks, Steingut oder Edelstahl in Frage. Die Luftzufuhr erfolgt von unten, das Verfahren erfolgt somit im Gegenstromprinzip, d.h. die Luft kommt von unten, der Alkohol, den die Bakterien mit Hilfe der Luft oxidieren, kommt von oben. Ein gelochter Boden befindet sich auch im unteren Drittel des Fasses und trennt somit die Trägersubstanz vom Essig am Boden. Der Unterschied zu Boerhaave- und Drehbildnerverfahren liegt hauptsächlich darin, dass der Träger sich nie ganz in der Flüssigkeit befindet. Ist das Verfahren nach der Einstellungsphase optimiert, kann ununterbrochen unten der fertige Essig abgelassen und oben frischer Alkohol zugeführt werden. Daher handelt es sich hierbei um

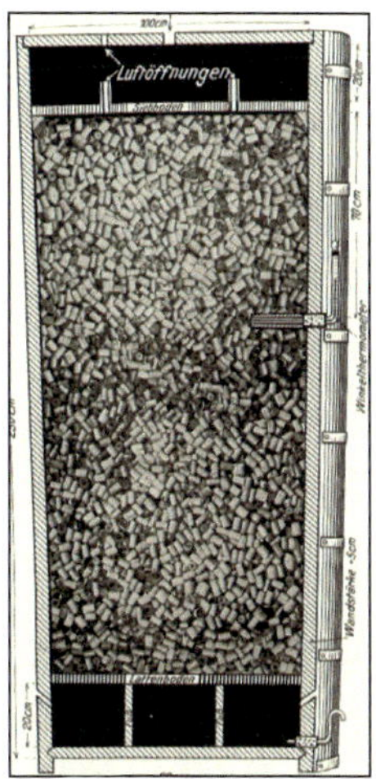

▲ Schüzenbach-verfahren

ein kontinuierliches Verfahren. Die Bildner sind ca. 2 m hoch und haben einen Durchmesser von 1 m.

Generatorenverfahren, Frings Generator (Großraumbildner, Rundpumpverfahren)

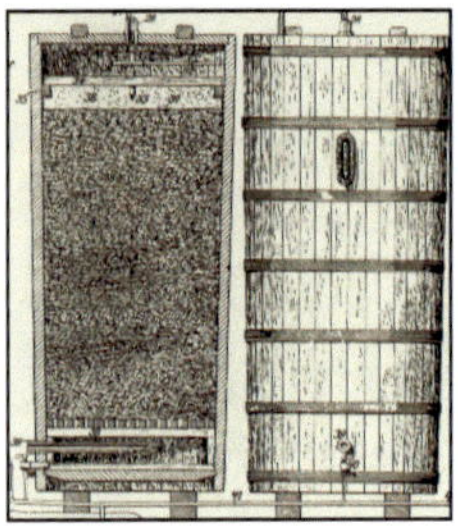

▲ Generatoren-verfahren

Dieses Verfahren ähnelt dem Schüzenbachverfahren, allerdings wird die alkoholische Flüssigkeit aus dem Bottich mit einer Pumpe ununterbrochen im Kreis geführt und rieselt fortlaufend über die Füllkörper. Mit einem Gebläse oder Kompressor wird ebenfalls ununterbrochen von unten Luft in den Generator geblasen. Außerdem sind die Bottiche viel größer.

Riesige Standbottiche werden in der Höhe von ca. einem Drittel durch einen Lattenrost geteilt. Im oberen Raum befinden sich Füllkörper wie Reisigbündel, Buchenholzspäne, Holzklötzchen usw. Im unteren Teil befindet sich die Maische, deren Menge für mehrere Wochen ausreicht. Die Temperatur der Maische wird durch Wärmetauscher (die je nach Bedarf kühlen oder heizen) beim Nach-oben-Pumpen und im Auffangbecken auf ca. 28–35 °C gehalten. Es handelt sich hierbei um ein semikontinuierliches Verfahren, in periodischen Abständen wird nur ein Teil des fertigen Essigs abgelassen und durch frischen Alkohol ersetzt. Die Höhe eines mittelgroßen Generators beträgt ca. 6 m.

Submersverfahren, Frings Acetator

Dies ist das modernste Verfahren, auch bekannt als Acetatorverfahren. Heutzutage wird Gärungsessig industriell ausschließlich nur noch auf diese Weise hergestellt. Ein Fermenter oder Acetator, im Wesentlichen ein ca. 100 m³ großer Stahltank mit Rührwerk und Kühlschlangen, enthält eine alkoholische Flüssigkeit und Essigbakterien. Direkt in dieses Gemisch wird von unten Sauerstoff oder Luft eingeblasen. Die Bakterien sind ständig untergetaucht, sie schwimmen somit nicht an der Oberfläche oder haften an Füllkörpern. Sobald der Alkoholgehalt auf 0,3 % Vol. gesunken ist, wird ein Drittel des fertigen Essigs abgelassen und durch frische Maische ersetzt, es handelt sich somit ebenfalls um ein semikontinuierliches Verfahren. Das charakteristische Merkmal eines Frings Acetators ist der Frings Aerator, ein selbstansaugendes Rotor-Stator-System mit hoher Drehzahl. Damit wird die angesaugte Luft im Gärmedium feinst verteilt, was zu einer sehr hohen Sauerstofftransferrate führt. Bei diesem Verfahren kann Essig mit einem Säuregehalt von mehr als 15 % hergestellt werden. In einem Zweistufenverfahren mit zwei hintereinandergeschalteten Fermentern ist es sogar möglich, mehr als 20 % Säuregehalt zu erreichen, dies entspricht einer Leistung von bis zu 50 Litern pro m^3 und Tag.

Verluste von Alkohol und anderen leicht flüchtigen Bestandteilen (Aromastoffe) im Abluftstrom durch Verdunstung können nur mit einem intensiv gekühlten Kondensator verringert werden. Außerdem ist es nicht möglich, schäumende Gärmedien einzusetzen, wie Bier oder gewisse Maischesorten, trotz Einsatz eines Entschäumers. Im Gegensatz zu anderen Verfahren muss der fertige Essig (ultra)fein filtriert werden, wegen der starken Trübung. Für Versuchszwecke und Kleinbetriebe sind auch kleine Fermenter erhältlich, jedoch sind die für den regulären Betrieb wichtigen Gerätschaften zur kontinuierlichen Messung und Kontrolle des Säure- und Alkoholgehaltes sehr teuer.

Essig selbst herstellen

Hier im Praxisteil des Buches erfahren Sie zunächst, wie im Haushalt aus diversen Rohstoffen Alkohol hergestellt werden kann bzw. wie fertiger Alkohol für die Essigherstellung vorbereitet werden muss.

Anschließend wird anhand von detaillierten Beschreibungen und Rezepten erklärt, wie Sie den Alkohol in Essig umwandeln können. Ein Kernthema sind auch die dafür notwendigen Gerätschaften, denn nur mit der richtigen Apparatur gelingt die Herstellung von qualitativ hochwertigem Essig. Für den Hausgebrauch sind das Oberflächen- und das Fesselverfahren am besten geeignet (auch aus Sicht des Heimwerkers), da beide hervorragende Ergebnisse bei vergleichsweise geringen Investitionskosten liefern.

Am Ende dieses Kapitels finden Sie Möglichkeiten zur Herstellung und längerfristigen Lagerung Ihrer eigenen Essigmutter bzw. von Essigkulturen zum Impfen von neuen Ansätzen. Abschließend werden eventuell auftretende Probleme während der Gärung, deren Ursachen und Behebung erläutert.

Die alkoholische Gärung – Zubereitung der Maische

Zuerst muss aus Früchten oder Säften eine alkoholische Maische angesetzt werden. Hinweise auf bereits fertige alkoholische Grundlagen für die Essigherstellung wie z.B. Weine und Destillate finden Sie ab Seite 50.

Als Grundlage für die Herstellung des Gärweines, der Maische, kann jede Art von Obst und stärkehaltigen Produkten wie Kartoffeln verwendet werden. Es kann sowohl der zerkleinerte Fruchtbrei als auch der daraus filtrierte Fruchtsaft allein vergoren werden. Beim unfiltrierten Fruchtbrei ist die Aromaausbeute jedoch deutlich höher.

Eine umfassende Beschreibung der alkoholischen Gärung in der Praxis finden Sie in unserem Buch *Schnapsbrennen als Hobby* (Göttingen 2005). Dies würde hier den Rahmen sprengen, daher haben wir uns auf das Wesentliche beschränkt.

Obst- bzw. Stärkesorten

Bei der alkoholischen Gärung wird durch Hefe z.B. der Fruchtzucker (Fructose) zu Ethylalkohol (Ethanol) umgewandelt. Der Traubenzucker (Glucose) kann von den Hefen ebenfalls ohne jegliche Vorbehandlung zu Alkohol umgewandelt werden. Fructose und Glucose sind Monosaccharide, spezielle Hefen (Turbohefen) können auch das Disaccharid Saccharose, den Rohr- oder Rübenzucker, direkt vergären.

In stärkehaltigen Produkten wie Kartoffeln, Getreide usw. liegt der „Zucker“ als Polysaccharid, der Stärke, vor. Stärke kann die Hefe nicht verarbeiten, daher muss die Maische, wie beim Bierbrauen, zuerst enzymatisch vorbehandelt und erhitzt werden. Dadurch zerfallen die langen Ketten des Polysaccharids in ihre Einzelteile, die Monosaccharide (Fructose und Glucose). Erst jetzt kann die alkoholische Gärung durch die Hefe beginnen.

Welche Obstsorten eignen sich als Grundlage für die Essigherstellung? Bei Essig sollte mindestens 5 % Säure erreicht werden, daher ist auch in der Maische mindestens 5 % Vol. Alkohol erforderlich. Sollte dieser Alkoholgehalt nicht erreicht werden, da die Früchte zu wenig Zucker haben, kann durch Zuckerzugabe bzw. Eindicken des Saftes der Alkoholgehalt erhöht werden. In der nachfolgenden Tabelle finden Sie eine Auflistung des erzielbaren Alkoholgehaltes der jeweiligen Frucht.

Je nach Obstsorte sind folgende Punkte zu beachten:

- ▷ Apfel: Nur sehr aromatische Sorten ergeben einen guten Essig. Dazu gehören Maschanzker, Gravensteiner, Braeburn und Boskop.

▷ Aprikosen (Marillen): intensives Aroma.

▷ Birnen: Haben einen geringen Eigensäuregehalt, daher weniger geeignet, können leichter verderben, sehr fruchtiger Essig, am besten nach Gärung gleich pasteurisieren. Die Gerbsäure im Essig sollte man schönen (siehe Seite 148 ff.). Beispiele: Mostbirnen, Williamsbirnen.

► Früchte und erzielbarer Alkoholgehalt

Frucht	Erzielbarer Alkoholgehalt in der Maische [% Vol.]
Ananas	5–6
Apfel	5–6
Aprikose (Marille)	6–8
Banane	8–10
Birne	5–6
Brombeere	2–3
Erdbeere	2–3
Granatapfel	6–8
Hagebutte	3–4
Heidelbeere (Schwarzbeere)	2–3
Himbeere	2–3
Holunderbeere	2–3
Johannisbeere (Ribisel)	2–3
Kirsche, Weichsel- bzw. Sauerkirsche	6–8
Kiwi	4–5
Melone	2–4
Mirabelle	8–10
Papaya	4–5
Pfirsich	6–8
Quitte	3–4
Schlehe	4–5
Weintraube	10–13
Zwetschge, Pflaume	8–10

▷ Johannisbeeren (Ribisel): Verdünnen, da zu sauer.
▷ Kirschen: Vor der Gärung aufzuckern.
▷ Pfirsiche: Weisen einen niedrigen Säuregehalt auf. Vor der Gärung aufzuckern.
▷ Quitten: Sind schwer vergärbar, ergeben intensive Weine. Gepressten Saft vor der Vergärung verdünnen und aufzuckern.
▷ Zwetschgen: intensives Aroma, auch der Wein.

Stärkehaltiger Rohstoff	Stärkegehalt [%]	Alkohol je 100 kg Rohstoff [l]
Gerste	55–60	34–38
Hafer	44–45	30–35
Kartoffel	8–28	8–18
Mais	70–75	40–45
Reis	75–85	45–50
Roggen	55–64	35–40
Weizen	66–68	35–45

◄ Alkohol aus stärkehaltigen Produkten

Behandlung des Obstes

Oftmals wird auch teilweise faules Obst für die Maische- und Essigvergärung verwendet. Dies sollten Sie jedoch keinesfalls tun, denn nur aus gutem Obst wird guter Wein, und nur aus gutem Wein ein guter Essig. Daher gilt, dass nur sauberes, reifes Obst für die Herstellung verwendet werden darf. Sie sollten alle Obstsorten so gut wie möglich ausreifen lassen, denn nur dann bildet sich in den Früchten das maximale Aroma.

Die Früchte nach der Ernte gründlich von allen Stängeln, Blättern und faulen Stellen befreien. Das Obst waschen. Danach gut zerkleinern, so breiig wie möglich, damit die ausgegorene Maische möglichst flüssig wird.

Achten Sie aber unbedingt darauf, dass bei **Steinobst** wie Zwetschge, Aprikose (Marille), Pfirsich, Kirsche, Mirabelle usw. die Steine keinesfalls zerstört werden, sonst ge-

▲ Flotte Lotte

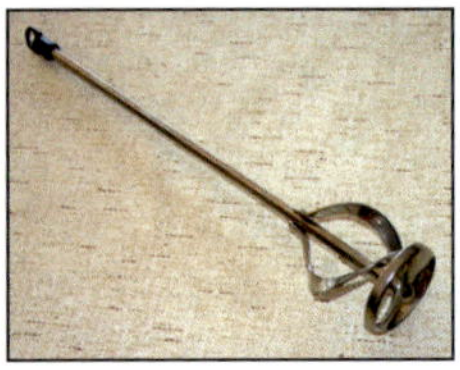

▲ Rühraufsatz für Bohrmaschinen

ben diese während der Gärung Giftstoffe (Blausäure, Cyanide, Carbamate) ab. Bei Aprikosen (Marillen) die Steine vor der Vergärung entfernen, sonst entwickelt sich kein Fruchtaroma, weil der Bittermandelgeschmack zu dominant ist. Ebenso bei Pfirsichen die Steine entfernen, sonst könnten sie von selbst zerfallen. Die Steine aller anderen Steinobstsorten sind hingegen für das spätere, fruchttypische Bukett unverzichtbar! Wir haben stichprobenartig unsere Steinobstmaischen bezüglich Cyanid und Blausäure untersucht, beides war nicht einmal nachweisbar. (Anmerkung: Unsere Maischen lagern zusammen mit allen unzerstörten Steinen in den Gärfässern.) Bei **Kernobst** wie Äpfeln und Birnen brauchen sie auf die Kerne keine Rücksicht zu nehmen, hier gibt es kein Blausäure- bzw. Cyanid-Problem.

▲ Häcksler

Zum Zerkleinern des Obstes eignen sich folgende Geräte:

- ▷ Flotte Lotte: für kleinere Mengen von weichem Obst wie Beeren.
- ▷ Rühraufsatz für Bohrmaschinen (Edelstahl): für Kirschen, Zwetschgen, Holunder. Die Steine werden nicht zerstört, die Dolden der Holunderbeeren wickeln sich perfekt um den Rührstab und lösen sich so von den Beeren.
- ▷ Häcksler: für größere Mengen an Äpfeln, Birnen, Quitten.
- ▷ Gummistiefel und Plastikwanne: für Steinobstsorten, die für die Rühraufsatz-Methode zu hart sind.

▲ Obstpresse

Möchten Sie nur den **Saft der Früchte** vergären, wie dies z.B. für die Balsamessigherstellung üblich ist, benötigen Sie eine Obstpresse. Für kleinere Mengen genügen durchaus Küchengeräte. Wenn die geschmackliche Veränderung erwünscht ist, kann der Saft selbstverständlich auch mit einem Dampfentsafter erzeugt werden. Sie sollten in diesem Fall vor der Hefezugabe den Zuckergehalt des Saftes überprüfen und gegebenenfalls den Saft entsprechend verdünnen.

Gärfass & Gärspund

▲ Gärfass

Für die Gärung ist ein Maische- oder Mostfass aus dem Baumarkt am besten geeignet. Diese sind lebensmittelecht und meist mit Gärspund ausgestattet. Diese Fässer gibt es in unterschiedlichen Größen, üblicherweise erst ab 25 – 30 l. Für kleinere Mengen eignen sich z.B. auch Ovaleimer, in die man das Loch für den Gärspund selbst bohrt.

Wie in der Abbildung ersichtlich, besteht ein Gärspund im Wesentlichen aus zwei unterschiedlich großen Bechern und einem Rohr im Inneren. Das Rohr steckt in der Mitte des Bodens vom größeren Becher, sodass unten ein Stück herausragt. Dieses Stück wird mit Hilfe eines Stoppels in das Loch vom Gärfass gesteckt, sodass das Gärgas über das Rohr entweichen muss. Der Becher wird zwischen Rohr und Becherwand ca. zu einem Viertel seiner Höhe mit Wasser aufgefüllt. Der umgedrehte kleinere Becher dient als Deckel und wird über das Rohr gestülpt. Wichtig ist, darauf zu achten, dass der kleinere Becher ca. 1 – 2 cm tief in das Wasser eintaucht. Auf Grund dieses einfachen Prinzips sollte es kein Problem sein, sich einen Gärspund aus zwei unterschiedlich großen Joghurtbechern und einem Stück etwas festeren PVC-Schlauches selbst zu basteln. Wegen des abnehmbaren Deckels ist diese Art von Gärspund wesentlich einfacher zu reinigen als die siphonförmigen Gärröhrchen.

Ein Gärspund verhindert, dass Essigfliegen in die Maische gelangen und sie dadurch verdirbt. Trotzdem kann das Gärgas drucklos entweichen, dies verursacht ein ständiges Blubbern. Das ist ein Zeichen dafür, dass die Gärung ordnungsgemäß verläuft. Es ist übrigens völlig normal, wenn

▼ Gärspund (links) und Ovaleimer (rechts)

nach einigen Tagen das Blubbern immer langsamer wird, schließlich nimmt die Gärgeschwindigkeit immer mehr ab, bis der Fassinhalt ausgegoren ist. Sie sollten immer darauf achten, dass der Gärspund nicht verstopft, sonst baut sich im Fass ein immenser Druck auf, bis zum lauten Knall …

Herkömmliche Maische

Bei der herkömmlichen Maische werden keine alkoholbildenden Substanzen wie Zucker zugegeben, nur die Fructose/Glucose bzw. die Stärke der Ausgangssubstanz wird vergoren. Dieses Verfahren kommt nur für Produkte in Frage, die in der Maische mindestens 5 % Vol. Alkohol erzeugen können, sonst hat der Essig einen zu geringen Säuregehalt.

Geben Sie den Fruchtbrei in das Maischefass und fügen Sie ca. ein Drittel **Wasser** hinzu. Wenn Sie z.B. 60 l Fruchtbrei haben, dann sollten Sie noch 20 l Wasser hinzugeben, die Maischebasis hat somit 80 l. Achten Sie darauf, dass das Fass maximal zu drei Vierteln gefüllt ist. Während der Gärung kommt es zur Bildung von Gärgas, wodurch sich das Volumen der Maische rasant vergrößert. Sollten Sie zu viel in das Fass eingefüllt haben, wird das Fass übergehen bzw. der Gärspund verstopfen, mit den oben beschriebenen Folgen.

Für eine optimale Gärung muss bei allen Obstmaischen **Reinzuchthefe** zugegeben werden. Dadurch verläuft die Gärung sehr sauber, ohne unerwünschte Nebenprodukte. Ohne Reinzuchthefe entwickelt sich in der Maische unweigerlich ein deutlich erkennbarer Essigstich, Buttersäuregeruch, fauliger Charakter usw., hervorgerufen durch sogenannte Fehlgärungen, im Wesentlichen unerwünschte wilde Hefen, wilde Essigkulturen und andere Mikroorganismen (z.B. Fäulnis, Schimmel). Reinzuchthefen sind speziell gezüchtete Hefen, wie Backhefe oder Hefen zur Weinherstellung, andere sind für Brennmaischen, Bier etc. Sie können im Fachhandel bezogen werden. Bei **Flüssighefen**, dies sind meist Weinhefen, werden (je nach Produkt) ca. 100 ml auf 100 l zugegeben. Um Probleme beim Gärstart zu vermeiden, sollten Sie die Hefe nicht direkt der Maische zugeben, sondern in Form eines Gärstarters. Dies ist nichts anderes als eine Literflasche halb gefüllt mit pasteurisiertem Apfelsaft ohne Konservierungsmittel (!) und Hefe in der Menge, die der späteren Maischemenge entspricht. Verschließen Sie die Flasche mit einem Gärspund und stellen Sie das Ganze an einen warmen Platz, bei ca. 22 – 24°C. Hefe vermehrt sich durch Luft, daher zweimal täglich den Gärspund abnehmen, nach kurzem Lüften die Flasche dicht verschließen und kräftig schütteln. Nicht vergessen, danach den Gärspund wieder aufzusetzen. Nach ein paar Tagen, wenn der Flascheninhalt stark zu gären begonnen hat, vermischen Sie diesen mit der Maische, etwa ein halber Liter je 50 Liter. Bei **Trockenhefen,** auch hier wieder vom Hersteller abhängig, ist die Dosierung ca. 50 – 150 g auf 100 l. Diese Hefen können problemlos direkt in die Maische eingerührt werden, das Ansetzen eines Gärstarters ist nicht notwendig. Wegen ihrer hervorragenden Gäreigenschaften und der effektiven Abwehr von Fehlgärungen ist es empfehlenswert, auch bei der herkömmlichen Maische die Turbohefe (jedoch ohne Zuckerzugabe) einzusetzen (siehe Seite 39).

Außerdem sollten Sie noch **Verflüssiger** zugeben, um ein Gelieren der Maische zu verhindern und ein möglichst dünnflüssiges Endprodukt zu erhalten. Denn je flüssiger die Maische geworden ist bzw. umso mehr Fruchtfleisch sich zersetzt hat, desto geschmackvoller wird sie schließlich sein. Verflüssiger wird bei der Fruchtsafterzeugung als Klärmittel, in der Weinherstellung und im Brennereiwesen eingesetzt. Der Wirkstoff ist das Enzym Pektinase, oft ist zusätzlich Cellulase enthalten. Zwar wird Pektinase in geringem Maß auch von der Hefe gebildet, daher zersetzt sich während der Gärung die Maische oft teilweise von selbst. Jedoch ist die Wirkung bei vielen Früchten, wie zum Beispiel bei Kernobst, zu gering, bei Quitten besteht sogar die Gefahr, dass die Maische geliert. Daher sollte immer Verflüssiger zugegeben werden, egal welches Obst Sie einmaischen. Das Fruchtfleisch setzt sich schon am ersten Tag nach der Hefezugabe über der Flüssigkeit ab, es wird vom Gärgas nach oben getrieben. Zu Beginn beträgt die Flüssigkeitshöhe ca. ein Zehntel der gesamten Füllhöhe, der Rest ist mehr oder weniger fester Fruchtkuchen. Während der Gärung bauen sich die festen Anteile immer mehr ab, so dass sich am Ende ein umgekehrtes Verhältnis ergibt.

Wichtig ist auch noch die Säureeinstellung der Maische, um den Hefen optimale Umgebungsbedingungen und somit eine saubere Vergärung zu ermöglichen. Sie sollten auf den sogenannten **Säureschutz** keinesfalls verzichten, um Fehlgärungen und insbesondere die Bildung der sogenannten „Kahmhefe" zu vermeiden. Dies ist eine Ansammlung verschiedener aerober Mikroorganismen (mycoderma) wie Schimmel, wilde Hefen und diverse Bakterien, die an der Maischeoberfläche eine milchrahmähnliche Haut bilden und die Maische durch Oxidation des Alkohols z. B. zu Acetaldehyd verderben. Der optimale pH-Wert einer Maische liegt bei 3 bis 3,5, dies entspricht dem Säuregehalt eines frisch gepressten Apfelsaftes. Der pH-Wert ist ein Maß für die „Säurestärke" und kann mit pH-Indikatormessstreifen (pH-Stäbchen) gemessen werden. Starke Säuren haben pH 0, starke Laugen pH 14, Wasser ist neutral mit pH 7. Von wenigen Ausnahmen wie z. B. Zitronen-/Orangensaft abgesehen, ist der Säuregehalt von Maischen zu niedrig, der pH-Wert also zu hoch und muss durch Säurezugabe entsprechend korrigiert werden. Zum Entsäuern von zu sauren Maischen bzw. Wein ist im Kellereibedarf Entsäuerungskalk (Calciumcarbonat pharm.) erhältlich. Zum Ansäuern eignen sich am besten Zitronensäure, Milchsäure oder spezielle Fruchtsäurekonzentrate ebenfalls aus dem Kellereibedarf, wie z. B. „Biogen M". Beachten Sie, dass Zitronensäure während der Gärung abgebaut wird, d.h. in diesem Fall ist alle paar Tage die Säureeinstellung erneut durchzuführen. Erfahrungsgemäß ist die Handhabung und Dosierung von „Biogen M" am einfachsten, weil Sie damit nicht überdosieren können: Sie müssen nur die auf der Flasche angegebene Menge (ca. 300 ml je 100 l) zugeben, damit sich von selbst der richtige pH-Wert einstellt, egal wie groß dieser vor der Zugabe war. Zitronen- und Milchsäure sollten Sie hingegen in kleinen Portionen zugeben und nach jeder Zugabe immer wieder rühren und den pH-Wert messen, damit nicht zu viel zugegeben wird, sonst stirbt die Hefe ab. Anorganische Säuren bzw. Salze (Schwefelsäure, Phosphorsäure, Kaliumdisulfit o.Ä.) sind nicht empfehlenswert, dadurch könnten bei der späteren Essiggärung Probleme auftreten. Die Maische darf keinesfalls „geschwefelt" werden (z. B. durch Zugabe von Kaliumdisulfit).

Das Sulfit bzw. SO_2 verhindert sehr effektiv die Bildung von Essigbakterien und wirkt wie ein Konservierungsmittel. Unter anderem deswegen wird es auch generell bei der Weinherstellung eingesetzt.

Achten Sie darauf, dass die **Umgebungstemperatur** zwischen 16 und 19 °C liegt. Ist es zu kalt, stoppt die Gärung. Wird es zu warm, beschleunigt sich die Gärung zwar, dies führt aber im Allgemeinen zu sehr großen Aromaverlusten, weil die Aromastoffe mit dem Gärgas ausgeblasen werden. Überlebensfähig wären Hefen jedoch auch bis 24–27 °C.

Wird statt Fruchtbrei nur der Fruchtsaft verwendet, so ist die Behandlung die gleiche wie oben beschrieben. Stärkehaltige Produkte können nach der Vorbehandlung ebenfalls nach diesem Schema vergoren werden.

In welcher Reihenfolge Sie die notwendigen Zutaten in den Maischebrei einrühren, ist egal, mit einer Ausnahme: die Hefe immer als Letztes zugeben. Daher ist es am sinnvollsten, alle Zutaten, außer der Hefe, auf einmal zuzugeben und vor der Hefezugabe kräftig umzurühren. Die Maische nach der Hefezugabe am besten intensiv mixen, weil, wie bereits erwähnt, die Hefe Luft zum Vermehren (nicht zum Gären!) benötigt. Die Gärung sollte spätestens 24 Stunden danach eintreten.

Fruchtbrei	Obst waschen, säubern, zerkleinern
Wasser	ein Drittel Wasser zugeben
Reinzuchthefe	z.B. Trockenhefe Gärfix: 100 g / 200–250 l Maische, Turbohefe: 115 g / 100 l Maische
Verflüssiger	in Gärfix enthalten, sonst Verflüssiger spezial: 3–25* ml / 100 l Maische
Säure	z.B. Fruchtsäurekonzentrat Biogen M: 300 ml / 100 l Maische

◄ Herstellung der herkömmlichen Maische aus Obst

* Menge ist abhängig vom Obst: Weiche Früchte wie Steinobst benötigen ca. 3 bis 5 ml / hl.

► pH-Stäbchen

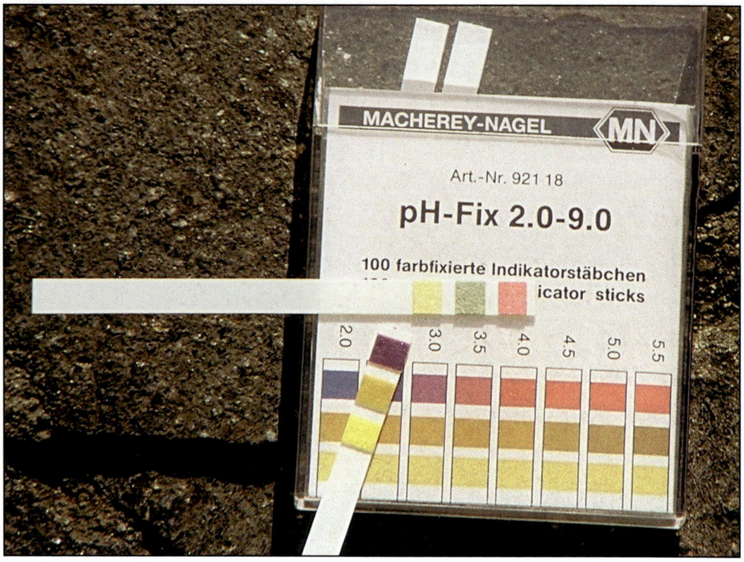

Hochgradige Maische

Bei der hochgradigen Maische wird der Zuckergehalt entweder durch Zugabe von Zucker oder durch Eindicken des Fruchtsaftes erhöht. Werden z.B. Quitten für die Maischeherstellung verwendet, beträgt die Alkoholausbeute aus dem Eigenzucker nur maximal ca. 3–4 % Vol. Dies reicht für einen fünfprozentigen Essig aber nicht aus, daher muss der Zuckergehalt erhöht werden.

Maische einkochen

Um die Maische einzukochen, darf nur der Fruchtsaft verwendet werden, d.h. die Feststoffe müssen vorher abfiltriert werden. Die nicht zugedeckte Flüssigkeit so lange bei ca. 70–80 °C ständig rühren, bis das Volumen ca. um ein Drittel reduziert wurde.

Durch das Erhitzen verändert sich jedoch der Geschmack, weil die Aromen zum Teil abdampfen und sich verändern, da sie über längere Zeit einer hohen Temperatur ausgesetzt sind. Beim Destillieren einer Maische sind es ja genau jene Stoffe, die im Brennkessel abgedampft wurden, die den Geschmack und das Aroma eines Obstbrandes ausmachen.

Aufzuckern der Maische

Bei der aufgezuckerten Maische ist kein Erhitzen notwendig, der fehlende Zucker wird einfach in Form von Kristallzucker (Rohr- bzw. Rübenzucker) zugegeben. In der Tabelle können Sie ablesen, wie viel Zucker zugegeben werden muss, um eine Maische mit dem gewünschten Alkoholgehalt zu erreichen.

OHNE Berücksichtigung des Zuckergehaltes der Früchte: *Beispiel 1*

Für 10 % Vol. Alkoholgehalt sind 196 g Zucker je Liter Maische notwendig, bei 10 l entspricht dies 1.960 g, also fast 2 kg.

Für 20 % Vol. Alkoholgehalt sind 389 g Zucker je Liter Maische notwendig, bei 10 l sind dies 3.890 g, also fast 4 kg.

MIT Berücksichtigung des Zuckergehaltes der Früchte: *Beispiel 2*

Vor allem bei zuckerreichen Früchten wie z.B. Zwetschgen oder Weintrauben ist es sinnvoll, den Zuckergehalt der Frucht abzuziehen, da sonst der Alkoholgehalt in der Maische zu hoch wird.

Gewünscht sind 15 % Vol. Alkohol in der Maische. Die Zwetschgen selbst ergeben 8 % Vol. (siehe Tabelle auf Seite 30), d.h. es fehlen noch 7 % Vol. Dafür sind 139 g Zucker je Liter Maische notwendig, für 10 l also 1.390 g bzw. knapp 1,4 kg.

Es ist mit dieser Methode auch möglich, einen höherprozentigen Essig herzustellen. So kann z.B. eine 14 % Vol. Maische zu Essig vergoren werden. Dieser Essig wird dann zum Einlegen verwendet.

Die Herstellung der hochgradigen Maische erfolgt im Prinzip genauso wie bei der herkömmlichen Variante, unterscheidet sich aber in den folgenden beiden Punkten:

► **Turbohefe** zugeben. Nur diese Hefe kann Saccharose problemlos verarbeiten und einen bedeutend höheren Alkoholgehalt erreichen als andere Hefen. Jede Hefeart hat eine spezifische Alkoholtoleranz, d.h. ab einem gewissen Alkoholgehalt stirbt sie ab. Wein- und Brennhefen schaffen maximal ca. 12 – 13 % Vol., Sherry- / Portweinhefe max. 16 % Vol. und Turbohefe ca. 20 % Vol. Eine Anmerkung zur Turbohefe: Im Internet sind Turbohefen von unterschiedlichen Herstellern zu finden, jeder Hersteller bietet mehrere verschiedene Turbohefen an. Leider hat sich gezeigt, dass

gewünschter Alkoholgehalt in der Maische [% Vol.]	erforderlicher Gesamtzucker [Gramm Zucker / Liter Maische]
1	23
2	42
3	61
4	81
5	100
6	119
7	139
8	158
9	177
10	196
11	216
12	235
13	254
14	273
15	293
16	312
17	331
18	351
19	370
20	389
21	408
22	428
23	447
24	466
25	485

▲ Erforderliche Zuckermenge für den gewünschten Alkoholgehalt

die Hefen eines gewissen Herstellers einen markanten brotähnlichen, muffigen Hefegeruch erzeugen, daher werden Turbohefen von einigen Anwendern auch generell abgelehnt. Dieses Problem betrifft jedoch nur einen Hersteller. Bisher hatten wir mit Hefen der Firma „Prestige“ die besten Erfahrungen, ohne jeglichen Beigeschmack oder Fehlgeruch.

► Der **Zucker** wird gemeinsam mit den anderen Zutaten direkt, ohne ihn vorher in Wasser aufzulösen, in den Fruchtbrei eingerührt. Zu beachten ist, dass von der rechnerisch ermittelten Zuckermenge nur ein Drittel zu Beginn zugegeben wird. Das zweite Drittel kommt, bei max. 19 °C Gärtemperatur, ca. nach einer Woche dazu und das letzte Drittel wieder eine Woche später. In wärmeren Räumen die Zuckerrationen früher zugeben, weil die Gärung dann schneller verläuft. Im Zweifelsfall den Geschmack der Maische überprüfen: Wenn diese herb, trocken schmeckt, Zucker zugeben, egal wie viele Tage seit der letzten Zugabe vergangen sind.

Achtung: Zuckerzugabe ist nur in Kombination mit Turbohefe sinnvoll. Bei allen anderen Hefen führt dies zu Gärverzögerungen und/oder unerwünschten Nebenprodukten. Bei Wildgärungen (also ohne Zugabe von Reinzuchthefe, wovon wir generell abraten, egal ob hochgradig oder nicht) verstärken Sie dadurch sogar die Fehlgärungen, da dann den unerwünschten Mikroorganismen zusätzlich Nahrung geboten wird.

Die Vorgehensweise ist für Fruchtsäfte und stärkehaltige Produkte (nach der Vorbehandlung) gleich. Bei eingedickten Fruchtsäften ist in der Regel keine Zuckerzugabe mehr erforderlich, daher kann wie bei herkömmlicher Maische vorgegangen werden.

◄ Herstellung der hochgradigen Maische

Fruchtbrei	Obst waschen, säubern, zerkleinern
Wasser	ein Drittel Wasser zugeben
Reinzuchthefe	Turbohefe: 115 g / 100 l Maische
Verflüssiger	Verflüssiger spezial: 3–25 ml / 100 l Maische
Säure	z.B. Fruchtsäurekonzentrat Biogen M: 300 ml / 100 l Maische
Zucker	Ein Drittel der entsprechenden Angabe in der Tabelle auf Seite 40 zu Beginn, die weiteren beiden Drittel jeweils eine Woche später (bei 19 °C Gärtemperatur) zugeben.

▲ Maischezutaten und gärende Maische (oben)

Vor allem bei der hochgradigen Maische ist genau auf die Umgebungstemperatur zu achten. Sie sollte, wie beschrieben, zwischen 16 und 19 °C liegen, damit die Gärung nicht zu rasch verläuft. Die Turbohefe führt zu einem sehr raschen Gärstart, d.h. nach etwa zwölf Stunden setzt die Gärung ein. Dies ist zu rasch, als dass sich eine Wildgärung bilden könnte, welche einige Tage bis zum Gärbeginn benötigt. Kurz nach Gärbeginn setzt die stürmische Gärung ein. Diese muss unbedingt unter 20 °C ablaufen, sonst verliert man durch die heftige Gärgasentwicklung sehr viel Aroma.

Die hochgradige Maische hat gegenüber der herkömmlichen Maische einige Vorteile:

► Schneller Gärstart, daher entstehen so gut wie keine Fehlgärungen, welche als Abbauprodukte giftige Lösemittel produzieren. Auch in kleinen Mengen sind diese Substanzen störend, weil sie den Geschmack und Geruch des fertigen Essigs sehr nachteilig beeinflussen. Die Bildung von Kahmhefe, ein häufiges Problem bei herkömmlichen Maischen, wird durch den Einsatz von Turbohefe verhindert. Nicht nur niedriger pH-Wert, auch ein hoher Alkoholgehalt (größer als ca. 12–13 % Vol.) schützt vor Kahmhefe. Kurzum, bei hochgradigen Maischen existiert das Problem Kahmhefe nicht.

► Bessere Haltbarkeit der Maische: Mit einem Alkoholgehalt von mehr als 15 % Vol. kann die Maische auch mehrere Jahre gelagert werden, ohne dass Schimmel, Essigstich o.ä. entstehen. Durch das lange Lagern der Maische vor der

Essiggärung erhält der Essig einen unglaublich fruchtigen, abgerundeten Geschmack. Daher sollten Sie hochgradige Maischen vor der weiteren Verarbeitung im ausgegorenen Zustand mindestens sechs Monate, je länger desto besser, bei Kellertemperatur unfiltriert lagern. Diese lange Lagerzeit ist bei herkömmlichen Maischen leider nicht möglich, da bei diesen ohne Zugabe von Konservierungsmitteln und Antioxidantien durch den geringen Alkoholgehalt nach ein bis zwei Monaten ein Fehlgeschmack auftritt, der an einen modrigen Keller bzw. feuchten Schiffsrumpf erinnert.

► In der Maische verbleibt oft eine Restsüße, die dem Essig einen angenehm milden, balsamessigartigen Geschmack verleiht.

Die Essiggärung findet im Haushalt bis maximal ca. 15 % Essigsäure statt. Es macht daher Sinn, die Maische nur bis ca. 15 % Vol. herzustellen bzw. mit dem Alkoholgehalt, der für die gewünschte Essigstärke erforderlich ist. Bei 20 % Vol. muss der Alkoholgehalt durch Verdünnen herabgesetzt werden, für normalen Speiseessig also auf ca. 5–5,5 % Vol. Zum Verdünnen kann entweder normales Leitungswasser verwendet werden oder z.B. Fruchtsäfte, welche den Geschmack des späteren Essigs intensivieren. Hierbei ist jedoch auf den Zuckergehalt der Säfte zu achten, damit der Essig letztendlich nicht zu süß wird.

Die fehlende Wassermenge lässt sich wie folgt berechnen, auf unserer Homepage (Adresse ist hinten im Buch angegeben) finden Sie einen Rechner, der Ihnen das händische Ausrechnen erspart.

WaVol = GrVol • (GrAlk–GewAlk) / GewAlk

GrVol: Flüssigkeit mit großem Alkoholgehalt, Volumen [ml oder l]
GrAlk: Flüssigkeit mit großem Alkoholgehalt, Alkoholgehalt [%vol]
GewAlk: Gewünschter Alkoholgehalt [%vol]
WaVol: Wasservolumen [gleiche Einheit wie GrVol]

Beispiel

Berechnung zum Verdünnen der Maische:

2 l 15 % Vol. Maische sollen auf 5 % Vol. verdünnt werden. Wie viel Wasser / Saft muss zugegeben werden?

GrVol = 2, GrAlk = 15, GewAlk = 5
WaVol = 2 · (15 – 5) : 5 = 4
Somit: 2 l Maische mit 15 % Vol. und 4 l Wasser / Saft ergeben 6 l Mischung mit 5 % Vol.

Natürlich können Sie die Verdünnungsformel nach einer kurzen Ableitung (die wir Ihnen hier ersparen möchten) auch dazu verwenden, das Volumen des unverdünnten Alkohols und des Wassers für ein gewünschtes Gesamtvolumen zu berechnen:

WaVol = GewVol • (1 – GewAlk / GrAlk)
GrVol = GewVol – WaVol

GewVol: Gewünschtes Volumen [ml oder l]
(die anderen Symbole sind wie vorher angegeben)

Berechnung zum Verdünnen der Maische bei vorgegebener Menge der Mischung nach dem Verdünnen: *Beispiel*

Die Maische hat 12 % Vol. Wie viel Maische und Wasser sind notwendig, um 3 l Mischung mit 5 % Vol. zu erhalten?
GrAlk = 12, GewAlk = 5, GewVol = 3
WaVol = 3 • (1 – 5 : 12) = 1,750, GrVol = 3 – 1,750 = 1,250
Somit: 1,25 l 12 % Vol. Maische mit 1,75 l Wasser ergeben 3 l Mischung mit 5 % Vol.

Versuche haben gezeigt (sowohl Orléans- als auch Fesselverfahren), dass ein Geschmacksvergleich von fertigem Essig aus einer ursprünglich 5,5 % Vol. Maische, unverdünnt zu Essig verarbeitet, und fertigem Essig aus einer 20 % Vol. Maische, die vorher mit Wasser entsprechend verdünnt wurde, zu Gunsten der hochgradigen Variante ausfällt. Dass dies trotz Verdünnung der Fall ist, lässt sich aus dem weitaus stärkeren Extraktionsverhalten einer hochgradigen Maische erklären. 20 % Vol. Alkohol lösen viel mehr Geschmacks- und Aromastoffe aus dem Fruchtbrei als ca. 5 % Vol. Da die Maische vor der Essiggärung filtriert wird, bleiben nur mehr die gelösten Geschmacks- und Aromastoffe über, der Rest wird zusammen mit dem Filterrückstand verworfen. Zusätzlich macht sich natürlich auch die viel längere Lagerzeit positiv bemerkbar.

Es ist auch möglich, aus Wasser und Zucker annähernd geschmacklosen Alkohol zu erzeugen und diesen dann zu Essig weiterzuvergären, hier die Originalrezeptur für Turbohefe „Prestige 8 kg“: Dazu 8 kg Zucker in 8 l heißes Wasser geben, umrühren, bis sich der Zucker komplett aufgelöst hat. Auf 25 l mit kaltem Wasser auffüllen, kräftig umrühren. Erst wenn die Temperatur der Zuckerlösung unter 30 °C abgesunken ist, den Beutelinhalt der Turbohefe hinzufügen und ca. eine Minute lang umrühren. Für maximalen Alkoholgehalt und beste Qualität zehn bis 14 Tage bei einer Temperatur zwischen 19 und 23 °C gären lassen.

Auch hier wird das beste Ergebnis erzielt, wenn die Zucker-Wasser-Maische zumindest 6 Monate gelagert wird. Zur Erinnerung: Diese Rezeptur gilt nur für eine reine Zuckerwasserlösung. Die Vergärung von Fruchtmaischen ist anders zu handhaben, diese enthalten Nährsalze, Fruchtsäuren, Zucker, Pektine, (unerwünschte) Mikroorganismen, (erwünschte) Aromastoffe usw.

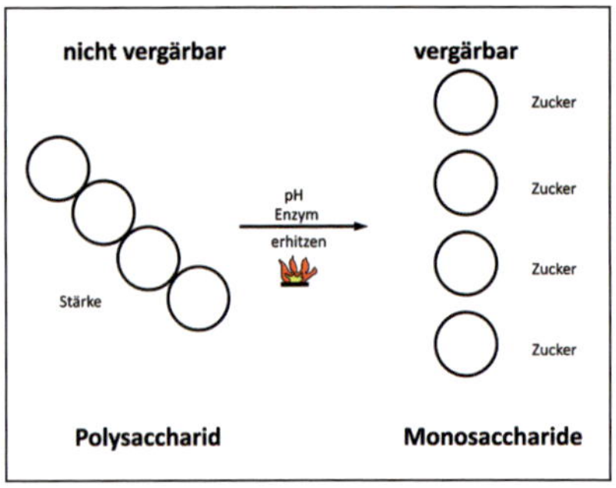

▲ Stärkeabbau: Polysaccharid muss zu Monosacchariden abgebaut werden.

Stärkehaltige Maische

Stärkehaltige Produkte wie Kartoffeln können nicht so einfach wie Früchte in Alkohol vergoren werden. Früchte enthalten die Monosaccharide Fructose und Glucose, diese können durch Hefen zu Alkohol umgewandelt werden. Stärke ist ein Polysaccharid. Dieses muss erst zu Monosacchariden abgebaut werden, damit danach die Alkoholgärung starten kann.

Zuerst werden die Kartoffeln klein geschnitten bzw. das Getreide fein gemahlen. Der Getreide- bzw. Kartoffelbrei wird 1:1 mit Wasser vermengt. Geben Sie dem Brei 90 °C heißes Wasser zu, und rühren Sie, bis die Mischung auf 60 °C abgekühlt ist. Den pH-Wert messen und auf 5 einstellen. Für den Abbau der Polysaccharide muss nun das Enzym Amylase zugegeben werden. Dies ist im Kellereibedarf erhältlich. Alternativ können Sie auch selbsthergestelltes, aktives Malz (siehe Seite 157) zugeben, dieses enthält ebenfalls Amylase. Sie brauchen ca. 10 % der Maischemenge an aktivem Malz, d.h. für 100 l Wasser-Getreidebrei müssen Sie 10 l aktives Malz herstellen.

Nach der Amylase bzw. Malzzugabe die Maische wieder aufwärmen und für zwei Stunden bei 60 °C halten. Die Mischung auf ca. 25 °C abkühlen lassen, Hefe, Verflüssiger und bei Bedarf Zucker zugeben.

Achtung: Die angegebenen Temperaturen müssen so genau wie möglich eingehalten werden, Amylase ist diesbezüglich sehr heikel. Entweder geht sie kaputt, weil 1–2 °C zu heiß, oder bleibt inaktiv, weil ein wenig zu kalt.

▼ Herstellung stärkehaltiger Maischen

Grundsubstanz	Kartoffeln klein schneiden, Getreide mahlen
Stärkeabbau	1. 90 °C heißes Wasser im Verhältnis 1:1 zugeben 2. auf 60 °C abkühlen lassen 3. pH auf 5 einstellen 4. Amylase bzw. aktives Malz zugeben 5. Für zwei Stunden auf 60 °C erwärmen 6. Auf 25 °C abkühlen lassen
Reinzuchthefe	Turbohefe: 115 g / 100 l Maische
Verflüssiger	Verflüssiger spezial: ca. 25 ml / 100 l Maische
Säure	z.B. Fruchtsäurekonzentrat Biogen M: 300 ml / 100 l Maische
Zucker (optional)	Ein Drittel der entsprechenden Angabe in der Tabelle auf Seite 40 zu Beginn, die weiteren beiden Drittel jeweils eine Woche später (bei 19 °C Gärtemperatur) zugeben.

Kontrolle des Gärverlaufs

Während der Gärung sollte das Fass regelmäßig kontrolliert werden, um sicherzugehen, dass die Maische auch richtig gärt. Folgende Punkte sind zu überprüfen:

▷ **Gärspund:** Wenn die Gärung in Ordnung ist, blubbert der Gärspund zu Beginn sehr heftig, gegen Ende der Gärung wird das Blubbern immer seltener, da die Gärgeschwindigkeit mit der Zeit rapide abnimmt. Beachten Sie aber, dass bereits eine kleine undichte Stelle im Fass oder in dessen Dichtung dazu führen kann, dass das Gas an einer anderen Stelle entweicht, so dass es nicht mehr blubbert. Das ist prinzipiell zwar kein Problem, es ist gärtechnisch nach wie vor alles in Ordnung.

Sie können jedoch den Gärverlauf nicht mehr mit dem Gärspund kontrollieren.

▷ **Gärgasentwicklung:** Öffnen Sie kurz das Fass und riechen Sie vorsichtig hinein. Können Sie einen deutlichen Gärgasgeruch (stechend scharfe Kohlensäure) wahrnehmen, ist die Gärung in Ordnung. Es sollte allerdings nicht muffig oder nach Essig, Klebstoff, Buttersäure (schweißfußähnlich) o.ä. riechen.

▷ **Geschmackskontrolle:** Die Maische sollte vor allem zu Beginn ein- bis zweimal wöchentlich gekostet werden, insbesondere die hochgradige Maische: Schmeckt sie herb, müssen Sie unbedingt Zucker zugeben, auch wenn die Frist für die nächste Zuckerzugabe noch nicht abgelaufen ist. Erfolgt die Zuckerzugabe zu spät, sterben die Hefen ab.

▷ **Säuregehalt bzw. pH-Wert:** Wurde mit Zitronensäure angesäuert, ist alle drei bis vier Tage der pH-Wert durch pH-Stäbchen zu kontrollieren und gegebenenfalls zu korrigieren.

▷ **Umrühren:** Die Maische sollte während der Gärung nicht öfter als ca. alle vier bis fünf Tage bzw. einmal wöchentlich umgerührt werden, damit sich der Fruchtkuchen oben nicht festsetzt, austrocknet und so der Maische einen strohigen Geschmack verleiht. Außerdem ist es schade um das wertvolle Obst, wenn es an der Gärung nicht mehr teilnimmt und schließlich nahezu unzersetzt und unvergoren abfiltriert wird. Vor allem die vertikale Durchmischung ist hier wichtig. Auf diese Weise werden die Feststoffe mit der darunterliegenden Flüssigkeit bestmöglich vermischt.

▲ Der feste Maischekuchen muss immer wieder untergerührt werden.

Ist die Gärung zu Ende, nicht mehr umrühren. Erstens, weil der abgesunkene Fruchtkuchen dann nicht mehr austrocknen kann, und zweitens, weil kein CO_2 mehr gebildet wird, welches die Maische vor dem Luftsauerstoff schützt. Herkömmliche Maischen können in diesem Zustand sehr leicht verderben.

▷ **Alkoholgehalt:** Wie viel Alkohol bereits gebildet wurde, können Sie z.B. mit einem Vinometer kontrollieren. Damit wird der Alkoholgehalt zwar nur näherungsweise bestimmt, die Durchführung der Messung ist jedoch sehr einfach und rasch.

Gärende

Je nach Zuckergehalt und Gärtemperatur dauert eine alkoholische Gärung zwischen zwei Wochen und drei Monaten. Ob sie abgeschlossen ist, erkennen Sie an folgenden Punkten:

- ▷ Der Gärspund bewegt sich nicht mehr. Dieser Punkt gilt nur, wenn das Fass dicht war.
- ▷ Der errechnete Zielalkoholgehalt wurde erreicht.
- ▷ Beim Umrühren der Maische bleibt die Flüssigkeit ruhig, es kommt zu keiner Gas- oder Schaumentwicklung mehr. Eine sektartige Gasentwicklung beim Umrühren zeigt an, dass immer noch Gärgas entsteht.
- ▷ Die Maische schmeckt herb, d.h. der Zucker wurde aufgebraucht. Bei einer hochgradigen Maische ist allerdings zu beachten, dass meist ein Restzuckergehalt in der Maische verbleibt und dieses Kriterium hier nicht unmittelbar entscheidend ist.
- ▷ Kommt es zu keiner Gasentwicklung mehr, sinken die Feststoffe zu Boden. Von oben ist eine klare, weinartige Lösung erkennbar, je nach Frucht nur einige Zentimeter tief.

Oft treffen bei der fertigen Maische nicht alle Kriterien zu, aber eine klare Flüssigkeit ist ein eindeutiger Hinweis auf das Gärende, auch wenn die Flüssigkeit noch süßlich schmeckt. Ebenso ist die fehlende Gasentwicklung beim Umrühren ein eindeutiges Kennzeichen.

Vor der Weiterverarbeitung sollte eine herkömmliche Maische im ausgegorenen Zustand bei Kellertemperatur **maximal** ein bis zwei Monate lagern. Während dieser Zeit entwickelt sich das volle Fruchtaroma. Sie sollte jedoch diesen Zeitraum nicht überschreiten, sonst entsteht der bereits beschriebene Fehlgeschmack. Hochgradige Maischen sollten **mindestens** sechs Monate gelagert werden.

Gärprobleme

Während der Gärung kann es zu Problemen kommen, bei denen die Alkoholgärung stark reduziert wird oder ganz zum Erliegen kommt. Folgende Punkte sind deshalb zu überprüfen:

- **Umgebungstemperatur:** Sollte zwischen 16 und 19°C liegen. Ist es zu kalt, verlangsamt sich die Gärung, bis sie ganz zum Stillstand kommt. Ist es zu warm, verläuft die Gärung zu schnell und es geht Aroma verloren. Bei mehr als 27 °C sterben die Hefen ab.
- **Zuckermenge:** Enthält die Maische keinen Zucker mehr – egal ob Fruchtzucker oder zugegebenen Zucker –, so haben die Hefen nichts mehr zu fressen und sterben ab. Wird zu Beginn der Gärung zu viel Zucker auf einmal zugesetzt, können die Hefen diesen nicht verarbeiten, und es kommt nur zu einer ungenügenden Vergärung. Im Zweifelsfall die Maische geschmacklich überprüfen.
- **Alkoholgehalt:** Wein-, Bier- und Brennhefen sterben bei maximal ca. 12–13 % Vol. ab, Sherry- / Portweinhefe bei max. 16 % Vol. und Turbohefe bei ca. 20 % Vol. Überprüfen Sie daher den Alkoholgehalt. Der Maximalwert der verwendeten Hefe könnte bereits erreicht sein, so dass sie aus diesem Grund abgestorben ist.

Kommt es beim Umrühren der Maische zu Bläschen- und Schaumbildung wie bei einem Sekt, ist die **Gärung noch aktiv**. Sie müssen jetzt nur die jeweilige Fehlerursache beheben und einige Tage warten. Wenn der Alkoholgehalt weit unter dem zu erreichenden Wert liegt (Messung mit Vinometer, siehe Kapitel Analytik) und die Gärung sehr langsam und kaum wahrnehmbar abläuft, hilft es meistens, wenn die Maische so lange zweimal täglich mit einem Pürierstab (Handmixer mit Quirle mixen nicht intensiv genug) oder einem Bohrmaschinenrühraufsatz intensiv gemixt wird, bis die Maische wieder deutlich heftig gärt. Findet beim Umrühren keine Bläschen- und Schaumbildung mehr statt, ist die Gärung nicht mehr aktiv und muss neu gestartet werden. Dafür ist es wichtig zu wissen, ob sich schon Alkohol in der Maische befindet. Wird nämlich frische Hefe (egal ob Flüssig- oder Trockenhefe) einer **alkoholhaltigen Maische** zugegeben, stirbt diese sofort ab, auch wenn der Alkoholgehalt noch sehr gering ist. Befindet sich schon Alkohol in der Maische, müssen Sie daher einen **Gärstarter** ansetzen und diesen dann der Maische zugeben, mit einem Volumen von ca. 5 – 10 % des nicht mehr gärenden Ansatzes. Entweder wenden Sie die Gärstarterrezeptur an wie bei den Flüssighefen bereits beschrieben, oder, um den Geschmack nicht zu verändern, Sie machen schlichtweg eine Mini-Maische mit derselben Rezeptur wie der große Ansatz. Den neuen Ansatz bei ca. 22 – 24 °C zum Gären bringen und während der stürmischen Gärung (ein bis zwei Tage nach Gärbeginn) mit der „großen“ Maische vermischen.

Ist in der Maische hingegen **kein Alkohol** enthalten, war eventuell die vorher zugegebene Hefe nicht in Ordnung, weil zu alt. Sie können frische Hefe zugeben. Achten Sie beim Kauf der Hefen daher immer auf das Ablaufdatum. Oft hilft es auch in solchen Fällen, die Maische wie bereits beschrieben mehrmals täglich intensiv zu mixen. Jedoch nicht länger als zwei bis drei Tage, weil danach die Wahrscheinlichkeit stark zunimmt, dass wilde Hefen mit all ihren negativen Konsequenzen die Maische infizieren. Wenn Sie, aus welchen Gründen auch immer, die Maische vor der Gärung abgekocht haben, den Saft aus einem Dampfentsafter verwenden oder die Maische eingedickt wurde, sind die Maischen wegen des Erhitzens sehr sauerstoffarm, was ebenfalls zu Gärstartproblemen führt. Auch in diesen Fällen hilft intensives Mixen.

▲ Kaffeefilter und Filteraufsatz

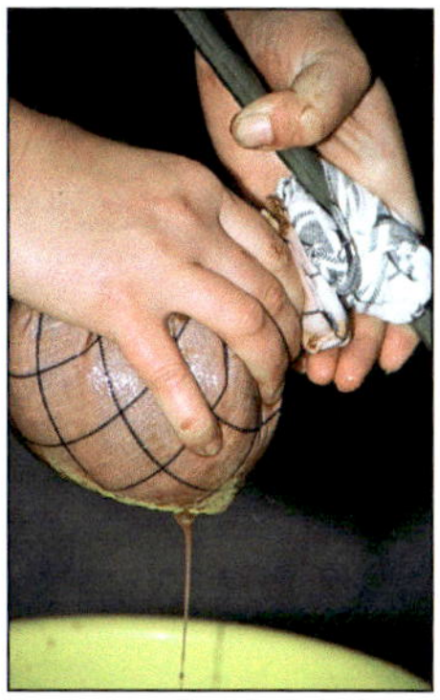

▲ Auspressen mit dem Geschirrtuch

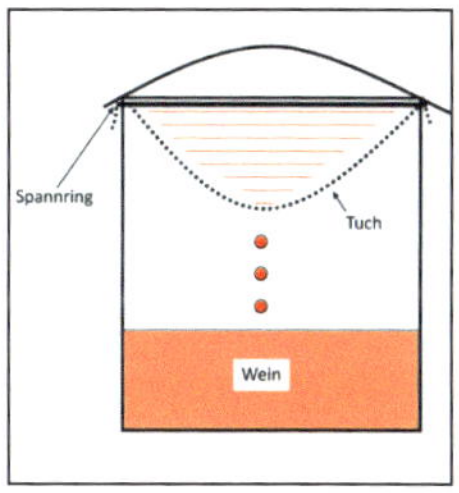

▲ Filtration über einem Fass mit einem Tuch

Filtration

Die Maische ist vor der Essiggärung zu filtrieren. Hierfür verwenden Sie bei kleineren Mengen am besten einen Kaffeefilter und einen Filteraufsatz.

Haben Sie größere Maischemengen, so können diese durch ein Geschirrtuch sehr rasch abfiltriert werden. Knoten Sie jeweils zwei Tuchenden zusammen und hängen Sie diese über einen Stock. Füllen Sie die Maische ein und drehen Sie langsam den Stock, so dass der Sack immer kleiner wird. Die Maische wird dadurch zusammengequetscht und die Flüssigkeit tropft heraus.

Große Mengen können Sie auch über ein Tuch schütten, das Sie locker über einem Fass aufspannen. Diese Art der Filterung dauert einige Tage.

In allen Fällen das Filtrat einige Tage stehen lassen. Die feinen Trübstoffe setzen sich am Boden ab und der klare (Frucht-)Wein kann abgezogen werden.

Alternative: Sie filtrieren die Maische mit zwei ineinander gesteckten Faltenfiltern „Nr. 1 – Fein für Weine und Spirituosen“ (im Fachhandel erhältlich), siehe Abbildung auf Seite 147. Die Filtration dauert je nach Menge zwar bis zu mehreren Tagen, das Filtrat ist aber so klar, dass es danach sofort weiterverarbeitet werden kann.

Aufbewahrung

Wie bereits öfters betont, sollten herkömmliche Maischen bei Kellertemperatur maximal ein bis zwei Monate (sonst können sie verderben oder es kann sich der modrige Kellergeruch bilden) und hochgradige Maischen mindestens vier bis sechs Monate lagern, bevor sie weiterverarbeitet werden. Während dieser Zeit kann sich dann das volle Fruchtaroma entwickeln.

Fertige Maischen sollten immer gut verschlossen gelagert werden. Sie können den Gärspund abnehmen und durch einen Stopfen ersetzen oder auch aufgesteckt lassen. In diesem Fall die Sperrflüssigkeit im Gärspund regelmäßig (ca. einmal im Monat) überprüfen und gegebenenfalls das verdunstete Wasser nachfüllen bzw. austauschen.

Verwendung von fertigem Wein / Fruchtwein (Most) / Bier / Destillat

Verwenden Sie fertigen Fruchtwein oder Wein als Ausgangsprodukt für die Essigherstellung, dann achten Sie hier auf besonders gute Qualität. Aus einem Abfallprodukt, das z.B. nicht verkauft werden kann, wird auch niemals guter Essig entstehen. Bei Wein und Fruchtwein (Most) ist Folgendes zu beachten:

- ▷ Fauler Hefegeruch zeigt, dass der Wein oder Most zu spät von der Hefe abgezogen wurde.
- ▷ Einen Essigstich erkennt man am Essiggeruch. Wird in der Folge Essig erzeugt, kann dieser wild entstandene Essig zwar übertüncht werden, für eine gute Essigquali-

tät ist er allerdings nicht erwünscht, wirkt er sich doch negativ auf Geruch und Geschmack aus. Ein urinartiger Geruch entsteht meist aus wilden Essigkulturen.

- Im Fall von Kahmhefe (ein beschönigender Ausdruck für Schimmel) an der Oberfläche kann man diese zwar abschöpfen, sie bildet sich jedoch sofort wieder nach. Außerdem sind die Abbauprodukte der Kahmhefe teilweise giftig.
- Der Milchsäurestich äußert sich durch einen sauerkrautähnlichen Geschmack und Geruch, der auch im späteren Essig erkennbar ist.
- Es ist ebenfalls möglich, „geschwefelte“ Produkte, welche z. B. mit Kaliumsulfit versetzt wurden, zu verwenden, jedoch nicht ohne Vorbehandlung. Diese Schwefelverbindungen können entweder mit intensivem Belüften oder mittels Zugabe von Wasserstoffperoxid entfernt werden. Zum Belüften den Wein entweder wie beschrieben intensiv mixen, ca. eine halbe Stunde je 10 Liter, oder Sie verwenden eine Luftpumpe mit Schlauch und Bimsstein aus dem Aquariumbedarf, mit der Sie ca. 24 Stunden lang Luft durchperlen lassen. Eine zeitsparende Alternative ist die Zugabe von 3 %iger Wasserstoffperoxid-Lösung für Mundspülungen aus der Apotheke. In den meisten Fällen genügen 2,63 ml je 10 Liter Wein, um das Sulfit sofort zu SO_2, welches sich verflüchtigt, weil gasförmig, und Wasser abzubauen. Dazu die Wasserstoffperoxid-Lösung zugeben und je 10 Liter einige Minuten lang mixen.

Bier eignet sich ausgezeichnet zur Essigherstellung, weil es nicht geschwefelt wurde und großtechnisch hergestellt auch keine Qualitätsprobleme hat (was bei selbst gebrautem Bier nicht zwangsläufig der Fall sein muss). Vorher sollte wiederum durch intensives Mixen (eine halbe Stunde je 10 Liter) die Kohlensäure entfernt werden. Jedoch ist der Alkoholgehalt im Allgemeinen ein wenig zu gering. Für eine Alkoholsteigerung des Bieres von 1 % Vol. geben Sie ca. 15 ml weißen, geschmacksneutralen 40 %igen Wodka oder 6 ml 96 %igen Weingeist je 0,5 Liter Bier zu. Probieren Sie verschiedene Biersorten aus, Märzen, Pils, Weißbier usw. Dunkles Stout-Bier wie Guinness ergibt einen guten, kräftigen Biergeschmack im Essig, für extravagante Geschmacksrichtungen sollten Sie belgische Biere ausprobieren.

Verwenden Sie ein Destillat als Ausgangssubstanz, muss dieses vor der Essiggärung mit Wasser oder Fruchtsaft auf maximal 15 % Vol. verdünnt werden. Für die Berechnung der Wassermenge benutzen Sie wieder die Verdünnungsformel.

Beispiel

Verdünnen eines Destillats:

2 l 45 % Vol. Alkohol sollen auf 8 % Vol. verdünnt werden. Wie viel Wasser ist dazu notwendig?

GrVol = 2

GrAlk = 45

GewAlk = 8

WaVol = 2 · (45 − 8) : 8 = 9,25 l Wasser

Somit ergeben 2 l 45 % Vol. Destillat zusammen mit 9,25 l Wasser 11,25 l Mischung mit 8 % Vol.

Trotz dieser starken Verdünnung muss das Destillat von guter Qualität sein, andernfalls lohnt sich die Arbeit für die Essiggärung nicht. Auf folgende Punkte müssen Sie hinsichtlich der Qualität des Destillats achten:

▷ Es darf kein Essigstich im Destillat wahrnehmbar sein. Dieser Geruch wird oft auch als „sauer“ oder „wie ver-

► Vorlauf-abtrennungstest nach Pieper

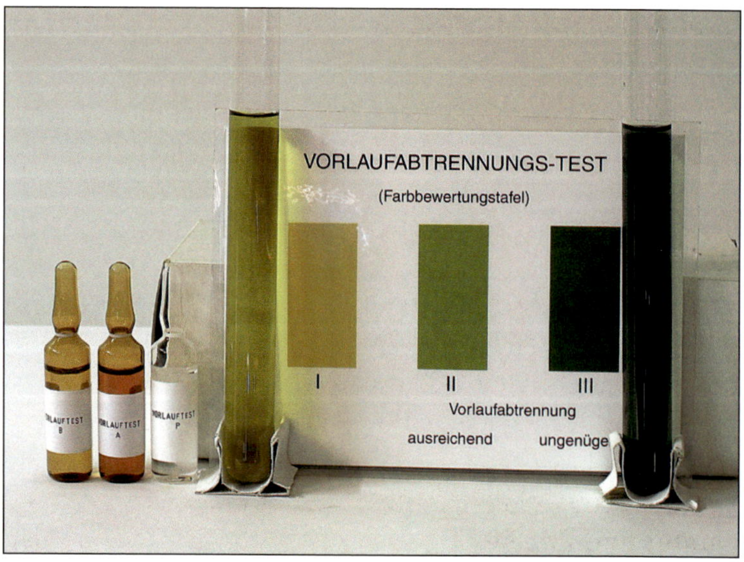

dorben" beschrieben. Er ist ein unverkennbares Zeichen dafür, dass die gebrannte Maische von (sehr) schlechter Qualität war und *das* Unterscheidungsmerkmal zwischen wild vergorenen und richtig zubereiteten Maischen (mit Reinzuchthefe, Säureschutz usw.). Es gibt keine Destillate aus Wildgärungen, bei denen dieser Fehler nicht auftritt.

- Das Destillat muss frei von Vorlauf sein. Bei Vorlauf handelt es sich um ein Substanzgemisch aus giftigen organischen Lösemitteln, welche durch Fehlgärungen entstanden und durch unsachgemäße Destillation auch in das Destillat gelangt sind. Um ein Destillat diesbezüglich zu überprüfen, verwenden Sie am besten den Vorlaufabtrennungstest nach Pieper (im Fachhandel erhältlich). Eine sehr detaillierte und ausführliche Beschreibung zur richtigen Vorlaufabtrennung finden Sie im eingangs erwähnten Buch *Schnapsbrennen als Hobby*.
- Das Destillat sollte klar und farblos sein. Eine Blautönung würde auf (giftige) metallische Verbindungen hindeuten. Weißliche, leicht milchige Trübungen (ähnlich wie Ouzo nach der Wasserzugabe) haben jedoch oft Ursachen, welche die Qualität nicht beeinträchtigen: ätherische Öle, typische Stein- bzw. Kernobsttrübungen oder kalkhaltiges Wasser, welches zum Verdünnen benutzt wurde. Auch dieses Thema ist im Buch *Schnapsbrennen als Hobby* sehr ausführlich beschrieben.

Die Essiggärung

Um ausgegorene Maische, Bier, ungeschwefelten Wein oder verdünntes Destillat in Essig umzuwandeln, gibt es mehrere Möglichkeiten. Für den Haus- und Hobbybereich eignen sich das **Oberflächenverfahren** und das **Fesselverfahren** am besten, um Essig bis zur besten Qualitätsstufe herzustellen, wobei sich die Anschaffungskosten für Apparatur und Zubehör trotzdem in Grenzen halten. In den folgenden Kapiteln sind fünf Gärmethoden und die entsprechenden Gerätschaften praxisnah beschrieben, beginnend mit der traditionellen Essigherstellung sowie einer einfachen Anleitung für erste Versuche, bis zu Verfahren für bestmögliche Resultate. So kann jeder Leser seinen Gegebenheiten und qualitativen Ansprüchen entsprechend die passende Methode finden, um seinen Essig künftig selbst herzustellen.

Traditionelle Methode

Wie bei selbst vergorenen alkoholischen Getränken erzeugen Landwirte in vielen Ländern ihren Essig für den Hausgebrauch nach wie vor selbst. Generell wird hier weniger auf Qualität geachtet, die Vorgehensweise entspricht im Großen und Ganzen den Überlieferungen, wie es schon immer gemacht wurde.

Befüllen Sie ein Gärfass mit einem Ablaufhahn über dem Fassboden zu drei Vierteln seines Volumens mit hausgemachtem Apfelwein bzw. Most* oder Traubenwein. Stellen Sie das Fass in den Keller, aber nicht in denselben Raum, in dem die hausgemachten alkoholischen Getränke vergoren und gelagert werden. Geben Sie ein Stück Essigmutter als Gärstarter in das Fass. Wenn keine Essigmutter verfügbar ist, wird sich diese nach einigen Wochen in der Regel von selbst bilden. Entfernen Sie den Gärspund und decken Sie das Loch im Fass mit einem Tuch zu, sodass keine Fliegen ins Innere gelangen können. Nach ein paar Monaten, bei Verwendung eines Gärstarters, kann der fertige Essig über den Ablaufhahn abgelassen werden, aber nur wenig, ca. 1 Liter je 50 Liter Fassinhalt. Zugleich schütten Sie dieselbe Menge Most oben wieder nach. Nach ein, zwei Wochen kann die nächste Portion abgelassen werden usw. Wenn der Essig zu stark geworden ist, können Sie auch Wasser statt Most nachfüllen. Verbesserung: Vor der Gärung wird ein Trichter mit einem aufgesteckten

---

* Mit Most ist hier Apfel- oder Birnenwein gemeint, nicht zu verwechseln mit unvergorenem, süßem Traubensaft, welcher in einigen Regionen ebenfalls als „Most“ bezeichnet wird.

Schlauch, welcher bis zum Fassboden reicht, in das Fass gegeben, sodass später beim Nachfüllen des Alkohols über den Trichter die an der Flüssigkeitsoberfläche schwimmende Essigmutter nicht zerstört wird.

In einigen Alpenregionen wie in Vorarlberg und Teilen der Schweiz gibt es den Brauch, dass jedes Jahr zu Ostern die Essigmutter von den Kindern gewaschen wird. Dabei werden alle braunen Teile der Mutter entfernt, sodass nur der weiße, innere Kern übrig bleibt. Gleichzeitig wird meist auch das Fass innen und außen gründlich gereinigt, bevor wieder frischer Most und die gewaschene Essigmutter zugegeben werden.

Einfache Essiggärung

Eigentlich ist es nicht sehr schwierig, eine Essiggärung zu starten. Lassen Sie einfach eine halb leere Bierflasche oder -dose einige Wochen an einem warmen, aber nicht heißen Platz stehen. Leider ernähren sich dann aber nicht nur wilde Essigbakterien, welche durch die Luft oder mit Insekten in das Bier gelangt sind, von der alkoholischen Flüssigkeit, auch andere Mikroorganismen wie Schimmel treten in Erscheinung. Darüber hinaus werden Lebewesen angelockt, die sich von den Essigbakterien ernähren, und wiederum andere, die sich von diesen Lebewesen ernähren usw. Kurzum, nach einiger Zeit hat sich aus dem abgestandenen Bier ein kleines Biotop entwickelt. Sicher nicht uninteressant für ein biologisches Forschungsprojekt, aber im Endeffekt ist das Produkt ungenießbar.

Notwendige Maßnahmen, um die beschriebenen Phänomene zu vermeiden, und mehrere Möglichkeiten zum Beimpfen der Nährlösung sind im Folgenden beschrieben.

Apparatur: Für einen einfachen Versuch, oder wenn Sie nicht unbedingt Topqualität erzeugen möchten, benötigen Sie ein 0,5 bis 5 Liter großes Gurken- bzw. Einweckglas mit einer breiten Öffnung, ein Blatt Küchenrollenpapier und einen Gummiring.

Alkohol: Normalerweise können maximal ca. 8 bis 9 % Säure erreicht werden. Da der gewünschte Säuregehalt zumindest 5 % beträgt, kann jedes (ungeschwefelte!) alkoholische Getränk mit einem Alkoholgehalt zwischen 5 und 9 % Vol. verwendet werden, wie Apfel- oder Birnenmost, Wein (1:1 verdünnt), Bier, verdünnter Likör usw.

Säuregehalt: Insbesondere der Gärstart sollte bei einem hohen Säuregehalt erfolgen, um Hefe zu inaktivieren und damit eine alkoholische Gärung zu verhindern bzw. überhaupt erst zu stoppen. Der hohe Säuregehalt schützt außerdem vor der Bildung einer Kahmhefe (wie beschrieben: im Endeffekt Oberflächenschimmel), die auch bei der Essiggärung sehr häufig auftritt, wenn dieser Punkt nicht beachtet wird. Geben Sie daher (ungeschwefelten!) Essig zum Alkohol, den Sie vergären möchten, in einem Mischungsverhältnis von 2:1. Mischungen unterschiedlicher Geschmacksrichtungen können durchaus sehr delikat sein, daher ist es nicht zwingend notwendig, Apfelmost mit Apfelessig, Weißwein mit Weißweinessig usw. zu vermischen. Wenn Sie naturtrüben Essig oder Essig mit einer Essigmutter verwenden, filtrieren Sie diesen vorher mit einem Kaffeefilter.

▲ 5-Liter-Gurkenglas, halb gefüllt mit gärendem (filtriertem) Essig, abgedeckt mit einem Blatt Küchenrollenpapier.

Essigbakterien: Die Essigbakterien können in unterschiedlicher Weise zugegeben werden. Wenn der Essig, der für die Mischung verwendet wurde, bereits gärt (wenn eine schwimmende Essigmutter vorhanden war), sind Sie fertig: Füllen Sie die Mischung in das Gurkenglas, bedecken es mit dem Blatt Küchenrollenpapier, um Frucht- bzw. Essigfliegen fernzuhalten, und fixieren Sie das Blatt mit dem Gummiring. Wenn die Mischung jedoch keinen gärenden Essig enthält, geben Sie, falls verfügbar, ein Stück gewaschene, weiße Essigmutter dazu. Haben Sie bei einem gewerblichen Anbieter eine sogenannte „Essigmutter" gekauft (d. h. gärender Essig mit einem Stück fester Essigmutter, erhältlich in Fachgeschäften für Kellerei-/Brauereibedarf, bei Essigherstellern, in manchen Apotheken bzw. Drogerien usw.), verwenden Sie ca. 100 bis 200 ml je 4 Liter Mischung und filtrieren Sie die „Essigmutter" vor der Zugabe mit einem Kaffeefilter. Die filtrierte Flüssigkeit ist zu verwenden, nicht der Rückstand im Filter. Wenn Sie noch keine Essigkultur haben, warten Sie einige Wochen oder Monate. Geduld: Wenn Sie Glück haben, bildet sich eine Essigmutter von alleine, wenn wilde Essigbakterien aus der

Luft die Maische infiziert haben. Der Säuregehalt sollte mit Absicht klein sein, also nur (!) in diesem Fall sollten Sie keinen Essig zum Alkohol geben. Siehe Abschnitt „Essigkulturen reaktivieren, vermehren und aufbewahren“ für mehr Möglichkeiten, eine Essiggärung zu starten.

Gärtemperatur: Die optimale Umgebungstemperatur der Essiggärung, auch um die Bildung von Kahmhefe und Essigälchen zu verhindern, liegt im Bereich von 25 – 35°C. Die maximale Umsetzungsrate von Alkohol zu Essigsäure ist bei 28°C erreicht, über 45°C beginnen die Bakterien abzusterben. Stellen Sie das Gurkenglas somit an einen warmen, aber nicht heißen Platz, in der Nähe einer Heizung, ins Bad, in einen Heizraum usw. Natürlich können die Bakterien auch in einem kühlen Keller überleben, aber dies erhöht das Risiko der Bildung von Kahmhefe, Essigälchen und Verunreinigungen durch Fehlgärungen. Außerdem ist dann die Umsetzungsrate extrem klein, die Gärdauer also extrem lange.

Gärverlauf und Weiterbehandlung: Nach ein paar Tagen sollten Sie eine dünne, gallertartige Haut auf der Flüssigkeitsoberfläche und/oder Flocken im Gärmedium bemerken. Die Haut sollte vorerst transparent sein. Wenn von Beginn an komplett undurchsichtig und schneeweiß, siehe Seite 115 für weitere Anweisungen. Wie schnell die Haut, besser gesagt die Essigmutter, wachsen wird, hängt vom Gärmedium ab, je höher der Nährstoffgehalt (Zucker), umso dicker wird die Haut werden. Wenn die Essigmutter teilweise braun wird, meist an der Unterseite, oder absinkt (und am Boden des Glases braun wird), filtrieren Sie den Glasinhalt mit einem Kaffeefilter, um einen muffigen Geruch zu vermeiden. Wenn Sie einen deutlichen klebstoffartigen Geruch (Acetatgeruch) im Glas bemerken, ist die Essiggärung in vollem Gang, alles in bester Ordnung.

Fahren Sie fort mit dem Entfernen von braun gewordener bzw. abgesunkener Essigmutter (normalerweise einmal alle zwei bis drei Wochen notwendig), bis der klebstoffartige Geruch verschwunden ist – ein Zeichen, dass der Essig bald fertig sein wird. Abhängig von der Füllhöhe, der Temperatur und dem ursprünglichen Alkoholgehalt, dauert es zwischen ein paar Tagen und ein paar Wochen nach der Essigbakterienzugabe, bis die Gärung gestoppt werden sollte. Bei 4 Liter Füllmenge, 28°C und 20 cm Füllhöhe dauert es normalerweise etwa einen Monat, bis der Essig fertig ist.

Der Essig bekommt einen starken Muff-Geruch – der gleiche wie braun gewordene Essigmutter –, wenn der Alkohol von den Bakterien komplett aufgebraucht wurde, daher sollten Sie die Gärung zeitgerecht stoppen. Wird sie zu früh gestoppt, enthält der Essig eine bemerkbare Restmenge Alkohol und/oder riecht nach Klebstoff; ist es zu spät, entsteht ein muffiger Essig. Wenn Sie den Essig mit einem Kaffeefilter filtrieren, in Flaschen abfüllen und diese kühl lagern (in einem Keller), haben Sie die Gärung praktisch gestoppt, insbesondere wenn der Restalkoholgehalt nur noch sehr gering, d. h. zum Zeitpunkt der Abfüllung der Klebstoffgeruch bereits vollkommen verschwunden ist. Darauf achten, dass die Flaschen möglichst voll sind, mit einem möglichst kleinen Luftraum im Flaschenhals. Der Luftmangel und die kühle Temperatur sind notwendig, um das Weitergären des Essigs zu verhindern, und nicht, um den Essig zu konservieren. Der Säuregehalt sollte hoch genug sein, damit der Essig von sich aus (unbegrenzt) haltbar geworden ist. Nachträgliche Trübungen, die in den Flaschen entstehen, sind vollkommen normal und sogar gesund! Näheres dazu und warum Sie den Essig keinesfalls pasteurisieren sollten, siehe Kapitel „Weiterbehandlung". Übrigens: Jeder kommerziell hergestellte Essig enthält ca. 0,3 % Vol. Alkohol, weil großtechnische Produzenten die Essiggärung dann stoppen, um einen muffigen Geruch zu vermeiden.

Mehr Essig erzeugen: Wenn alles gut funktioniert hat und keine Infektion aufgetreten ist, kann der Prozess natürlich wiederholt werden. Im industriellen Maßstab (Submersverfahren) wird maximal ein Drittel bis die Hälfte des fertigen Essigs eines Acetators abgelassen, ultra-fein filtriert, pasteurisiert und in Flaschen abgefüllt. Der Acetator wird mit frischer Maische wieder aufgefüllt, um die nächste Charge zu produzieren. Hingegen bei kleinen Mengen, wenn ein möglicher Misserfolg nicht mit enormen Kosten

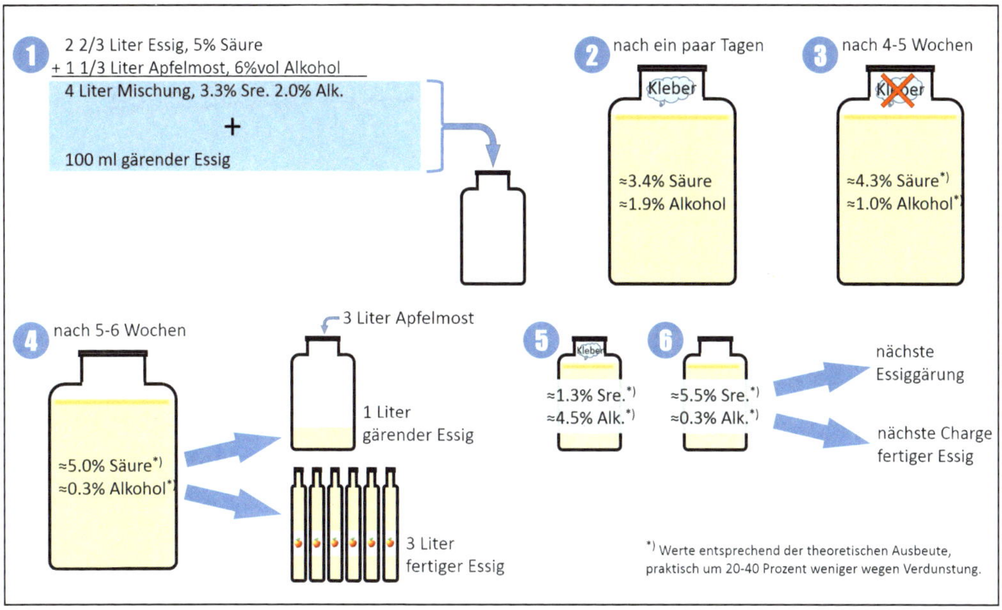

▲ Beispiel einer einfachen Essiggärung für einen 4-Liter-Ansatz Apfelessig

verbunden ist, reicht es aus, wenn ein Fünftel bis ein Viertel des neuen Ansatzes aus dem selbst hergestellten gärenden Essig besteht, der Rest aus Alkohol. Oder anders formuliert: Ersetzen Sie drei Viertel des Inhalts des Gurkenglases durch frischen Alkohol, sobald der Klebstoffgeruch verschwunden ist. Nicht vergessen, den Essig zu filtrieren (Kaffeefilter), bevor Sie den Alkohol zugeben.

Fazit: Um Essigfliegen und andere Schädlinge, Kahmhefe, Essigälchen, muffigen Geruch usw. (siehe Seite 113) zu vermeiden, sollten Sie folgende Punkte beachten:

- ▷ Ein hoher Säuregehalt des gärenden Essigs schützt vor den meisten unerwünschten Mikroorganismen.
- ▷ Eine hohe Umgebungstemperatur bis 35°C schützt gegen Kahmhefe und Essigälchen.
- ▷ Halten Sie Essigfliegen fern vom Inhalt des Gärgefäßes.
- ▷ Verhindern Sie muffigen Geruch durch Entfernen alter Essigmutter und zeitgerechtes Stoppen der Gärung.

Verbessertes Oberflächenverfahren

Beim Oberflächenverfahren bildet sich auf der Flüssigkeitsoberfläche eine Essigmutter. Es eignet sich vor allem für Weinessig, Obstessig, gemälztes und ungemälztes Getreide, Kartoffeln und Zuckerrüben. Die langsame

Essigbildung führt zu einem ausgezeichneten Bukett. Die Oberfläche sollte im Verhältnis zur Flüssigkeitsmenge möglichst groß gehalten sein, die Füllhöhe im Gärbehälter somit eher niedrig. Es kann ein maximaler Säuregehalt von ca. 10 % erreicht werden.

Beim verbesserten Verfahren wird die Maische vorab pasteurisiert, mit Starterbakterien (Essigkultur) geimpft und optimiert bezüglich Alkohol-Säure-Verhältnis, Gärtemperatur und Belüftung. Dabei kommt es im Vergleich zur einfachen Gärung zu folgenden Verbesserungen:

- Der Gärbehälter hat zwei Löcher für die Luftströmung. Dadurch wird die Oberfläche permanent mit Frischluft versorgt. Die Löcher müssen mit einer Gaze oder einem feinen Fliegengitter abgedichtet sein, damit keine Essigfliegen ins Innere gelangen können.
- Die Temperatur im Behälter wird durch ein Wasserbad oder eine Heizmatte konstant gehalten. Die optimale Temperatur liegt bei 28 °C – nicht nur für die Essigbakterien, sondern auch, um Kahmhefe zu verhindern, welche sich bei niedrigeren Temperaturen bildet.
- Die Maische und der Behälter werden vor der Essiggärung pasteurisiert. Dies zerstört alle Bakterien, Hefen und sonstigen Mikroorganismen, es kann zu keinen Fehlgärungen mehr kommen.
- Durch Animpfen mit Reinzucht-Essigkulturen wird die Essiggärung gestartet. Die Gärung beginnt dadurch viel schneller als bei der einfachen Variante (innerhalb von ein paar Tagen statt Wochen), außerdem werden damit Fehlgärungen verhindert. Aktive Essigkulturen sind bei den meisten Essigherstellern als „Essigmutter“ erhältlich.
- Die Nährlösung für den Gärstart enthält optimalerweise 4 % Säure und 2 % Vol. Alkohol. Der hohe Essigsäuregehalt verhindert Kahmhefe und Fehlgärungen, der vergleichsweise niedrige Alkoholgehalt erleichtert den Gärstart. Bei einem anderen Mischungsverhältnis kann es bis zum Gärstart durchaus einige Wochen dauern.

Verhältnis Alkohol- zu Säuregehalt, Gesamtkonzentration

Das Verhältnis Alkohol- zu Säuregehalt sowie die **Summe Alkohol- und Säuregehalt** (Gesamtkonzentration, GK) sind die entscheidenden Faktoren sowohl für den Gärstart als auch den Verlauf einer Gärung. Um den Essigbakterien einen möglichst adäquaten Lebensraum und damit optimale Bedingungen für die Vermehrung und später die Säureproduktion zu bieten, sollte bei einem Gärstarter, der beim verbesserten Oberflächenverfahren und beim Fesselverfahren zum Einsatz kommt, der Säuregehalt etwa doppelt so hoch wie der des Alkohols sein.

Insbesondere beim Gärstart sollte die Gesamtkonzentration nicht allzu hoch sein, denn je höher dieser Wert, desto langsamer wird die Essiggärung, bis sie schlussendlich ganz zum Erliegen kommt.

Wie wir experimentell auch bestätigen konnten (siehe unten), ist es beim Oberflächenverfahren kaum mehr möglich, ein Gärmedium mit 12 % Vol. Alkohol innerhalb einer einigermaßen vernünftigen Zeitspanne zum Gären zu bringen. Im Versuch war außerdem 1,7 % Säure enthalten, der GK-Wert lag somit bei 13,7 %! Auf den GK-Wert sollten Sie auch während der Gärung achten, wenn Sie Alkohol nachfüllen. Wenn z. B. zu einem gärenden Essig mit 7 % Säure dieselbe Menge Wein mit 12 % Vol. Alkohol gegeben wird, enthält die Mischung zwar „nur“ die Hälfte, also 6 % Vol. Alkohol, jedoch ist der GK-Wert dann 9,5 % (die Säure wird durch die Zugabe ebenfalls auf die Hälfte verdünnt, daher GK = 3,5 + 6). Bei diesem Wert wird die Gärung sehr langsam werden oder überhaupt aufhören, außer es wird wie beim Submersverfahren Luft eingedüst und feinst verteilt. Daher sollte vor allem beim Gärstart der GK-Wert ca. bei 5 bis 7 % liegen. Wenn ein stärkerer Essig als 7 % Säure erwünscht ist, sollten Sie trotzdem mit diesem GK-Wert die Gärung starten und später dann durch kleine (hochprozentige) Alkoholzugaben den GK-Wert langsam steigern. Werden Verdunstungsverluste nicht berücksichtigt, entspricht der GK-Wert dem End-Essigsäuregehalt, wenn der Essig vollkommen ausgegoren ist. Oder anders formuliert: Wenn Ihr fertiger Essig 5 % Säuregehalt haben soll, muss der GK-Wert zumindest 5 % betragen.

Beispiel

Essig/Alkohol-Verhältnis beim verbesserten Oberflächenverfahren und beim Fesselverfahren:

Ein End-Essigsäuregehalt von 6% Säure ist erwünscht. Das Mischungsverhältnis im Gärstarter sollte somit 4% Säure und 2% Vol. Alkohol sein.
Verhältnis Alkohol zu Säure: 2:4
GK: 2 + 4 = 6, dies entspricht dem gewünschten Essigsäuregehalt nach der Gärung.

Zum Einstellen des richtigen Säuregehaltes beim Gärstarter verwenden Sie am besten gleich „lebenden Essig“ (gärenden Essig). Leider werden die Essigbakterien ohne Zugabe von Alkohol spätestens nach ein paar Wochen inaktiv. Lebender Essig ist daher auch nur so kurz haltbar und schwer in ausreichenden Mengen zu bekommen, wenn Sie nicht gerade selbst hergestellten, gärenden (aktiven) Essig zur Verfügung haben. Wenn im Essig wegen der Gärung Trübstoffe oder eine Haut an der Oberfläche gebildet wurden – beides ein Anzeichen dafür, dass der Essig noch aktiv ist –, sollten Sie ihn vor dem Ansäuern mit einem Kaffeefilter filtrieren.

Im Normalfall wird zum Einstellen des Anfangssäuregehaltes jedoch inaktiver Essig verwendet und der Nährlösung die aktive Essigkultur gesondert zugegeben. Um den Geschmack des späteren Essigs so wenig wie möglich zu beeinflussen, verwenden wir zum Einstellen des richtigen Säuregehaltes üblicherweise stark verdünnten Eisessig. Sie können zum Einstellen des richtigen Säuregehaltes prinzipiell also jeden x-beliebigen Essig aus dem Supermarkt verwenden, sofern keine Konservierungsmittel zugesetzt wurden (Sulfite, SO_2…) und der Geschmack nicht stört (viele Essige industrieller Herkunft sind ohnehin nahezu geschmacksneutral). Im englischen Sprachraum ist der sogenannte „white vinegar“ oder „distilled vinegar“ erhältlich, geschmacksneutral und für eingelegtes Sauergemüse wie Essiggurken gedacht. Dieser Essig eignet sich ausgezeichnet zum Ansäuern des Gärmediums.

Um das optimale Mischungsverhältnis eines Gärstarters herauszufinden, haben wir eine Versuchsserie nach dem Oberflächenverfahren durchgeführt (siehe Tabelle rechts oben), wobei die jeweilige Mischung pasteurisiert und danach eine filtrierte, gekaufte Essigkultur, also gärender Essig, zugegeben wurde (Gärtemperatur: 26 – 28 °C).

Säuregehalt [%]	Alkoholgehalt [% Vol.]	Tage bis Gärbeginn
1,7	12,0	>16
4,0	2,0	4
5,2	2,0	7
6,0	2,0	12

◄ Zeitspanne bis Gärbeginn abhängig vom Mischungsverhältnis Säure/Alkohol, bei Verwendung einer gekauften „Essigmutter"

Wie aus der Tabelle ersichtlich, dauert es bei 4 % Säure und 2 % Vol. Alkohol nur vier Tage, bis die Essiggärung startet (Merkmale: Auf der Oberfläche hat sich eine dünne Haut gebildet, Trübungen sind erkennbar, der Säuregehalt hat deutlich zugenommen und der Alkoholgehalt entsprechend abgenommen). Alle anderen Mischungen beginnen erst viel später zu gären. Die Zeitspanne bis Gärbeginn sollte so kurz wie möglich sein, um Infektionen durch Fehlgärungen zu vermeiden.

Zur Sicherheit, falls etwas schiefgeht, haben wir jeden Versuch zweimal zugleich in verschiedenen Gefäßen angesetzt. Interessant zu beobachten war, dass bei beiden Ansätzen, egal von welchem Versuch, die Essiggärung immer auf den Tag genau gleichzeitig begonnen hat. Sobald die Essiggärung gestartet ist, kann der Alkoholgehalt bei den weiteren Alkoholzugaben schrittweise gesteigert werden, Essigzugabe ist nicht mehr notwendig. In der ersten Stufe sollte der Alkoholgehalt nach der Zugabe ca. 4 % Vol. betragen und in der zweiten Stufe ca. 6 % Vol. Die zweite Stufe ergibt nach der Gärung bereits den gewünschten End-Essigsäuregehalt (siehe Blockdiagramm).

Sie werden jetzt sicher denken: „Was für ein Aufwand!" Sie sollten jedoch bedenken, dass wegen der enormen Kosten eines eventuellen Betriebsausfalls Großproduzenten mit einem weit höheren Säuregehalt und GK-Wert starten, z. B. 6 % Säure und 4 % Vol. Alkohol im ersten Ansatz. Wie bereits erwähnt, werden nur ca. ein Drittel bis die Hälfte des Gärmediums durch Alkohol ersetzt, um eine neue Gärung zu starten, nicht bis zu 90 % wie im kleinen Maßstab.

► Blockdiagramm der zweistufigen Alkoholsteigerung

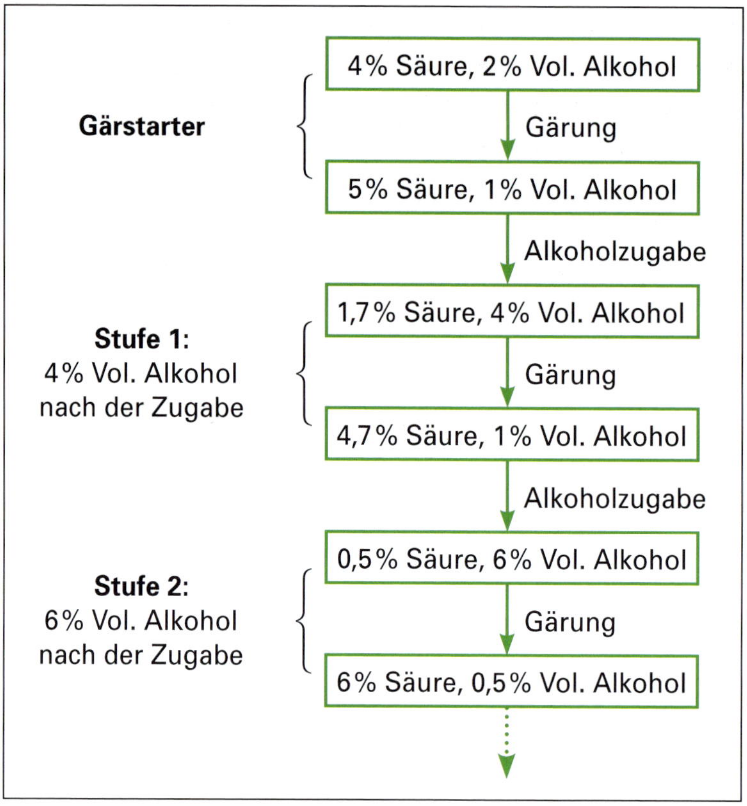

Hinweis: Die zweistufige Alkoholsteigerung ist NUR notwendig, wenn als Gärstarter eine zugekaufte Essigkultur, aktive Füllkörper – tiefgefroren bzw. frisch –, ein Stück (feste) Essigmutter oder Ähnliches verwendet werden, kurzum nur für „schwierige Fälle" (siehe Seite 105). Haben Sie jedoch aktiv gärenden (lebenden) Essig zur Verfügung, der im ausgegorenen Zustand 6% Säure erreichen wird, können Sie diesen direkt in 6% Vol. Alkohol einsetzen (zweite Stufe).

Nährsalze

Kalk- und Magnesiumsalze sowie Salze der Schwefelsäure müssen teilweise ergänzt werden, sie sind für die Bakterien lebensnotwendig. Fruchtmaischen benötigen kaum eine Zugabe von Nährstoffen, da diese darin meist ausreichend vorhanden sind. In einigen Fällen jedoch, wie z. B. bei stärkehaltigen Maischen oder verdünnten Destillaten, ist eine Zugabe unerlässlich. Die Nährsalze, im Allgemeinen dieselben wie bei der alkoholischen Gärung, können im Fachhandel bezogen werden, es besteht aber auch die Möglichkeit, diese selbst herzustellen.

Beispiele für Nährsalzlösungen:
- ▷ Abgekochtes saures Bier: 1 l / 100 l Maische
- ▷ Süße ungehopfte Vorderwürze: 1 l / 100 l Maische
- ▷ Malzextrakt: 200 g / 100 l Maische
- ▷ Weine (Südweine, Obstweine): einige Liter auf 100 l Maische
- ▷ Fruchtsäfte (filtriert und eventuell abgekocht bzw. pasteurisiert, ohne Konservierungsmittel!): einige Liter auf 100 l Maische
- ▷ Hefeabkochung: 1 kg Hefe mit 100 l Essig kochen und filtrieren. Das Filtrat zur Maische geben, wobei die Menge etwa 10 % der Maische betragen soll.
- ▷ Melasse (= dunkler Zuckersirup): 200 g / 100 l Maische
- ▷ Südfruchtauszüge (Rosinen, Datteln, Feigen, Johannisbrot): Früchte in heißem Essig einweichen, kurz aufkochen und filtrieren

Allgemein gilt, dass während einer Essiggärung nur sehr geringe Nährstoffmengen zugegeben werden sollten. Nur bei besonders träger Vergärung und ungenügender Oxidationstätigkeit sollte man darauf zurückgreifen. Die Vergärung von verdünnten Destillaten ist zwar auch ohne Nährsalze möglich, der Essig wird klar. Allerdings ist nicht das Maximum des Säuregehaltes und der Ausbeute zu erwarten, außerdem dauert die Gärung dann sehr lange.

Säurefeste Materialien

Beim Selbstbau einer Essigapparatur sollten Sie auf das richtige **Material** achten. Metalle wie Eisen, Aluminium oder Kupfer werden von Essig und Essigdampf angegriffen. Die Salze dieser Metalle sind zum Teil gesundheitsschädlich, daher dürfen sie auch nicht in Spuren im Essig vorkommen. Glas und Edelstahl (V2A) sind essigsäureresistent, ebenso Kunststoffe wie PE (Polyethylen), PP (Polypropylen), PVC, PTFE (Teflon), Silikonkautschuk (z. B. Silikonschläuche) oder bei verdünnter Essigsäure PMMA (Plexiglas). Auch Fässer und anderes Zubehör aus Holz können verwendet werden. Es ist allerdings zu beachten, dass Holz, je nach Sorte, den Essig geschmacklich verändert.

Apparatur und Vorbereitung

Beim Gärbehälter ist für eine optimale Essiggärung die Füllhöhe zu beachten, außerdem sind Belüftungslöcher notwendig. Zur möglichst genauen Regelung der Gärtemperatur wird ein Wasserbad oder eine Heizmatte verwendet, die Zugabe von aktiven Essigkulturen (Essigmutter) garantiert eine saubere Gärung. Am Ende des Kapitels finden Sie eine Beschreibung zur richtigen Pasteurisierung.

Materialliste:

- *Gärbehälter: Kunststoffbehälter mit passendem Deckel*
- *kleines Stück Fliegengitter, Klebstoff*
- *Wasserbad ODER Heizmatte:*

  Wasserbad:
  - *Behälter für Wasserbad (Kunststoff)*
  - *Heizstab oder Durchflussheizung mit 2 mal 1 m Schlauch*
  - *Umwälzpumpe*
  - *Zitronensäure oder Chlor-Granulat*

  Heizmatte:
  - *Heizmatte für Terrarien oder Pflanzenstecklinge*
  - *Thermostat*
- *Alkohol*
- *Essig*
- *Essigkultur (Essigmutter)*

Anschaffungkosten: ca. 150 Euro

Gärbehälter und Füllhöhe

Die Oberfläche des Gärbehälters sollte möglichst groß sein, bei verhältnismäßig geringer Höhe. Denn je mehr Flüssigkeit pro Volumen mit der Luft in Kontakt kommt, desto schneller verläuft die Gärung, wie folgende Versuche gezeigt haben.

► Füllhöhe im Gärbehälter und jeweilige Abnahme des Alkohols und Zunahme des Essigs pro Tag

Füllhöhe [cm]	Abbaurate Alkohol [% Vol. pro Tag]	Zunahme Essig [% Säure pro Tag]
0,6	0,8	0,53
1,0	0,7	0,50
2,6	0,5	0,34
19	0,1	0,07

Die Versuche wurden bei 28 °C durchgeführt. Je nach Versuch lag der Alkoholgehalt zu Beginn bei 4–6% Vol. und nahm bis 0,0–0,3% Vol. ab. Der Essigsäuregehalt lag zwischen 1,1 und 6,5%. Den Werten zufolge liegt die optimale Füllhöhe bei 1–5 cm. Bei mehr als 5 cm nimmt die Abbaurate des Alkohols bzw. die tägliche Zunahme des Essigs sehr stark ab, unter 1 cm ist die Zunahme der Abbaurate vergleichsweise nur noch gering.

Bei quadratischen Gefäßen mit einer Füllhöhe von 3 cm ergeben sich je nach Flüssigkeitsmenge demnach die in der folgenden Tabelle angegebenen Seitenlängen.

Füllmenge [Liter]	Seitenlänge bei quadr. Gärgefäß [cm]
0,5	13
1	18
5	41
10	58

◀ Seitenlänge eines quadratischen Gärgefäßes bei einer Füllhöhe von 3 cm

Der Behälter sollte mit einem dichten Deckel verschließbar sein. Achten Sie darauf, dass eventuelle Dichtungen unbedingt essigsäurefest sind. Als Material für den Behälter kommen Edelstahl, Glas sowie die Kunststoffe PP, PE, PVC oder PMMA in Frage.

▶ Gärbehälter für das verbesserte Verfahren

▼ Bohrungen im Gärbehälter für die Luftströmung, mit Fliegengitter verklebt

Belüftung

Bohren Sie zur besseren Durchlüftung im oberen Drittel auf beiden Stirnseiten des Behälters jeweils ein Luftloch und verschließen Sie dieses mit Gaze, einem feinen Fliegengitter oder Ähnlichem. Entweder kleben Sie das Gitter

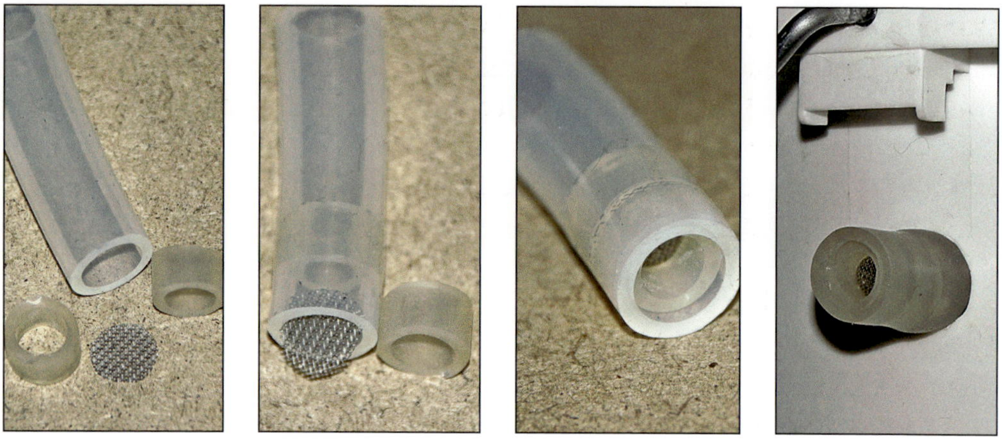

▲ Einfache Möglichkeit, ein Schlauchstück mit Fliegengitter zu verschließen

direkt auf das Loch oder stecken Sie ein mit Fliegengitter verschlossenes Schlauchstück hinein.

Im Fachhandel werden zur noch besseren Durchlüftung oft kleine Luftpumpen angeboten. Diese beschleunigen die Essiggärung. Leider hat sich beim Oberflächen- und auch beim Fesselverfahren gezeigt, dass dies überhaupt nicht zweckmäßig, ja sogar kontraproduktiv ist, weil dadurch erhebliche Alkoholmengen schlichtweg verdunsten. Der Alkoholgehalt nimmt in der Nährlösung zwar rasch ab, jedoch ohne Zunahme des Essiggehaltes. Oder anders formuliert: Die Essigbakterien haben ihre Nahrung zunächst zwar in Reichweite, aber noch bevor sie diese fressen können, wird sie wieder weggeblasen. Außerdem entstehen durch den kräftigen Luftzug zwangsläufig auch immense Aromaverluste.

Der Effekt der Alkoholverdunstung ist auch ohne Luftpumpe bemerkbar, er ist abhängig von der Menge des Gärmediums, der Temperatur und der Füllhöhe: Bei 500 ml Gärmedium, 28 °C und einer Füllhöhe von 2,6 cm verdunsten ca. 0,4 bis 0,5 % Vol. Alkohol pro Woche.

Wasserbad, Heizmatte

Wie bereits erwähnt, beträgt der optimale Temperaturbereich 25 – 35°C, am schnellsten und optimalsten verläuft die Gärung bei 28°C. Essigbakterien mögen eine warme Umgebung, außerdem schützt dies vor der unerwünschten Kahmhefe, welche sich bei niedrigeren Temperaturen bildet.

Wasserbad: Der Behälter für das Wasserbad (geeignete Kunststoffbehälter sind in Baumärkten erhältlich) sollte mindestens 10 cm länger und breiter als das Gärgefäß sein. Zusätzlich benötigen Sie einen Heizstab, eine kleine Pumpe zur Umwälzung des Wassers und eventuell ein Schwimmthermometer. Alle Artikel bekommen sie in einem Fachgeschäft für Aquaristik.

Geben Sie in den Gärbehälter die Menge Wasser, die Sie später als Gärmedium einfüllen möchten. Stellen Sie dann den Gärbehälter in das Wasserbad, das mindestens so weit aufgefüllt ist, dass sich die Flüssigkeit im Gärbehälter zur Gänze im Wasserbad befindet. Sollten Sie so hoch auffüllen, dass der Behälter schwimmt, müssen Sie ihn beschweren (ein Stück Fliese, Glasdeckel, Teller o.ä. außen am Boden befestigten), um zu verhindern, dass er umkippt. Heizstab und Umwälzpumpe ins Bad geben, Umwälzpumpe einschalten und Heizstab auf 28 °C einstellen. Erst wenn die Betriebstemperatur erreicht ist, sollten Sie den mit Gärmedium gefüllten Gärbehälter ins Bad geben.

Als Alternative zu einem Heizstab eignet sich auch eine Durchflussheizung („External Thermal Heater", ebenfalls in einem Aquaristik-Fachgeschäft erhältlich). Wenn Sie mit einem Schlauch die Umwälzpumpe mit der Durchflussheizung verbinden, diese außen am Bad befestigen und an den Ausgang der Heizung ebenfalls einen Schlauch anbringen, den Sie wieder zurück in das Bad führen, sind Pumpe und Heizung quasi in einem Stück. Vorteil: Sie spa-

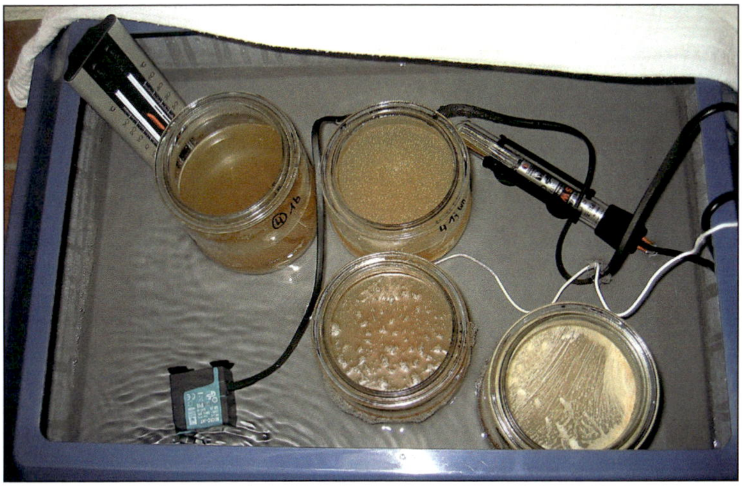

◄ Wasserbad mit Heizstab und Umwälzpumpe (ebenfalls im Bild: Gäransätze mit unerwünschten Kahmhefen in unterschiedlichen Entwicklungsstadien)

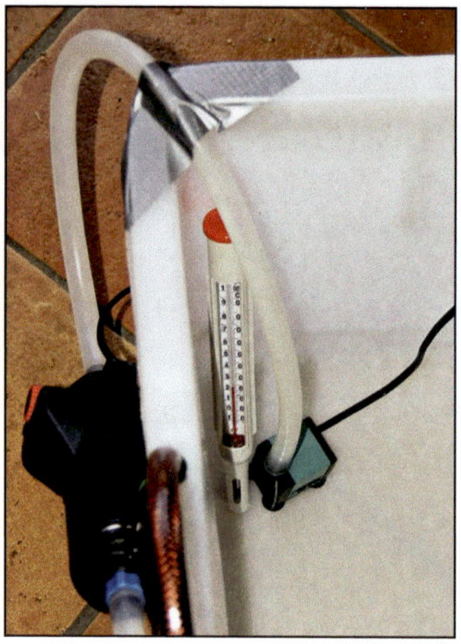

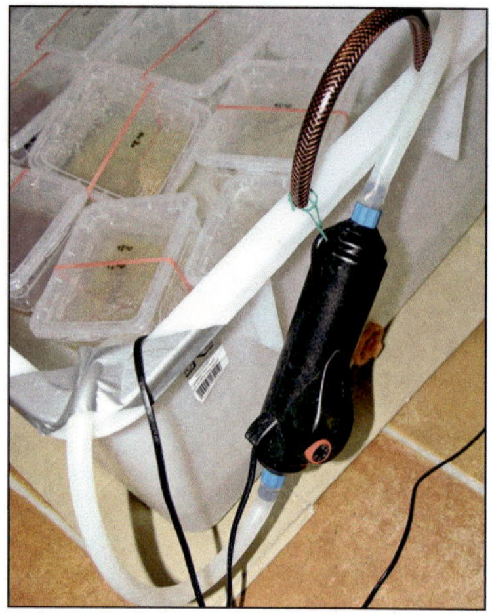

► Wasserbad mit Durchflussheizung und Umwälzpumpe

ren Platz und es befindet sich ein Stromkabel weniger im Wasser. Sie sollten das Gärmedium allerdings nicht direkt mit der Durchflussheizung beheizen, siehe Seite 86.

Für 40 l Wasserbad sind als Heizleistung bei einem Heizstab ca. 100 W ausreichend, bei der Durchflussheizung 200 W (Durchflussheizungen mit kleineren Leistungen sind nicht erhältlich). Um die Wärmeabstrahlung der Wanne nach unten möglichst gering zu halten, sollte sie nicht direkt auf einem kalten Fliesenboden stehen, sondern z.B. auf einem dünnen Kartonstapel, einer Styroporplatte o.Ä.

Da bei 28 °C der Wasserstand im Bad durch Verdunstung mit der Zeit immer mehr abnimmt, sollten Sie nicht vergessen, diesen regelmäßig zu kontrollieren und gegebenenfalls frisches Wasser nachzufüllen. Bei 40 l müssen ca. alle zwei Wochen 10 l nachgefüllt werden. Um die Verdunstung zu verringern, bedecken Sie die gesamte freie Wasseroberfläche mit einer 5 cm dicken Schicht Styroporflocken o.ä. bzw. verwenden eine entsprechend zugeschnittene Styroporplatte bzw. Blasenfolie.

▲ Chlor-Granulat verhindert Schleimbildung im Wasserbad

Nach einigen Wochen werden Sie bemerken, dass sich die Innenwände des Wasserbades und die Außenwände der Gärgefäße wegen Algenbildung schleimig anfühlen. Geben Sie dann in 40 l Badwasser ca. 40 g Zitronensäure (in Supermärkten erhältlich) oder 1 g bzw. einen gestrichenen Teelöffel Chlor-Granulat (für Schwimmbäder, in Baumärkten erhältlich) dazu. Die Zugabe von Chlor-Granulat hat den Vorteil, dass keine Essigfliegen mehr auftreten, wahrscheinlich, weil sie den Geruch nicht mögen. Die Zugabe ca. monatlich wiederholen. Achten Sie darauf, dass das „Pool"-Wasser nicht in das Gärgefäß gelangt, der Inhalt würde sofort aufhören zu gären. Das Chlor ist bei dieser Konzentration nicht schädlich für Menschen, aber es hat eine letale Wirkung auf die Essigbakterien.

Bei unseren ersten Versuchen haben wir das Wasser nicht gechlort, außerdem ist damals auch ein wenig Gärmedium ausgetreten und hat sich mit dem Badwasser vermischt. Innerhalb einer Woche war alles voller Essigfliegen, es roch penetrant nach Buttersäure (so ähnlich wie Schweißfüße). Auch heute, Jahre danach, ist in diesem Raum der Buttersäuregeruch immer noch schwach bemerkbar.

Heizmatte: Eine Alternative zu einem Wasserbad ist eine Heizmatte für Terrarien oder Pflanzenstecklinge in Kombination mit einem Thermostat. Der Aufbau ist der gleiche wie für ein Terrarium oder einen Stecklingskasten. Den Messfühler vom Thermostat nicht direkt in den gärenden Essig geben, wegen der korrosiven Eigenschaften der Essigsäure. Geben Sie den Fühler in ein mit Öl gefülltes Reagenzglas und geben Sie das Reagenzglas in den Gärbehälter. Sie können auch einen Dimmer statt eines Thermostats benutzen. In diesem Fall sollten Sie den Dimmer mit einem wassergefüllten Gärgefäß auf die benötigte Leistung einstellen, nicht mit lebendem Essig.

Der Vorteil dieser Heizvariante: Platzersparnis sowie keine Probleme mit Wasserverdunstung und Algenbildung. Jedoch sind Sie dann sehr unflexibel, wenn mehrere Gärbehälter zugleich verwendet werden, insbesondere wenn Sie nicht immer die gleiche Anzahl Gärbehälter benutzen.

Aktive Essigkultur, Essigmutter

Jetzt fehlen nur noch Alkohol (ausgegorene Maische, Bier, ungeschwefelter oder entschwefelter Wein, verdünntes Destillat usw.), Essig und eine aktive Essigkultur, also „lebender Essig". Die Essigkultur können Sie aus einer aktiven Essiggärung selbst herstellen oder von professionellen Essigherstellern beziehen, meist unter dem Namen „Essigmutter".

► Essigkulturen von professionellen Essigherstellern

Es handelt sich dabei üblicherweise um Fläschchen mit 100 ml lebendem Essig und einem Stück Essigmutter. Zwar werden Essigkulturen unterschiedlicher Herkunft angeboten (z.B. Apfel-, Weißwein-, Rotweinessigmutter), Versuche haben jedoch gezeigt, dass die Herkunft keinen erkennbaren Einfluss auf den Geschmack, die Zeitdauer bis zum Gärstart und den späteren Gärverlauf hat, solange die beschriebenen Bedingungen für eine optimale Essiggärung eingehalten werden (4 % Säure, 2 % Vol. Alkohol, Badtemperatur 28 °C, Füllhöhe 2 – 5 cm usw.).

Achten Sie unbedingt darauf, dass die Kultur möglichst frisch ist, andernfalls wird die Gärung nicht starten. Schon nach zwei bis drei Wochen ist die Kultur zu alt, um damit eine Nährlösung zum Gären zu bringen (diverse Versuche mit älteren Essigkulturen haben wir nach drei

► Alte Essigmutter (dunkelbraun) und frische Essigmutter (weißlich-beige)

Wochen abgebrochen, weil nichts passiert ist). Die Farbe einer alten Essigmutter ist dunkelbraun, die einer frischen weißlich-beige.

Was genau aus dem Fläschchen Essigkultur soll nun für den Gärstarter verwendet werden? Der gesamte Inhalt, die Flüssigkeit oder nur die feste Essigmutter? Auch diesbezüglich haben wir Versuche durchgeführt, mit folgenden Ergebnissen:

Verwendeter Teil der Essigkultur	Tage bis Gärbeginn
Alles	7
Flüssigkeit	4
Essigmutter	13

◄ Zeitspanne bis Gärbeginn, je nachdem, welcher Teil der Essigkultur verwendet wird

Versuchsbedingungen: 28 °C Badtemperatur, Mischungsverhältnis im gesamten Kulturmedium (Nährlösung + Essigkultur) 4 % Säure und 2 % Vol. Alkohol, Füllhöhe im Gärbehälter 2,6 cm, alle Gärbehälter waren wie beschrieben mit Luftlöchern versehen. Beim Versuch „Alles" wurde der gesamte Inhalt des Essigkultur-Fläschchens verwendet, bei „Flüssigkeit" und „Mutter" wurde die Essigkultur mit einem Kaffeefilter aus Papier filtriert und das Filtrat bzw. die Mutter (der Rückstand im Filter) entsprechend verwendet. Wie aus der Tabelle ersichtlich, hat beim Versuch „Flüssigkeit" die Gärung mit Abstand am schnellsten begonnen, bis zum Gärstart dauerte es nur vier Tage.

Auch hier haben wir zur Sicherheit, falls etwas schiefgeht, jeden Versuch zweimal zugleich in verschiedenen Ge-

◄ Bei den Versuchen „Alles" und „Mutter" traten Essigälchen auf (links), bei „Flüssigkeit" nicht (rechts)

fäßen angesetzt. Interessant war auch diesmal zu beobachten, dass bei beiden Ansätzen, egal von welchem Versuch, die Essiggärung immer auf den Tag genau gleichzeitig gestartet ist.

Außerdem sind bei den unfiltrierten Versuchen Essigälchen aufgetreten, auch im jeweiligen Parallelansatz, obwohl alle Vorkehrungen dagegen außer Pasteurisieren getroffen wurden. Die weißen, ca. 1 mm langen, heftig zappelnden Essigälchen sind im Gegenlicht im dünnen Flaschenhals mit bloßem Auge gut erkennbar. Nicht aufgetreten sind sie jedoch bei „Flüssigkeit“, beide Ansätze waren älchenfrei.

Fazit: Für einen möglichst raschen Gärstart und eine Gärung ohne Essigälchen sollten Sie eine möglichst frische Essigkultur (selbst hergestellt oder gekauft) mit einem Kaffeefilter oder besser einem Faltenfilter „fein“ filtrieren und nur die filtrierte Flüssigkeit verwenden. Wie bereits ausführlich beschrieben, erzeugt eine braune Essigmutter einen markanten Muffgeruch im Essig.

Pasteurisierung

Werden die Maische und der Behälter vor der Essiggärung kurz erhitzt, zerstört dies alle Bakterien, Hefen und sonstige Mikroorganismen, Fehlgärungen können daher nicht mehr auftreten. Sie sollten darauf achten, dass nur kurz erhitzt wird, um Geschmacksverluste und Alkoholverdunstung weitgehend zu vermeiden. Erhitzen Sie in einem Kochtopf das fertige Gemisch der Nährlösung (Alkohol bzw. Maische, Essigsäure und Wasser bzw. Saft) OHNE die Essigkultur auf einer elektr. Herdplatte möglichst rasch auf maximal 60 °C, dann Heizplatte ausschalten, den Kochtopf nach ca. 20 Sekunden von der Heizplatte nehmen und in ein Wasserbad mit ca. 28 °C stellen. Nach dem Abkühlen unter 30 °C die Essigkultur zugeben.

Anfangs haben wir ausnahmslos jeden Ansatz wie beschrieben pasteurisiert, bis wir es einmal zufällig vergaßen. Es hat trotzdem funktioniert, als Gärstarter wurde eine zugekaufte Essigkultur verwendet. Seitdem verzichten wir immer auf das Pasteurisieren, Probleme bezüglich Fehlgärungen o.Ä. sind bisher nicht aufgetreten, außer in dem einen bereits beschriebenen Fall. Wahrscheinlich liegt das auch daran, dass wir den Raum, in dem sich die Gärgefäße befinden, sehr penibel sauber halten und ausnahmslos immer mit Gärstarter arbeiten. Vielleicht ist es auch, weil wir immer alle Gerätschaften mit Geschirrspülmittel reinigen, bekanntlich hat dieses eine geringe sterilisierende Wirkung.

Wie auch immer, dies sollte keinesfalls eine generelle Empfehlung sein, auf das Pasteurisieren zu verzichten. Sie können jedoch durchaus mit Augenmaß vorgehen und müssen nicht jedes Mal zwangsläufig diese Prozedur durchführen.

Durchführung des Oberflächenverfahrens

Im Gegensatz zur einfachen Gärung sollte bei der verbesserten Variante die Nährlösung des ersten Ansatzes **4 % Essigsäure und 2 % Vol. Alkohol** enthalten, außerdem wird eine **aktive Essigkultur** (Essigmutter) eingesetzt. Nicht vergessen, diese vor der Verwendung zu filtrieren. Die notwendigen Gerätschaften und weitere vorbereitende Schritte entnehmen Sie den vorhergehenden Kapiteln.

Um das richtige Mischungsverhältnis aus Essig, Alkohol, Wasser und Essigkultur ermitteln zu können, muss der jeweilige Säure- und Alkoholgehalt bekannt sein. Entweder kennen Sie diese Werte bereits, weil es sich um gekaufte Produkte handelt, oder Sie analysieren den Säure- und Alkoholgehalt selbst. Vor allem bei der Essigkultur wird eine Bestimmung der beiden Werte notwendig sein, da auch bei einer gekauften Essigmutter diese meist nicht bekannt sind. Sie sollten außerdem bedenken, dass sich bei aktiven Kulturen beide Werte täglich ändern. Mit der weiter unten folgenden Formel können Sie die jeweiligen Mengen der Zutaten für das Gärmedium berechnen. Auf unserer Homepage (Adresse ist hinten im Buch angegeben) finden Sie zudem einen Gärstart-Rechner, der Ihnen das händische Ausrechnen erspart. Wenn Sie die beiden Werte Ihrer Essigkultur nicht wissen, jedoch die vom Alkohol und vom Ansäuerungsessig, geben Sie von der Essigkultur den jeweiligen geschätzten minimalen und maximalen Säure-/Alkoholgehalt an, so können Sie berechnen, wie sich das auf die anderen Zutaten auswirkt. Je kleiner die Menge vom Gärstarter, desto weniger Auswirkung hat das auf die anderen Mengen. Sollten Sie lebenden Essig zum Ansäuern verwenden, erübrigt sich natürlich die gesonderte Zugabe einer aktiven Essigkultur. In diesem Fall können die Werte für das richtige Mischungsverhältnis mittels der Formel auf Seite 96 berechnet werden.

Volumen Essig = (MiVol · MiSre – EmVol · EmSre) / EsSre
Volumen Alkohol = (MiVol · MiAlk – VolumenEssig · EsAlk – EmVol · EmAlk) / AlAlk
Volumen Wasser = MiVol – VolumenEssig – VolumenAlkohol – EmVol

IST (gemessene Werte):
EsSre: Essig, Säuregehalt [%]
EsAlk: Essig, Alkoholgehalt [% Vol.]
AlAlk: Alkohol, Alkoholgehalt [% Vol.]
EmVol: Essigmutter (gärender Essig), Volumen [ml oder l]
EmSre: Essigmutter (gärender Essig), Säuregehalt [%]
EmAlk: Essigmutter (gärender Essig), Alkoholgehalt [% Vol.]

SOLL (gewünschte Werte):
MiVol: Mischung, Volumen [ml oder l]
MiSre: Mischung, Säuregehalt [%]
MiAlk: Mischung, Alkoholgehalt [% Vol.]

Beispiel

Wie viel Essigessenz (35 % Säure), Wein (12 % Vol. Alkohol) und Wasser werden benötigt für 500 ml Gärmedium mit 4 % Säure- und 2 % Vol. Alkoholgehalt? In den 500 ml Gärmedium sollen 100 ml gärender Essig (3 % Säure, 3 % Vol. Alkohol) ebenfalls enthalten sein.

Mischungsbestandteil	**Volumen [ml]**	**Säuregehalt [%]**	**Alkoholgehalt [% Vol.]**
Essig	Volumen Essig: ?	EsSre: 35	EsAlk: 0
Alkohol	Volumen Alkohol: ?		AlAlk: 12
Essigmutter	EmVol: 100	EmSre: 3	EmAlk: 3
Wasser	Volumen Wasser: ?		
Gesamte Mischung	MiVol: 500	MiSre: 4	MiAlk: 2

Ergebnis:

Volumen Essig = (500 · 4 – 100 · 3) / 35 =	*48,6 ml*
Volumen Alkohol = (500 · 2 – 48,6 · 0 – 100 · 3) / 12 =	*58,3 ml*
Volumen Wasser = 500 – 48,6 – 58,3 – 100 =	*293,1 ml*
Volumen Essigmutter =	*100 ml*
Gesamt (4 % Säure, 2 % Vol. Alkohol) =	*500 ml*

Somit:
Eine Mischung bestehend aus 49 ml Essigessenz (35 % Säure), 58 ml Wein (12 % Vol. Alkohol), 293 ml Wasser und 100 ml Essigmutter (3 % Säure, 3 % Vol. Alkohol) ergibt 500 ml mit 4 % Säure und 2 % Vol. Alkohol.

Da die Essigbakterien relativ empfindlich sind, sollten Sie die Essigkultur als Letztes zugeben. Vermischen Sie also zuerst die angegebenen Mengen Essig, Alkohol und Wasser, dann kräftig umrühren, erst danach kommt die Essigkultur dazu, anschließend wieder umrühren. Das Ganze dann in den Gärbehälter geben und ins Wasserbad mit 28 °C stellen.

Anmerkung zum **Wasser**: genauso wie bei der Maische sollten Sie Leitungswasser, kein demineralisiertes („destilliertes“) Wasser verwenden, selbstverständlich kann stattdessen auch Fruchtsaft verwendet werden.

Es ist sehr empfehlenswert, gleich nach dem Vermischen den Säure- und Alkoholgehalt der Mixtur zu bestimmen und / oder die Dichte zu messen. Nur so kennen Sie die genauen Startwerte Ihres Gärmediums. Damit können Sie schon vor der Gärung den End-Essigsäuregehalt des späteren, fertigen Essigs und die geschätzte Gärdauer berechnen. Außerdem ist dies die einzige Kontrollmöglichkeit für den Fall, dass etwas schiefläuft oder nicht so funktioniert, wie es sollte. Wenn beispielsweise der Alkoholgehalt zwar kontinuierlich abnimmt, der Säuregehalt sich hingegen nicht verändert, gärt es nicht, der Alkohol ist lediglich verdunstet. Wenn Sie zur Kontrolle des Gärverlaufes ein Aräometer (Dichtemessgerät) verwenden, müssen Sie gleich zu Beginn den Säure- und Alkoholgehalt bestimmen, weil dies der Referenzpunkt aller späteren Messungen sein wird.

► Gärbehälter im Wasserbad

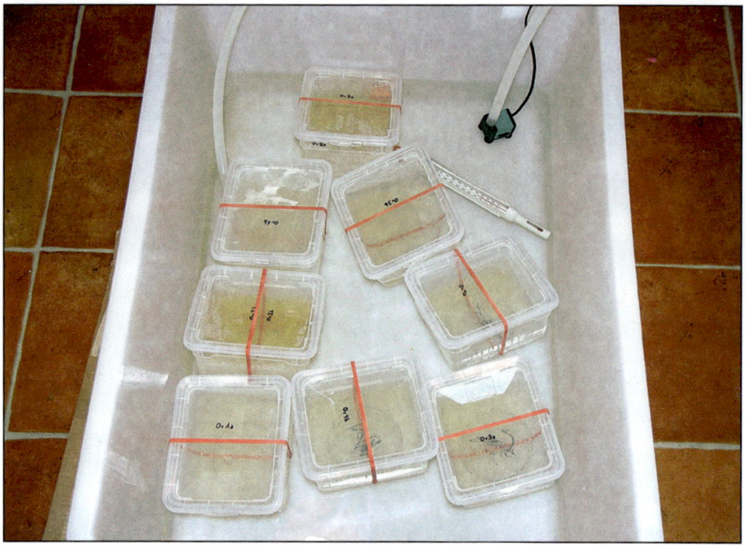

Nach ca. drei bis fünf Tagen beginnt die Gärung, der Ansatz riecht deutlich nach Klebstoff (Acetat). Das Gärmedium verändert sich auch optisch, so dass mindestens eine der im Folgenden aufgeführten Veränderungen zu beobachten ist (es treten nicht zwangsläufig immer alle Punkte auf). Z.B. bildet sich bei manchen gekauften (filtrierten) Essigkulturen keine Essigmutter, nur Trübungen und Flocken. Umgekehrt bilden sich sehr schöne Essigmuttern und kaum Trübungen bzw. Flocken, wenn Essig aus dem Fesselverfahren zum Impfen verwendet wird.

- Auf der Oberfläche bildet sich eine **hauchdünne, fast durchsichtige Haut** in der Farbe des Gärmediums, oder es bildet sich eine **gelartige, weißliche Schicht**. Die gelartige Schicht ist die Essigmutter. Sie sollte nicht zerstört werden und nach Möglichkeit nicht absinken, obwohl dies oft von selbst geschieht. Innerhalb von ein paar Tagen wächst sie jedoch wieder nach, solange die Gärung noch aktiv ist. **Achtung:** Nicht verwechseln mit Kahmhefe, die hauchdünn und undurchsichtig schneeweiß ist.
- Die zunächst klare **Flüssigkeit wird undurchsichtig trüb,** wie hefetrübes Weißbier.
- Im Gärmedium bilden sich **kleine, helle, schwebende Flocken** und gleichzeitig wird die Lösung ein wenig trüb. Wenn die Flocken jedoch eine (dunkel)braune Farbe haben, am Boden liegen und die Lösung klar ist,

hat die Gärung zwar kurz funktioniert, ist inzwischen aber wieder zu Ende. Vor allem bei kleineren Mengen als 500 ml kann es passieren, dass man die Gärung übersieht und die Bakterien wegen Alkoholmangel schon wieder abgestorben sind.

Etwa ein bis zwei Tage nach dem ersten optischen Zeichen, dass die Gärung angesprungen ist, wird sich der gemessene Säure- und Alkoholgehalt deutlich verändert haben. Sobald der Alkoholgehalt unter 1 % Vol. gesunken ist, sollten Sie neuen Alkohol zugeben, damit die Essigbakterien auch ausreichend mit Nahrung versorgt sind. Diesmal kann der Alkoholgehalt bereits auf 4 % Vol. gesteigert werden. Gehen Sie dazu so vor, wie beschrieben (auch beim zweiten Schritt, der Steigerung auf 6 % Vol.). Im Blockdiagramm auf Seite 64 ist die zweistufige Alkoholsteigerung übersichtlich dargestellt. Nicht vergessen, die teilweise braun gewordene oder abgesunkene Essigmutter zu entfernen, um Muffgeruch zu vermeiden.

Selbstverständlich können Sie den Säuregehalt durch Zugabe von hochgradiger Maische oder Destillaten noch weiter steigern. Die Formel zur Berechnung der Alkohol-

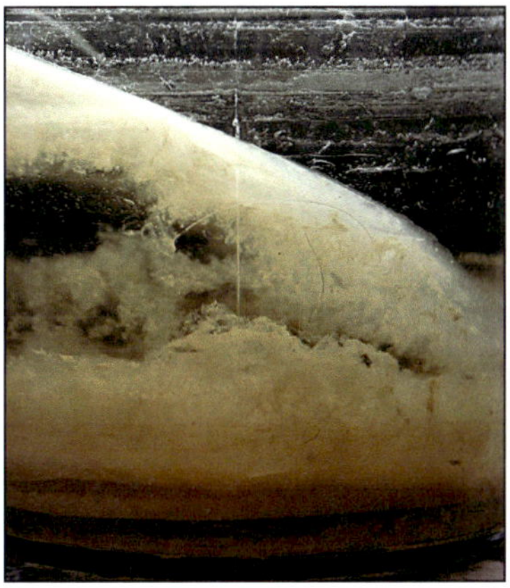

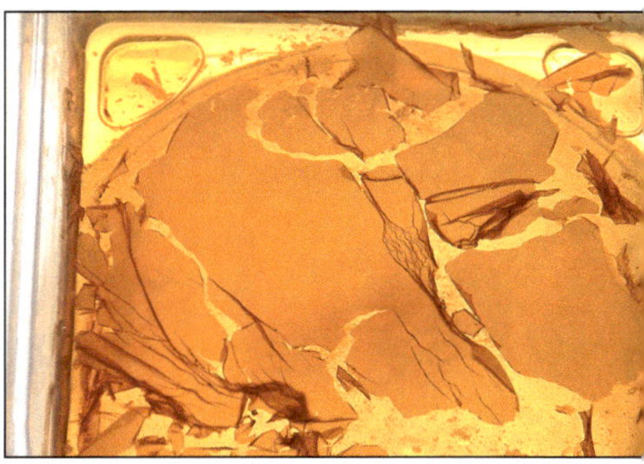

▶ Ist die gelartige Schicht (Essigmutter) abgesunken, bildet sich wieder eine neue.

▼ Dünne, fast durchsichtige Haut bei Apfel- (oben) und Rotweinessigmutter (unten)

◀ Links gärt es (noch) nicht, rechts ist das gärende Medium undurchsichtig trüb.
▶ Helle Flocken im Gärmedium sind ein Zeichen für aktive Gärung.
▲ Klare Lösung, Flocken sind dunkel und zu Boden gesunken, Gärung ist zu Ende.

zugabe ist auf Seite 102 beschrieben. Mit dem Oberflächenverfahren gelingt es jedoch nicht, einen Säuregehalt von mehr als ca. 10 % zu erreichen, dazu benötigen Sie einen Essigreaktor.

Wie ebenfalls bereits beschrieben, können Sie den Ansatz, solange er noch gärt, zum Impfen von weiteren Ansätzen nutzen. Wenn Sie den Essig jedoch ausgären lassen möchten, um ihn zu verwenden, sollten Sie den Gärbehälter noch ca. eine Woche im Wasserbad belassen, bis die Lösung nicht mehr nach Klebstoff (Acetat) riecht, wieder klar geworden ist, die Flocken zu Boden gesunken sind und der gemessene Alkoholgehalt 0,1 – 0,4 % Vol. ergibt. Dann ist der Essig fertig. Sie sollten ihn jetzt aus dem Bad bzw. von der Heizmatte nehmen, filtrieren, in Flaschen abfüllen, lagern usw. Warten Sie nicht bis 0,0 % Vol. Alkohol, sonst entsteht ein muffiger Geruch.

Achtung: Dies ist KEIN lebender Essig mehr! Wenn Sie jetzt Alkohol zugeben, passiert überhaupt nichts. Leider haben wir bei unseren Versuchen des Öfteren versäumt, den Alkohol zeitgerecht zuzugeben. Dadurch haben wir herausgefunden, dass bereits zwölf bis 24 Stunden (!), nachdem 0,0 % Vol. gemessen wurde, die Bakterien nicht mehr aktiv sind. Dann heißt es wieder zurück an den Start, also Gärmedium mit Essigkultur ansetzen usw.

Wir wollten wissen, was passiert, wenn der fertige Essig nicht aus dem Wasserbad genommen wird, und haben dazu mehrere fertig ausgegorene Ansätze einige Wochen im Bad bei 28 °C belassen. Bei den Versuchen, bei denen sich an der Oberfläche eine Essigmutter gebildet hatte, ist diese zu Boden gesunken, nach einigen Tagen hat sich an der Oberfläche eine neue Mutter gebildet, die wieder zu Boden gesunken ist, daraufhin hat sich wieder eine neue gebildet usw. Nach ca. einem Monat befanden sich am Boden mehrere Lagen Essigmuttern, darüber nur noch eine dünne Schicht nahezu gallertartiger Flüssigkeit. Die Farbe der jüngsten Essigmuttern war zwar weißlich-beige, trotzdem hat die Qualität des (übriggebliebenen) Essigs deutlich gelitten. Der Geruch war muffig, erinnerte ein wenig an alten Urin, und geschmacklich war der Essig bestenfalls mit „dumpf" zu beschreiben. Bei einem Ansatz mit einer größeren Füllhöhe in Vergleich zu den anderen haben sich sogar Essigälchen gebildet. Bei Ansätzen ohne Essigmutter (nur Flocken bzw. Trübstoffe) war optisch zwar keine Veränderung erkennbar, aber auch hier hat sich die Essigqualität deutlich verschlechtert.

Sobald Sie also bemerken, dass der Essig fertig ist, sollten Sie ihn auch aus dem Wasserbad oder von der Heizmatte nehmen. Abgesehen vom Qualitätsverlust und den Essigälchen ergibt eine übermäßige Essigmutterbildung auch ein Ausbeuteproblem, weil ein Großteil der Flüssigkeit in der Essigmutter gebunden ist. Bezüglich der Verwendung der Essigmutter als Gärstarter, siehe Seite 107.

Fesselverfahren

Bei diesem Verfahren siedeln sich die Bakterien in einem Festbettreaktor auf Füllkörpern an. Sie schwimmen also nicht wie beim Oberflächenverfahren obenauf, die Essigmutter entsteht auf den Füllkörpern, nicht auf der Flüssigkeitsoberfläche. Zu bestimmten Zeitpunkten werden die Füllkörper mit dem Gärmedium übersprüht, in der Zwischenzeit ruht die Flüssigkeit in einem Behälter, sodass durch die Thermik die Luft wie bei einem Kamin nach oben strömen kann. Beim Schnellessig- und Generatorverfahren werden die Füllkörper ununterbrochen besprüht und mit einem Gebläse wird ununterbrochen von unten Luft eingeblasen.

Vorteile Fesselverfahren

Im Vergleich zum verbesserten Oberflächenverfahren ergeben sich folgende Vorteile:

- Liefert qualitativ viel bessere Ergebnisse.
- Es treten keine Essigälchen auf.
- Kein urinartiger Geruchsfehler.
- Es bildet sich keine Essigmutterschicht mehr auf der Oberfläche vom Gärmedium, daher kann auch nichts absinken und einen muffigen Geruch erzeugen.
- Die tägliche Abbaurate der Alkoholmenge bzw. Zunahme der Essigsäure ist etwa zehnmal so groß wie beim Oberflächenverfahren.
- Gärstart oft schon innerhalb von 48 Stunden.
- Alkoholverluste wegen Verdunstung sind vernachlässigbar gering (wenn keine Luftpumpe verwendet wird).
- Geringerer Platzbedarf, da die Füllhöhe im Behälter nicht mehr relevant ist.
- Ohne Vergrößerung des Reaktors können auch größere Mengen verarbeitet werden.
- Einfache Kontrolle des Gärverlaufes über die Reaktortemperatur.
- Für Zugaben und Entnahmen des Gärmediums muss nicht die gesamte Apparatur geöffnet werden.
- Austausch des gesamten Gärmediums ohne Unterbrechung des laufenden Betriebs.
- Betriebszeiten von mehreren Monaten oder länger möglich.
- Je nach Art der Füllkörper erhält der Essig einen besonderen Geschmack, es können jedoch auch geschmacksneutrale Füllkörper eingesetzt werden.

- ▷ Kräuter, Gewürze und Früchte können auch ohne vorherige alkoholische Vergärung zugegeben werden, der Essiggeschmack ist deutlich vollmundiger und weicher als bei einem Ansatzessig.
- ▷ Der Essigsäuregehalt kann auch über 10 % gesteigert werden.
- ▷ Füllkörper können für späteren Einsatz als Gärstarter tiefgefroren werden.
- ▷ Der fertige Essig ist weitgehend klar, es treten keine Trübungen wie beim Oberflächenverfahren auf.
- ▷ Um vieles unempfindlicher, wenn Alkoholgehalt gegen null geht. Das Oberflächenverfahren lässt hier keinen Spielraum zu: Sobald 0,0 % Vol. Alkohol erreicht sind, hört die Gärung auf und kann durch alleinige Alkoholzugabe, also ohne Gärstarter usw., nicht mehr weitergeführt werden.
- ▷ Die Herstellung von hochqualitativen, „exotischen" Essigsorten ist möglich. Diese gelingen beim Submersverfahren nicht zufriedenstellend, und schon gar nicht mit dem Oberflächenverfahren. Daher bietet sich das Fesselverfahren auch für professionelle Essighersteller, die üblicherweise nach dem Submersverfahren arbeiten, als zusätzliche Alternative zur Großanlage an, z. B. bei stark schäumenden Gärmedien.

Natürlich sind auch wir immer wieder neugierig, ob die Qualität eines selbst hergestellten Festbettreaktoressigs tatsächlich so erstklassig ist wie beschrieben. Daher kaufen wir uns auch in regelmäßigen Abständen erlesene Essige, zumindest laut Beschreibung des Herstellers/Verkäufers bzw. des Etiketts. Einmal hatten wir diesbezüglich ein Schlüsselerlebnis, welches wir Ihnen nicht vorenthalten möchten:

Mit ein wenig Glück konnten wir von einer namhaften Verkostung einen im Jahr 2009 mit Gold prämierten Apfelessig erstehen, welcher nach dem klassischen Oberflächenverfahren hergestellt worden war. Beim Kauf roch und schmeckte der Essig durchaus gut, jedenfalls bedeutend besser als das, was sonst so angeboten wird.

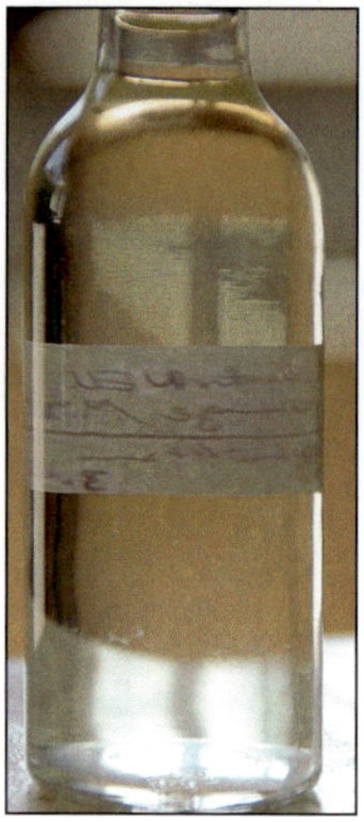

▲ Trübungsvergleich: links Oberflächenverfahren, rechts Fesselverfahren

Zu Hause dann das große Aha-Erlebnis: Im direkten Vergleich zu unserem Apfelessig* war beim prämierten Essig plötzlich wieder der für das herkömmliche Oberflächenverfahren typische, leicht urinartige Geruch bemerkbar! Diese Beobachtung wurde inzwischen von jedem bestätigt, der sich für den Geruchstest zur Verfügung gestellt hat, auch von Personen, die normalerweise mit Essig nichts zu tun haben, für die der scharfe Essiggeruch also noch ungewohnt ist. Das Ganze hat uns vor allem gezeigt, dass ein dezenter, gerade noch bemerkbarer Fehlgeruch / -geschmack oft nicht mehr wahrgenommen wird, weil man sich schlichtweg schon daran gewöhnt hat, so dass er nur noch im direkten Vergleich mit einem makellosen Produkt auffällt.

Auch optisch ist ein deutlicher Unterschied zwischen den Ergebnissen beider Verfahrensarten erkennbar. Der Essig aus dem Reaktor ist direkt nach der Abfüllung nahezu klar, wohingegen ein frischer Essig aus dem Oberflächenverfahren undurchsichtig trüb ist, auch wenn keine Essigälchen auftreten.

Fazit: Um qualitativ hochwertigen Essig selbst herzustellen, eignet sich das Fesselverfahren am besten. Das verbesserte Oberflächenverfahren ist im Vergleich dazu nur für Versuche und zur Herstellung eines Gärstarters für den späteren Einsatz im Reaktor geeignet.

Prinzipieller Aufbau der Apparatur

Die Apparatur besteht aus einem Reaktor, in dem sich die Füllkörper befinden, und einem Behälter mit dem Gärmedium darunter. In periodischen Abständen wird das Gärmedium in den Reaktor gepumpt, um die Füllkörper

---

* Die Essiggärung einer hochgradig vergorenen Apfelmaische wurde noch mit einer Selbstbauanlage durchgeführt, als Füllkörper dienten Zeolithe. Zum Zeitpunkt des ersten Vergleichstests war der selbst hergestellte Essig gerade mal einen Monat alt, der prämierte jedoch bereits ca. eineinhalb Jahre.

damit zu übersprühen, von dort rinnt es wieder zurück in den Behälter. Als Material kommt Edelstahl oder essigsäureresistenter Kunststoff in Frage.

Für die möglichst effiziente Reinigung und zum einfachen Einfüllen und Entleeren der Füllkörper kann der Reaktordeckel im gesamten Querschnitt geöffnet werden. Der Boden hat eine Öffnung für den Abfluss des Gärmediums zurück in den Behälter. Seitlich, ein paar Zentimeter über dem Boden, ist eine kleinere Öffnung für die Luftzufuhr. Wenn keine Luftpumpe angeschlossen ist, muss die Öffnung, wie bereits beschrieben, luftdurchlässig verschlossen sein, um Essigfliegen abzuwehren. Auch hier sollte keine Luftpumpe verwendet werden, um Alkoholverdunstung und Aromaverluste zu vermeiden.

Ca. 5 cm oberhalb des Reaktorbodens befindet sich eine herausnehmbare Lochplatte auf Halterungen, so dass die Füllkörper nicht in den Auffangbehälter gespült werden, die Flüssigkeit aber ungehindert abfließen kann. Ungefähr in halber Höhe des Reaktors ist eine Temperaturmessstelle eingebaut, die bis ins Zentrum der Füllkörper reicht. Die Packung der Füllkörper ist in etwa gleich hoch wie breit, denn nur durch die annähernde Würfelform ergibt sich ein möglichst geringer Widerstand für die Luftströmung von unten nach oben, schließlich soll der Reaktor auch ohne Luftpumpe betrieben werden können. Gleichzeitig jedoch rieselt aufgrund dieser Geometrie die versprühte Flüssigkeit über eine möglichst lange Strecke über die Füllkörper.

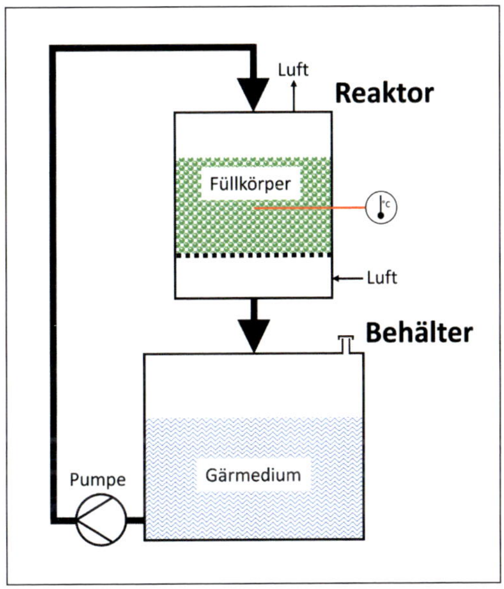

▲ Fließschema des Essigreaktors

Oberhalb der Füllkörper ist im Reaktor noch genug Platz für den Sprühaufsatz (funktioniert ähnlich wie ein Duschkopf) zur gleichmäßigen Verteilung des umgepumpten Gärmediums über den gesamten Reaktorquerschnitt. Der Deckel hat zwei Öffnungen, eine in der Mitte für die Eindüsung des Gärmediums, darunter befindet sich der Sprühaufsatz, und eine seitlich für den Luftaustritt (wieder luftdurchlässig verschlossen).

Im **Behälter** unter dem Reaktor befindet sich das Gärmedium in den Sprühpausen, im Reaktor ist somit nur noch so viel Flüssigkeit, wie von den Füllkörpern zurückgehalten wird. Oder anders formuliert: nur noch die Menge, die von selbst nicht mehr abrinnt. Der Behälter hat drei Öffnungen: die erste unten in Bodennähe, von hier aus wird mit einer Pumpe das Gärmedium in den Reaktor gepumpt, die zweite oben in der Mitte im Deckel für den Rücklauf des Gärmediums und eine dritte, seitlich im Deckel, zur Probenentnahme und für den Druckausgleich beim Bedüsen. Die Pumpe ist an eine Zeitschaltuhr angeschlossen, mit der die Bedüsungszeiten eingestellt werden können (siehe Seite 100).

Für die **Gärtemperatur** entscheidend ist im Wesentlichen nur die Temperatur des Gärmediums im Behälter. Daher sollte dieser in einem 28 °C warmen Wasserbad stehen oder umgeben sein von Heizmatten für Terrarien bzw. Pflanzenstecklinge. Beide Heizmöglichkeiten wurden beim verbesserten Oberflächenverfahren bereits ausführlich beschrieben. Auch hier sollte das Gärmedium nicht direkt mit einer Durchflussheizung erwärmt werden, sonst tritt bereits bei ca. 2 % Vol. Alkohol Überoxidation auf

► Beispiele anorganischer Füllkörper (von links oben im Uhrzeigersinn): Zeolithe, Keramikringe, Tongranulat, granulierter Blähton

(siehe Seite 116), welche Säureabbau und starken Muff-Geruch verursacht. Normalerweise ist dies erst bei 0,0 % Vol. Alkohol der Fall.

Als **Füllkörper** für die Apparatur eignen sich sowohl organische wie anorganische Materialien. Bei der Auswahl sollten Sie beachten, dass die organischen Produkte in der Regel den Geschmack des Essigs beeinflussen (kann durchaus erwünscht sein: typischer Holzgeschmack, Bergwiesenheuaroma usw.) und beispielsweise Trockenfrüchte bedeutend schneller verschleimen als anorganische Materialien. Bei anorganischen Füllungen können sich die Essigbakterien umso besser ansiedeln, je poröser die Kornoberfläche ist. Alle Arten von Füllkörpern, außer Früchte, Kräuter und Gewürze, sind vor der Inbetriebnahme unbedingt einzusäuern, siehe dazu Seite 95 ff.

In der Tabelle und im Bild sind auch Zeolithe angegeben. Da diese sicher nicht jedem von Ihnen geläufig sind, ein kurzer Ausflug in die Mineralogie: Der Name Zeolith setzt sich aus den griechischen Silben „zeo" (ich siede) und „lithos" (Stein) zusammen, ist also gleichbedeutend mit „siedender Stein". Der Name beschreibt, wie beim Erhitzen dieses Minerals Wasserdampf entweicht, weil im Inneren Wasser eingelagert ist. Neben künstlichen Zeolithen gibt es auch viele mit natürlicher Herkunft. Sie haben nicht nur eine immens große innere Oberfläche, sondern besitzen auch die außergewöhnliche

▼ Einige Beispiele organischer und anorganischer Füllkörper

Art	Beispiele
Organisches Material	Buchenholzspäne (aufgerollt, unbehandelt oder geräuchert)
	andere Holzarten, ggf. die Harzstoffe entfernen
	Maiskolben (entkornt und gehackt)
	Traubenkämme
	Reisig
	Kork
	Heu bzw. Heublumen
	Kräuter & Gewürze, frisch oder getrocknet
	Getrocknete Früchte, frische Früchte in Mischungen
	Zitrusschalen, zerkleinert
	usw.
Anorganisches Material	Bimskies (gekörnter Bimsstein)
	Tongranulat
	Blähton, gekörnt, granuliert
	Keramik, gekörnt, nicht glasiert
	Zeolithe
	usw.

Fähigkeit, einzelne Ionen ihrer Kristallstruktur auszutauschen. Daher sind ihre Anwendungsgebiete äußerst vielfältig: Ionentauscher, Molekularsiebe, Katalysatoren usw. Sie werden oft in der Aquaristik eingesetzt, um Stickstoff (Ammoniak) und Schwermetalle zu binden, das Wasser zu klären und Algenbildung weitgehend zu verhindern, wobei Spurenelemente und Mineralien erhalten bleiben. Zeolithe sind sogar in einigen Nahrungsergänzungsmitteln enthalten. Genau diese Eigenschaften sind auch für die Essigherstellung sehr wichtig:

- ▷ Die große innere Oberfläche begünstigt die Ansiedelung der Essigbakterien.
- ▷ Stickstoffverbindungen bakterieller Herkunft werden gebunden, d.h. es gibt keinen urinartigen Geruch mehr.
- ▷ Minimierte Gefahr von Fremdinfektionen im Gärmedium-Behälter, weil gelöste Eiweißstoffe vom Zeolithen gebunden werden.
- ▷ Klärung des Essigs (siehe Seite 148).

Weitere Anregungen, wie Sie mit Füllkörpern aus Früchten, Kräutern und Gewürzen dem Essig einen ganz individuellen, unverwechselbaren Charakter verleihen können, finden Sie ab Seite 162.

Die Schüttung der Füllkörper darf nicht zu dicht sein (hängt u.a. von der durchschnittlichen Korngröße der Füllkörper ab), sonst kann die Luft nicht mehr durch die Packung strömen bzw. das Gärmedium nicht mehr hindurchrieseln. Die Bakterien sterben dann ab bzw. die Leistung des Reaktors ist nur sehr gering. Achten Sie auf die entsprechend (kleine) Pumpleistung, damit der Reaktor

◀ Elektronisches Thermometer, mit Teflonband umwickelter Thermofühler
▼ Siebeinsatz im Multitopf mit Füllkörpern (Zeolithe) und Korkstopfen

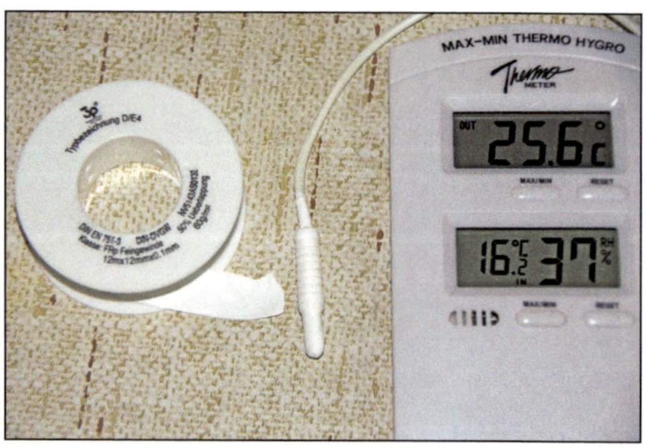

beim Besprühen nicht geflutet wird. Im Zweifelsfall die Bedüsung mit Wasser ausprobieren, bevor Sie das eigentliche Gärmedium einfüllen.

Es ist auch möglich, in den Sprühpausen Füllkörper aus der Apparatur zu entnehmen, um damit eine frische Nährlösung anzuimpfen.

Selbstbauapparatur

Ein herkömmlicher Dampfentsafter aus Edelstahl eignet sich nach kleineren Umbauten sehr gut als Essigreaktor. Jedoch ist zum Entfernen des inneren Zwischenbodens ein wenig handwerkliches Geschick notwendig. Davon abgesehen ist die folgende Beschreibung auch für den Dampfentsafter gültig, da die Konstruktion sehr ähnlich aufgebaut ist.

Der „Multitopf Dampfentsafter" aus Edelstahl (wurde früher von der Fa. Kreck hergestellt, jetzt als Nachbau erhältlich), Fassungsvermögen 15 l, ist nach kleineren Änderungen geradezu prädestiniert dafür, als Essigreaktor eingesetzt zu werden. Im Topf befindet sich hängend ein Innentopf, etwa halb so hoch wie der äußere, so dass der Multitopf quasi eine Einheit bildet aus Reaktor und Gärmedium-Behälter. Zufällig hat der Siebeinsatz für die Füllkörper auch eine annähernd kubische Form. Das weitere Zubehör ist im Aquaristikfachhandel bzw. in Baumärkten erhältlich.

Die Eintrittsöffnung zum Versprühen des Gärmediums befindet sich genau in der Mitte des Deckels, entfernen Sie daher (oder lassen Sie entfernen) den Handgriff in der Mitte davon. Anschließend ein Loch für den Stoppel bohren, der die Sprühdüse mit dem Schlauch aus der Pumpe verbinden soll. Jetzt fehlen noch die beiden Löcher am Rand für Lüftung (Luftaustritt) und Thermometerkabel. Sie können auch das Überdruckventil des Deckels ausbauen, um ein Loch weniger bohren zu müssen, aber leider ist danach der Spannring des Ventils nicht mehr funktionstüchtig.

Das letzte zu bohrende Loch in der Anlage ist für den Lufteintritt und befindet sich seitlich im Kessel, 14,5 cm unterhalb des Topfrands. Beide Luftlöcher luftdurchlässig verschließen.

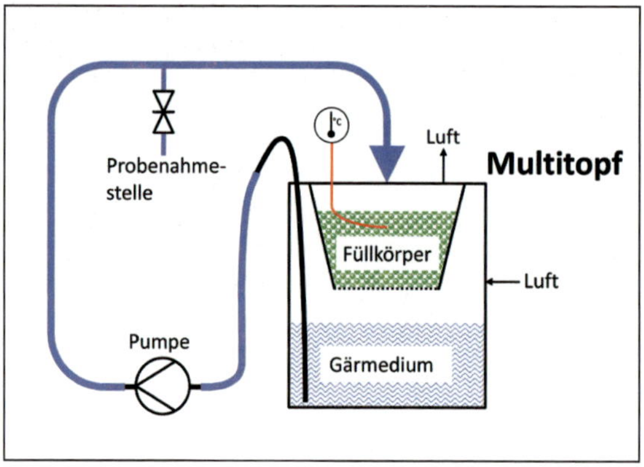

▲ Schema Selbstbauapparatur

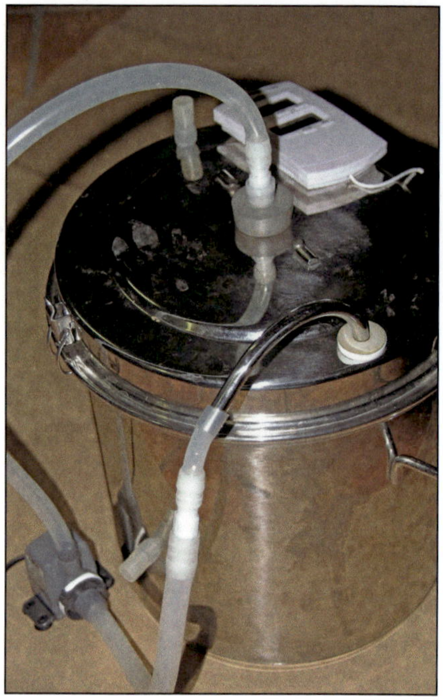

► 15-Liter-Multitopf-Dampfentsafter aus Edelstahl

Materialliste:

- *ein Multitopf*
- *ein elektronisches Thermometer mit Kabel und Thermofühler*
- *Umwälzpumpe (Fördermenge ca. 200–800 l/h)*
- *Silikonschlauch, ca. 2 m*
- *durchbohrter Stopfen*
- *Brausekopf einer kleinen Gießkanne aus Kunststoff (PE, PP)*
- *Schlaucholive*
- *T-Stück*
- *Quetschhahn*
- *Teflonband (Gewindedichtband aus PTFE)*
- *Füllkörper*
- *zwei Korkstopfen*

Anschaffungkosten: ca. 200 Euro

Danach gehen Sie folgendermaßen vor:

▷ Um den Sprühkopf im Deckel zu montieren, stecken Sie den durchbohrten Stopfen in die Eintrittsöffnung des Gärmediums und von unten den Brausekopf in den Stopfen. Von oben setzen Sie die Schlaucholive ein, sie ist das Verbindungsstück für den Schlauch aus der Pumpe. Die beiden Teile des Brausekopfes mit Teflonband (Gewindedichtband aus PTFE) umwickeln, um zu verhindern, dass sich die Lochplatte beim Betrieb löst.

▷ Gärmedium einfüllen (Nährlösung mit Gärstarter oder aktiv gärender Essig), maximal 5,5 l, der Siebeinsatz soll nicht in das Gärmedium eintauchen.

▷ Gereinigte und eingesäuerte Füllkörper in den Siebeinsatz einfüllen (ca. 4–5 l), das Ganze in den Multitopf einsetzen. Am Rand des Siebeinsatzes befinden sich drei Löcher, für das Überlaufrohr des Multitopfes wird jedoch nur eines benötigt. Verschließen Sie daher die beiden anderen mit den Korkstopfen, um störende Luftströmungen zu vermeiden.

▷ Das Kabel des Thermometers mit dem Thermofühler durch das entsprechende Loch des Deckels fädeln und in der Füllkörperpackung ein paar Zentimeter tief vergraben. Den Fühler dabei so positionieren, dass die Temperatur in der Mitte der Packung gemessen wird. Den Thermofühler vorher mit Teflonband umwickeln, damit er vom Essig nicht angegriffen wird.

- ▷ Deckel verschließen.
- ▷ Überlaufrohr einsetzen und Pumpe anschließen.
- ▷ Mit dem Silikonschlauch den Pumpenausgang und die Schlaucholive des Sprühkopfes verbinden.
- ▷ Sehr sinnvoll ist auch eine Probenahmestelle, um während der Gärung Messungen durchführen zu können. Dafür bauen Sie ein T-Stück im druckseitigen Schlauch der Pumpe ein und verschließen das lose Ende mit einem Stück Silikonschlauch und Quetschhahn. Damit können während der Bedüsungszeiten Essigproben abgenommen werden.
- ▷ Den ganzen Multitopf inkl. Pumpe bei 28 °C ins Wasserbad stellen.
- ▷ Die Pumpe an eine Zeitschaltuhr anschließen und die auf Seite 100 angegebenen Sprühzeiten einstellen.

▲ Fertig montierter Brausekopf, umwickelt mit Teflonband

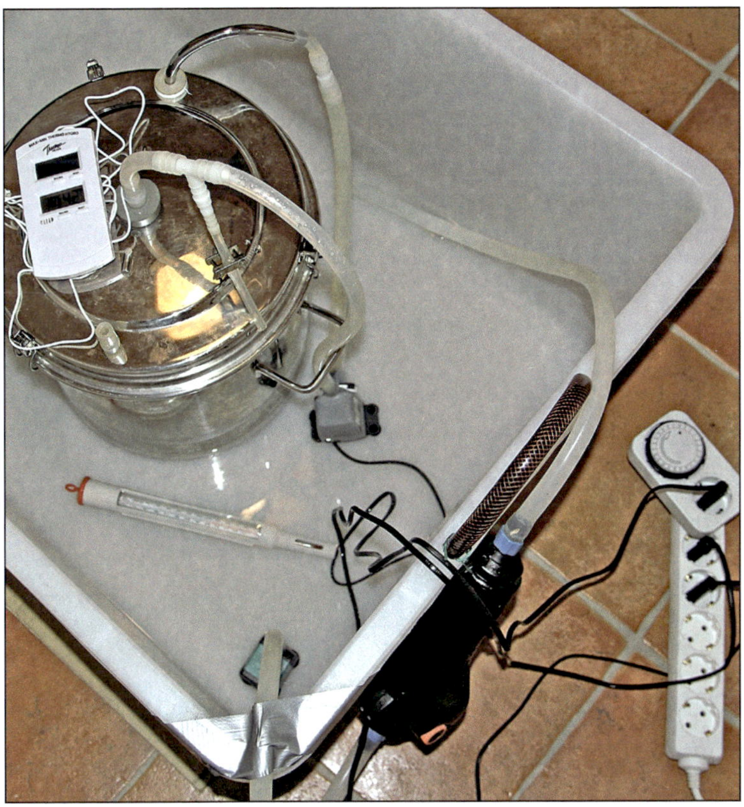

◄ Multitopf im Wasserbad mit Zeitschaltuhr und Durchflussheizung

► Probenahmestelle im druckseitigen Schlauch

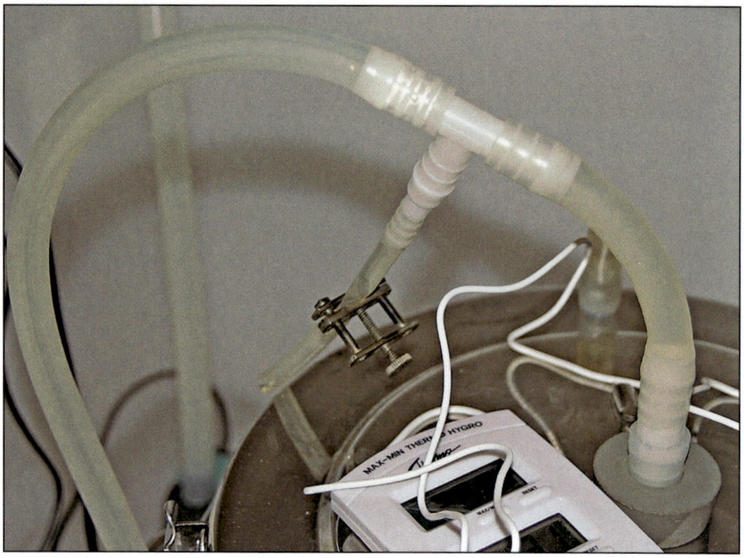

Essigreaktor nach Schmickl

Der Reaktor wurde den zuvor beschriebenen Kriterien entsprechend entworfen, ist aus PMMA (Plexiglas) gefertigt und kann bis zu 6 l Füllkörper aufnehmen. Plexiglas hat den Vorteil, dass man sehen kann, was im Inneren vor sich geht. Die Rohrleitung besteht aus PVC, ein Silikonschlauch ist die Verbindung zur Pumpe. Zum Reinigen lässt sich die Apparatur vollständig zerlegen, auch der Sprühkopf und die Rohrleitung.

Als Behälter für das Gärmedium dient standardmäßig ein Ovaleimer (PP) mit einem Fassungsvermögen von 18 l. Mindestfüllmenge sind ca. 5 l Gärmedium, bei kleineren Mengen besteht die Gefahr, dass von der Pumpe Luft an-

▼ Essigreaktor nach Schmickl: gefüllt mit Zeolithe (links), beim Bedüsen (Mitte), im Wasserbad (rechts)

gesaugt wird. Die Fördermenge der Pumpe liegt zwischen 200 und 800 l/h. Für größere Mengen kann der Behälter durch ein beliebig anderes, essigresistentes Gefäß ausgetauscht werden, z.B. Maischefässer bis zu 100 l Fassungsvermögen. Größere Volumina sind zwar auch noch möglich, allerdings sind die Gärzeiten dann schon verhältnismäßig lang.

Anschaffungskosten: ca. 700 Euro.

Fesselverfahren: Kurzanleitung, einfache Variante

- ▷ 200 ml gärenden Essig und 800 ml Alkohol (ungeschwefelt oder entschwefelt!) mit ca. 5–6 % Vol., z. B. Apfelmost, Bier oder verdünnter Wein, hochgradige Maische bzw. Destillat, vermischen. Beim Verdünnen von Destillaten nicht die fehlenden Nährsalze vergessen. Wenn Sie daher reines Wasser zum Verdünnen eines Destillates verwenden, sollten ca. 5 % der notwendigen Wassermenge z. B. durch Apfelsaft (NICHT trüb, pasteurisiert und ohne Konservierungsstoffe) ersetzt werden, um Nährsalzmangel auszugleichen, sonst kommt es zu sehr langen Gärzeiten. Andere alkoholische Gärmedien als verdünnte Destillate enthalten in der Regel genug Nährsalze. Vom Gemisch den Essigsäuregehalt mit der Essigspindel und den Alkoholgehalt mit dem Vinometer messen. Beide Messgeräte zeigen zwar nicht den tatsächlichen Säure- bzw. Alkoholgehalt an (siehe Seite 129 ff.), aber ein ungefährer Schätzwert ist im Rahmen dieser Kurzanleitung ausreichend. Die Mischung in das Einweckglas geben (Deckel und Metallbügel abnehmen), die Öffnung mit einem Blatt Küchenrolle bedecken und mit einem Gummiring befestigen. Das Glas an einen warmen Ort stellen, idealerweise 28 °C.
- ▷ Nach ca. einer Woche sollte der Säuregehalt deutlich gestiegen und der Alkoholgehalt gesunken sein. Mit einem Kaffeefilter den gesamten Inhalt des Einweckglases filtrieren. Das Filtrat, ca. ein Liter, ist der Gärstarter für den Reaktor. Der Rückstand im Filter, die gallertartige Essigmutter, kann für andere Essiggärungen genutzt werden, z. B. für einen neuen Oberflächengäransatz.
- ▷ Die Zeolithe mit Leitungswasser und einem Küchensieb waschen, bis das Ablaufwasser nicht mehr trüb ist.

Materialliste:

- *Essigreaktor für 5–6 Liter Füllkörper*
- *5 Liter Zeolithe*
- *1-Liter-Einweckglas*
- *Essigspindel & Messzylinder*
- *Vinometer*
- *100 ml Vollpipette*
- *200 ml gärender Essig*
- *2 Liter nicht aktiver Essig (ca. 5 % Säure)*
- *5–6 Liter Alkohol (ca. 5–6 % Vol.)*
- *100 ml Alkohol (ca. 40 % Vol.), z. B. Wodka*
- *Küchensieb*

Um die Zeolithe einzusäuern, 2 Liter nicht-aktiven Essig (der im englischen Sprachraum erhältliche „white vinegar“ bzw. „distilled vinegar“ eignet sich dafür ausgezeichnet) mit 100 ml 40 % Vol. Alkohol vermischen, die gewaschenen Zeolithe in diese Mischung geben und das Ganze ca. drei bis vier Stunden oder länger stehen lassen, danach filtrieren, die abgetropften Zeolithe in den Reaktor geben, die Flüssigkeit verwerfen.

▷ Den filtrierten Gärstarter aus dem Einweckglas (1 Liter) mit zumindest 4–5 Liter Alkohol mit 6–10 % Vol. (ungeschwefelt bzw. entschwefelt!) vermischen, die Mischung in den Behälter des Reaktors geben.

▷ Den zusammengebauten Reaktor an einen warmen Ort stellen, idealerweise 28 °C.

▷ Pumpe einschalten, ca. 4–6 Stunden. Danach die Zeitschaltuhr für die Pumpe so einstellen, dass alle drei Stunden der Reaktorinhalt 15 Minuten lang besprüht wird.

▷ Bei einer Füllmenge von 5–6 Litern ist der Essig normalerweise nach ca. 12 Tagen ausgegoren. Jedoch ist diese Zeitspanne nicht nur von der Füllmenge allein abhängig, daher sollte nach 9–10 Tagen der Säuregehalt mit der Essigspindel täglich überprüft werden. Entfernen Sie dazu den luftdurchlässigen Verschluss der seitlichen Behälteröffnung und entnehmen Sie mit der Vollpipette eine Probe. Wenn sich der angezeigte Wert der Spindel drei Tage lang nicht mehr verändert, ist der Essig fertig.

▷ Noch am gleichen Tag (!) den gesamten Essig auspumpen, dazu den Pump-Schlauch von der Sprühkopfzuführung lösen und das freie Schlauchende in einen Eimer geben. Nach dem Filtrieren mit einem Kaffeefilter ist der Essig gebrauchsfertig. Sie können ihn auch luftdicht abgeschlossen bei Kellertemperatur lagern. Es ist sehr wichtig, den Essig nicht zu lange im Reaktor zu belassen. Wenn kein Alkohol mehr vorhanden ist, werden, wie bei allen anderen Essiggärverfahren auch, die Essigbakterien die Essigsäure als alternative Nahrungsquelle nutzen (Überoxidation). Der oft beschriebene Muff-Geruch und Abbau von Essigsäure sind die Folge.

▷ Die Essigbakterien haben sich an der Oberfläche der Füllkörper jetzt angesiedelt, die Essigmutter befindet sich also direkt auf den Füllkörpern. Daher kann der Behälter mit frischem Alkohol (ca. 6–10 % Vol.) wieder befüllt werden, ohne einen Gärstarter bzw. gärenden Essig zugeben zu müssen.

Detaillierte Anleitung zur Durchführung des Fesselverfahrens

Zuerst sind die Füllkörper zu waschen und einzusäuern, um im Reaktor den Essigbakterien von Beginn an möglichst adäquate Umgebungsbedingungen zu bieten (sauer!) und Fremdinfektionen zu vermeiden.

Damit nicht bei jedem neuen Ansatz der Reaktor mit einem Gärstarter usw. erneut angefahren werden muss, ist es zweckmäßig, während des laufenden Betriebs den fertigen Essig durch Alkohol zu ersetzen (es müssen keine Essigbakterien mehr zugegeben werden) bzw. durch Zugabe von hochprozentigem Alkohol den Alkoholgehalt im Gärmedium zu erhöhen. Es muss jedenfalls sichergestellt sein, dass die Essigbakterien auf den Füllkörpern immer mit genügend Nahrung, sprich Alkohol, versorgt werden, sonst sterben sie ab und die Gärung ist damit zwangsläufig zu Ende. Die Abschnitte „Verhältnis Alkohol- zu Säuregehalt, Gesamtkonzentration", „Nährsalze" und „Wasserbad, Heizmatte" aus dem Kapitel „Verbessertes Oberflächenverfahren" sind hier ebenfalls zu beachten.

Vorbehandlung der Füllkörper

Waschen: Um die in den Füllkörpern enthaltenen kleinen Teile und Stäube zu entfernen, sind die Füllkörper vor dem Einsäuern unbedingt zu waschen. Dazu geben Sie diese in ein Nudelsieb o.Ä. und stellen das Ganze so lange unter fließendes Wasser, bis der Ablauf unter dem Sieb nicht mehr trüb ist. Materialien mit unerwünschtem Geschmack (Maiskolben, Reisig, Traubenkämme usw.) danach ca. zehn Minuten lang in vierprozentigem Essig auskochen und dies mit frischem Essig so lange wiederholen, bis der Sud klar ist. Wenn der Geschmack jedoch erwünscht ist, wie bei aromatischen Packungen (siehe Seite 162), nur waschen wenn notwendig und NICHT in Essig auskochen oder einsäuern, sonst kommt es zu erheblichen Geschmackseinbußen und Verlusten anderer wertvoller Inhaltsstoffe.

Einsäuern: Die gewaschenen Füllkörper in eine Essig-Alkohol-Wasser-Mischung mit 4 % Säure und 2 % Vol. Alkohol geben, zumindest 4 Stunden darin belassen. Ca. 2 Liter Flüssigkeit sind ausreichend, um damit ca. 5 Liter Füllkörper vollständig zu bedecken. Danach mit Küchensieb filtrieren und die Flüssigkeit verwerfen. Sie können zum Einstellen des Säuregehaltes Eisessig oder jeden anderen nicht aktiven Essig verwenden, solange dieser keine Konservierungsstoffe wie Sulfite enthält. Wir verwenden zum Einsäuern nicht unbedingt unseren besten Essig oder Maische, sondern eine Mischung aus 80 ml Eisessig (100 % Säure), 42 ml Weingeist (aus der Apotheke mit 96 % Vol.) und die notwendige Menge Wasser für insgesamt 2 Liter Mischung. Bei Zeolithen werden Sie vielleicht bemerken, dass das Ganze wegen der Austauschprozesse im Zeolith ein wenig warm wird. Dadurch ist auch der stechende Essiggeruch deutlicher als sonst bemerkbar, außerdem steigen kleine Bläschen auf.

► Waschen und Einsäuern von Zeolithen

Wenn Sie für die Einsäuerungsmischung Flüssigkeiten mit anderen Konzentrationen benutzen möchten, können Sie sich die jeweils benötigten Mengen mit der weiter unten folgenden Formel berechnen. Auch hier: Auf unserer Homepage (Adresse ist hinten im Buch angegeben) finden Sie einen Einsäuerungs-Rechner, der Ihnen das händische Ausrechnen erspart.

Volumen Essig = MiVol · MiSre / EsSre

Volumen Alkohol = (MiVol · MiAlk – VolumenEssig · EsAlk) / AlAlk

Volumen Wasser = MiVol – VolumenEssig – VolumenAlkohol

IST (gemessene Werte):
EsSre: Essig, Säuregehalt [%]
EsAlk: Essig, Alkoholgehalt [% Vol.]
AlAlk: Alkohol, Alkoholgehalt [% Vol.]

SOLL (gewünschte Werte):
MiVol: Mischung, Volumen [ml oder l]
MiSre: Mischung, Säuregehalt [%]
MiAlk: Mischung, Alkoholgehalt [% Vol.]

Beispiel

Wie viel Eisessig (99 % Säure), Alkohol (40 % Vol.) und Wasser werden benötigt für 2 Liter Mischung mit 4 % Säure- und 2 % Vol. Alkoholgehalt?

Mischungsbestandteil	**Volumen [ml]**	**Säuregehalt [%]**	**Alkoholgehalt [% Vol.]**
Essig	*Volumen Essig: ?*	*EsSre: 99*	*EsAlk: 0*
Alkohol	*Volumen Alkohol: ?*		*AlAlk: 40*
Wasser	*Volumen Wasser: ?*		
Gesamte Mischung	*MiVol: 2.000*	*MiSre: 4*	*MiAlk: 2*

Ergebnis:

Volumen Essig = 2.000 · 4 / 99 =	*81 ml*
Volumen Alkohol = (2.000 · 2 – 80,8 · 0) / 40 =	*100 ml*
Volumen Wasser = 2.000 – 80,8 – 100 =	*1.819 ml*
Gesamt (4 % Säure, 2 % Vol. Alkohol) =	*2.000 ml*

Somit:
Eine Mischung bestehend aus 81 ml Eisessig (99 % Säure), 100 ml Alkohol (40 % Vol. Alkohol) und 1.819 ml Wasser ergibt 2.000 ml mit 4 % Säure und 2 % Vol. Alkohol.

Alkohol [% Vol.]	Essig [% Säure]	5	6	10	15	20	35	99
5	Essig	—	—	800	533	400	229	81
	Alkohol	—	—	800	800	800	800	800
	Wasser	—	—	400	667	800	971	1119
6	Essig	—	1333	800	533	400	228	81
	Alkohol	—	667	667	667	667	667	667
	Wasser	—	0	533	800	933	1105	1252
8	Essig	—	1333	800	533	400	229	81
	Alkohol	—	500	500	500	500	500	500
	Wasser	—	167	700	967	1100	1271	1419
12	Essig	1600	1333	800	533	400	229	81
	Alkohol	333	333	333	333	333	333	333
	Wasser	67	334	867	1133	1267	1438	1586
20	Essig	1600	1333	800	533	400	229	81
	Alkohol	200	200	200	200	200	200	200
	Wasser	200	467	1000	1267	400	1571	1719
40	Essig	1600	1333	800	533	400	229	81
	Alkohol	100	100	100	100	100	100	100
	Wasser	300	567	1100	1367	1500	1671	1819
45	Essig	1600	1333	800	533	400	229	81
	Alkohol	89	89	89	89	89	89	89
	Wasser	311	578	1111	1378	1511	1682	1830
96	Essig	1600	1333	800	533	400	229	81
	Alkohol	42	42	42	42	42	42	42
	Wasser	3358	625	1158	1425	1558	1729	1878

▲ Mischungstabelle für die 2 Liter mit 4 % Säure- und 2 % Vol Alkoholgehalt. Das Ergebnis des vorhergehenden Beispiels ist farblich markiert.

Inbetriebnahme der Apparatur

Zerlegen Sie die Apparatur und reinigen Sie alle Bestandteile gründlich mit heißem Wasser und Spülmittel. Um Fremdinfektionen zu vermeiden, ist es durchaus sinnvoll, wenn Sie alles mit Essig abreiben. Anschließend die Anlage wieder zusammenbauen, eingesäuerte Füllkörper einfüllen und Reaktor verschließen.

Das Gärmedium besteht wieder aus einer Nährlösung und einem Gärstarter. Damit dieses Gemisch im Reaktor schnellstmöglich zu gären beginnt, geben Sie als Gärstarter einen Liter gärenden Essig dazu. Diesen stellen Sie mittels Oberflächenverfahren aus einer Mischung mit 4 % Säure und 2 % Vol. Alkohol her. Dem Reaktor zugeben, sobald diese stark zu gären begonnen hat, also ca. einen bis zwei Tage nach dem ersten Auftreten des Klebstoffgeruchs bzw. wenn 5 % Säure und 1 % Vol. Alkohol erreicht wurden.

Den filtrierten Gärstarter mit 5 Liter Alkohol mit 6 % Vol. (ungeschwefelt bzw. entschwefelt!) vermischen. Jeder trinkbare Alkohol kann verwendet werden, so auch verdünnter Obstbrand oder eine andere verdünnte Spirituose. Destillate enthalten jedoch keine Nährsalze, was zu einer sehr langen Gärdauer führt. Einmal wollten wir einen möglichst reinen Single-Malt-Essig herstellen. Also verwendeten wir einen Liter so gut wie nährsalzfreien, gärenden Essig und 5 Liter verdünnten Single-Malt-Whisky, welcher mit purem Leitungswasser verdünnt wurde. Die Gärung dauerte 5 Wochen anstatt der üblichen 10 bis 12 Tage. Sie sollten daher generell immer Nährsalze zugeben, dies kann herkömmlicher Apfel- oder Orangensaft sein (NICHT trüb, pasteurisiert, ohne Konservierungsstoffe). Orangensaft hat einen verhältnismäßig starken Eigengeschmack, welcher nicht immer erwünscht ist. In solchen Fällen stattdessen Apfelsaft verwenden. Es ist vollkommen ausreichend, wenn 5–10 % der zum Verdünnen notwendigen Wassermenge durch den Saft ersetzt werden. Selbstverständlich ist es ebenfalls möglich, gleich einen Gärstarter anzusetzen, der zu ca. einem Drittel bis der Hälfte aus Apfel- bzw. Orangensaft besteht.

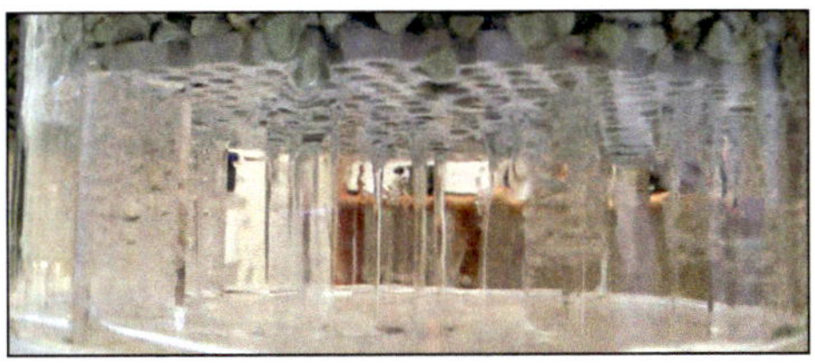

▲ Starke Schleimbildung bei nährstoffreichen Gärmedien (oben), im Gegensatz zu Single-Malt-Essig (unten).

Das Gärmedium in den Behälter geben, verschließen, den Reaktor aufstellen bzw. den Multitopf zusammenbauen, das Ganze in ein 28 °C warmes Wasserbad stellen bzw. in Heizmatten einhüllen und die Pumpe ca. 4–6 Stunden lang einschalten. Danach mittels Zeitschaltuhr die entsprechenden Sprühzeiten einstellen (siehe unten) und die Pumpe daran anschließen.

Sprühplan

Alle drei Stunden 15 Minuten lang bedüsen, beispielsweise um 0:00, 3:00, 6:00, 9:00, 12:00, 15:00 Uhr usw. Anfangs hatten wir nur halb so viele Perioden täglich, das hat sich jedoch nicht bewährt, weil der Reaktor dann zu sehr auskühlt. Wir haben auch doppelt so viele Perioden ausprobiert, die Gärdauer hat sich dadurch jedoch nicht verkürzt, es dauerte gleich lange, bis der Essig fertig ausgegoren war.

Nach der ersten Sprühphase sollten Sie den Säure- und Alkoholgehalt bestimmen sowie die Dichte mit dem Aräometer messen, damit die tatsächlichen Startwerte der Gärung bekannt sind. Außerdem ist dies zugleich die Referenzmessung für die Dichte. Bei der späteren regelmäßigen Kontrolle des Gärverlaufs genügt es daher, wenn Sie lediglich das Aräometer verwenden. Eine Säure-/Alkoholbestimmung ist dann nur noch notwendig, kurz bevor und nachdem Sie Alkohol zugeben, die Füllkörper ändern oder das Gärmedium teilweise oder zur Gänze austauschen.

Weiterer Gärverlauf

Nach zwei bis drei Tagen wird die Gärung angesprungen sein, deutlich erkennbar am Acetatgeruch, sich verändernden Aräometerstand und deutlich gestiegenen Säure- bzw. gesunkenen Alkoholgehalt.

Nach weiteren drei Tagen sollten Sie ca. 300 ml Füllkörper und 100 ml Gärmedium entnehmen und tieffrieren, zur Sicherheit, falls etwas schiefgehen sollte. Genau aus diesem Grund halten wir immer einen kleinen Oberflächenansatz am Gären, den wir schon des Öfteren gut gebrauchen konnten …

Am Thermometer können Sie die Aktivität in den Füllkörpern ebenfalls erkennen: Solange die Temperatur während der Sprühphasen am höchsten ist und in den Sprühpausen langsam abkühlt bis zur nächsten Sprühphase, haben sich die Bakterien noch nicht angesiedelt. Sobald jedoch etwa eine halbe bis ganze Stunde NACH dem Bedüsen die Temperatur am höchsten ist, zumindest ein Grad höher als beim Sprühen, sind die Bakterien im Inneren der Füllkörperschüttung aktiv und haben sich angesiedelt. Ein paar Tage danach kann bei Bedarf ein Teil der Füllkörper als Gärstarter verwendet bzw. tiefgefroren werden. Wenn die Temperatur im Reaktor schließlich wieder auf die Gärmediumtemperatur absinkt, ist der Alkohol nahezu aufgebraucht.

Außerdem lässt sich an der Temperatur der Säuregehalt indirekt ableiten. Je höher der Säuregehalt, desto höher die Temperatur im Reaktor (ca. + 0,5 bis + 2 °C). Die gemessene Temperatur hängt jedoch von so vielen Faktoren ab, dass für diesen Zusammenhang leider keine allgemeinen Aussagen getroffen werden können. Wenn Sie aber die Temperatur regelmäßig beobachten und neben der aktuellen auch die maximale und minimale Temperatur seit der letzten Ablesung notieren, werden Sie einen Zusammenhang feststellen können.

Nährstoffreiche Füllkörper oder Gärmedien wie getrocknete Früchte oder Bier verursachen eine starke Schleimbildung in allen inneren Bereichen. Dies ist nichts anderes als Essigmutter, ab ca. 4 % Säure hört die Essigmutterbildung auf. Prinzipiell ist dies nichts Negatives, in manchen Literaturstellen wird sogar beschrieben, diese „Schleimbakterien“ seien der Grund, warum (traditionell vergorener) Englischer Malzessig so einen intensiven, vollmundigen Geschmack hat. Aber leider findet die Essigmutterbildung auch an der Unterseite der Füllkörperpackung statt. Nach einiger Zeit, wenn eine bestimmte Stärke erreicht ist, löst sich diese Schicht und verstopft das Abflussrohr vom Reaktor oder den Saugschlauch der Pumpe. Daher nicht vergessen, die unterhalb der Packung hängende Essigmutter zeitgerecht zu entfernen. Der bereits beschriebene Reaktor hat zu diesem Zweck eine verschließbare Öffnung über dem Reaktorboden.

Der Essig ist nahezu ausgegoren, wenn sich die Dichte nicht mehr ändert (Essigspindel) und der Klebstoffgeruch nicht mehr wahrnehmbar ist. Der Alkoholgehalt ist jetzt auf ca. 0,3 % Vol. gesunken, der Essig ist fertig. Abpumpen, falls notwendig mit Kaffeefilter filtrieren, sogleich in Flaschen abfüllen und kühl, z. B. im Keller, lagern, um Überoxidation und den damit verbundenen Muff-Geruch zu vermeiden.

Mehr Essig erzeugen oder Gesamtkonzentration steigern

Die Bakterien haben sich jetzt auf den Füllkörpern angesiedelt, Sie können frischen Alkohol nachfüllen, diesmal ohne Gärstarter, und mit der Gärung fortfahren, d. h. die Flüssigkeit im Behälter alle drei Stunden 15 Minuten lang über die Füllkörperpackung sprühen. Die Packung ist jetzt „aktiv" und dient als Gärstarter.

Es ist jedoch auch möglich, die Gesamtkonzentration bzw. den End-Säuregehalt zu steigern. Dazu nicht den Essig auspumpen, sondern frischen Alkohol mit einem deutlich höheren Alkoholgehalt als vorher zugeben, z. B. hochgradige Maische oder Destillate. Die notwendige Menge können Sie sich mit der unten folgenden Formel berechnen. Auch hier: Auf unserer Homepage (Adresse ist hinten im Buch angegeben) finden Sie einen Rechner, der Ihnen das händische Ausrechnen erspart.

Volumen Alkohol = GmVol · (GmAlk – MiAlk) / (MiAlk – AlAlk)

IST (gemessene Werte):
GmVol: Gärmedium, Volumen [ml oder l]
GmAlk: Gärmedium, Alkoholgehalt [% Vol.]
AlAlk: Alkohol, Alkoholgehalt [% Vol.]

SOLL (gewünschte Werte):
MiAlk: Mischung, Alkoholgehalt [% Vol.]

Beispiel 1

Wie viel Wein (12 % Vol.) wird benötigt, um den Alkoholgehalt von 3 Liter Gärmedium von 2,3 % Vol. auf 6 % Vol. zu erhöhen?

Mischungsbestandteil	Volumen [l]	Alkoholgehalt [% Vol.]
Gärmedium	GmVol: 3	GmAlk: 2,3
Alkohol	Volumen Alkohol: ?	AlAlk: 12
Gesamte Mischung	?	MiAlk: 6

Ergebnis:

Volumen Alkohol = 3 · (2,3 – 6) / (6 – 12) = 1,85 l

Somit:
Eine Mischung bestehend aus 3 Liter Gärmedium (2,3 % Vol.) und 1,85 Liter Wein (12 % Vol.) ergibt 4,85 Liter mit 6 % Vol. Alkohol.

Beispiel 2

Wie viel Wodka (40 % Vol.) wird benötigt, um den Alkoholgehalt von 5 Liter Gärmedium von 2,5 % Vol. auf 6 % Vol. zu erhöhen?

Mischungsbestandteil	**Volumen [l]**	**Alkoholgehalt [% Vol.]**
Gärmedium	GmVol: 5	GmAlk: 2,5
Alkohol	Volumen Alkohol: ?	AlAlk: 40
Gesamte Mischung	?	MiAlk: 6

Ergebnis:

Volumen Alkohol = 5 · (2,5 – 6) / (6 – 40) = 0,515 l

Somit:
Eine Mischung bestehend aus 5 Liter Gärmedium (2,5 % Vol.) und 515 ml Wodka (40 % Vol.) ergibt 5,515 Liter mit 6 % Vol. Alkohol.

Unter der Annahme, dass während der Gärung nichts verdunstet, also 1 % Säure 1 % Vol. Alkohol entspricht, kann die Formel umgewandelt werden zu:

Volumen Alkohol = GmVol · (GmAlk + GmSre – MiSreEnd) / (MiSreEnd – AlAlk)

IST (gemessene Werte):
GmVol: Gärmedium, Volumen [ml oder l]
GmSre: Gärmedium, Säuregehalt [%]
GmAlk: Gärmedium, Alkoholgehalt [% Vol.]
AlAlk: Alkohol, Alkoholgehalt [% Vol.]

SOLL (gewünschte Werte):
MiSreEnd: Mischung, End-Säuregehalt (Säuregehalt nach abgeschlossener Gärung) [%]

Beispiel

Wie viel Wein (12 % Vol.) wird benötigt, um nach der Gärung 6 % End-Säuregehalt von 3 Liter Gärmedium mit 2 % Säure und 2,3 % Vol. Alkohol zu erreichen?

Mischungsbestandteil	Volumen [l]	Säuregehalt [%]	Alkoholgehalt [% Vol.]
Gärmedium	GmVol: 3	GmSre: 2	GmAlk: 2,3
Alkohol	Volumen Alkohol: ?		AlAlk: 12
Gesamte Mischung	?	?	?
Ausgegorene Mischung		MiSreEnd: 6	

Ergebnis:

Volumen Alkohol = 3 · (2,3 + 2 – 6) / (6 – 12) = 0,85 l

Somit:
Eine Mischung bestehend aus 3 Liter Gärmedium (2 % Säure, 2,3 % Vol. Alkohol) und 0,85 Liter Wein (12 % Vol.) ergibt 3,85 Liter mit 1,6 % Säure und 4,4 % Vol. Alkohol. Diese Mischung wird im ausgegorenen Zustand 6 % Säure enthalten.

Durch Zugabe von hochprozentigem Alkohol, wie hochgradigen Maischen oder Destillaten, kann ein Säuregehalt von 8–10 % oder höher erreicht werden. Dafür ist der Alkoholgehalt in Apfelmost oder Bier ansonsten zu gering. Ein derart hoher Säuregehalt ist besonders interessant für im Reaktor hergestellte Gewürzessige. Bei der Zugabe empfiehlt es sich, lieber häufiger – also alle drei bis vier Tage – kleinere Portionen Alkohol zuzugeben als seltener größere.

Statt nur 5 l können genauso gut größere Mengen verarbeitet werden. Der Multitopf ist auf maximal 5,5 l begrenzt, sonst berührt das Gärmedium den Siebeinsatz. Der Gärmedium-Behälter des Reaktors kann maximal 17 l aufnehmen. Für noch größere Mengen kann dieser auch gegen ein größeres Gefäß bzw. Fass ausgetauscht werden. Beim Vergrößern sollten Sie prinzipiell mit einem 5-Liter-Ansatz beginnen. Wenn dieser dann deutlich gärt, das restliche Gärmedium hinzugeben bzw. den Gärbehälter wechseln. Wie eingangs erwähnt, sollten allerdings nicht mehr als 100 l angeschlossen werden, weil einerseits die Flüssigkeit dann nicht mehr vollständig zirkuliert werden kann und andererseits dann auch die Gärdauer entsprechend länger wird.

Essigkulturen reaktivieren, vermehren und aufbewahren

Natürlich ist es wünschenswert, die Essigbakterien für den jeweiligen Ansatz selbst zu züchten und nicht jedes Mal zuzukaufen. Bei der ersten Essiggärung sollte man eine gekaufte Essigkultur verwenden bzw. diese eventuell aus einem gekauften, nicht pasteurisierten Essig gewinnen. Wurde daraus dann ein guter Essig hergestellt, können dieser lebende Essig oder die daraus gewonnene Essigmutter für weitere Gärungen und Ansätze verwendet werden.

Oberflächenverfahren

Eine Nährlösung können Sie mit folgenden Arten von Essigkulturen impfen, um die Gärung zu starten und die Bakterien der Kultur zu vermehren:

- ▷ lebender Essig
- ▷ gekaufte Essigkultur
- ▷ Essigmutter (fest)
- ▷ tiefgefrorener, lebender Essig
- ▷ aktive Füllkörper aus dem Essigreaktor, tiefgefroren oder frisch
- ▷ gekaufter, nicht pasteurisierter Essig

Reaktivieren und Vermehren

Nur der **lebende Essig** ist direkt in einer Lösung mit 6 % Vol. Alkohol einsetzbar, alle anderen benötigen für den Gärstart 4 % Säure und 2 % Vol. Alkohol. Mit „lebendem Essig“ ist in diesem Zusammenhang ein (selbsthergestellter) Essig gemeint, der sich mitten in der Gärungsphase befindet. Dies ist NICHT das Filtrat einer gekauften Essigkultur oder ein naturtrüber, nicht pasteurisierter Essig. Vor der Zugabe zur Nährlösung ist der lebende Essig zu filtrieren, sofern er nicht von sich aus schon klar ist, weil er aus dem Essigreaktor stammt. Nicht vergessen, den Alkoholgehalt zu bestimmen, diesen Wert brauchen Sie für die Berechnung des Alkoholgehaltes in der Nährlösung. Die Impfmenge sollte ca. 10 % des Gesamtgemisches betragen, also beispielsweise:

lebender Essig	50 ml
Nährlösung	450 ml
GESAMT (≈ 0,5 % Säure, 6 % Vol. Alkohol)	500 ml

Nach spätestens zwei bis drei Tagen* müssen deutliche Anzeichen einer Gärung erkennbar sein.

Wie bereits ausführlich beschrieben, ist eine **gekaufte Essigkultur** (oder eine selbsthergestellte Kultur, siehe nächstes Kapitel) vor dem Einsatz zu filtrieren, andernfalls ist das Auftreten von Essigälchen sehr wahrscheinlich. Auf jeden Fall würde sich sonst der Gärstart verzögern, Geruchs- und Geschmacksfehler wären die Folge. Auch hier wieder nicht vergessen, von der filtrierten Essigkultur den Säure- und Alkoholgehalt zu bestimmen (auch wenn die Werte beim Abfüllen bekannt waren, denn diese ändern sich beim Lagern), damit Sie das notwendige Gemisch der Nährlösung berechnen können. Als Impfmenge empfiehlt sich, in etwa doppelt so viel wie beim lebenden Essig zu verwenden, also ca. ein Fünftel des Gesamtgemisches:

gekaufte, filtrierte Essigkultur	100 ml
Nährlösung	400 ml
GESAMT (4 % Säure, 2 % Vol. Alkohol)	500 ml

Wenn nach ca. drei bis fünf Tagen** im Wasserbad bei 28 °C immer noch keine Anzeichen einer beginnenden Essiggärung erkennbar sind, war die Essigkultur zum Impfen schon zu alt.

Wenn Ihr selbsthergestellter Essig bereits ausgegoren ist, beginnt die Flüssigkeit bei Alkoholzugabe leider nicht mehr zu gären. Hat sich jedoch eine **feste Essigmutter** ge-

* Dauer hängt ab von der Füllhöhe im Gärgefäß, siehe Seite 66.

** Dauer hängt ab von der Füllhöhe im Gärgefäß, siehe Seite 66.

bildet, egal ob sie noch obenauf schwimmt oder bereits zu Boden gesunken ist, können Sie ein Stück davon zum Impfen verwenden. Dies ist zwar nicht optimal, aber die einzige Möglichkeit, sollte keine andere Essigkultur mehr zur Verfügung stehen. Zum Impfen geben Sie ein ca. 5 x 5 cm großes Stück Essigmutter in 500 ml Nährlösung mit 4 % Säure und 2 % Vol. Alkohol:

feste Essigmutter (5 x 5 cm)	0 ml (Flüssigkeit)
Nährlösung (4 % Säure, 2 % Vol. Alkohol)	500 ml
GES. (≈ 4,2 % Säure, 2 % Vol. Alkohol)	500 ml (Flüssigk.)

Die Dauer bis zum Gärstart hängt vom Alter der Mutter ab. Einen Monat nach dem Absinken im ausgegorenen Essig begann in zwei parallelen Versuchen ein je 5 x 5 cm großes Stück, ca. 0,5 cm dick, in der Nährlösung nach drei (!) Tagen zu gären. Vier Tage später, also insgesamt nach einer Woche, waren beide Gärmedien, zu je 500 ml, mit ursprünglich 4,2 % Säure und 2,8 % Vol. Alkohol, vollkommen ausgegoren! Die Analyse ergab 6,1 % Säure und 0,0 % Vol. Alkohol. Die danach zu spät zugegebenen 50 ml Enzianbrand wurden nicht mehr verarbeitet. 5,5 % Säure und 3,9 % Vol. Alkohol ergab die Analyse sofort nach der Alkoholzugabe, drei Tage später war lediglich ein Teil des Alkohols verdunstet: 5,5 % Säure, 3,3 % Vol. Alkohol.

Tiefgefrorenen, lebenden Essig vor dem Impfen auftauen, dafür bietet sich das 28 °C warme Wasserbad an. Beim Öffnen des Essigfläschchens muss starker Acetatgeruch (Klebstoff) bemerkbar sein, sonst wird der Gärstart nicht gelingen. Wenn der Säure- und Alkoholgehalt bereits vor dem Tieffrieren bestimmt wurde, können Sie zur Berechnung der Startermischung diese Werte übernehmen, ansonsten sollten Sie die Bestimmung jetzt nachholen. Die Menge für die Mischung beträgt auch diesmal wieder ca. ein Fünftel der Nährlösungsmenge:

aufgetauter, lebender Essig	100 ml
Nährlösung	400 ml
GESAMT (4 % Säure, 2 % Vol. Alkohol)	500 ml

Der Gärstart erfolgt verhältnismäßig rasch. Bei lebendem Essig aus dem Reaktor ist bereits nach fünf Tagen* die Gärung so weit fortgeschritten, dass mit dem filtrierten Ansatz eine neue Nährlösung für den Reaktor oder für das Oberflächenverfahren beimpft werden kann.

Hinweis: Tiefgefrorene Essigbakterien werden nach einiger Zeit inaktiv, abhängig von der Menge und der Konzentration. Also nur Essig während der hochaktiven Phase einfrieren, wenn also der Klebstoffgeruch am intensivsten ist. Tiefgefrorene Füllkörper sind ca. 3 – 4 Monate lang haltbar, 100 ml aktiver Essig ca. 4 – 6 Monate.

Von **aktiven Füllkörpern aus dem Essigreaktor** geben Sie 300 ml (tiefgefroren oder frisch) in 500 ml Nährlösung mit 4 % Säure und 2 % Vol. Alkohol. Die Füllkörper müssen, auch im tiefgefrorenen Zustand, ebenfalls wieder stark nach Acetat bzw. Klebstoff riechen, damit der Gärstarter funktioniert. Tiefgefrorene Füllkörper also direkt in der Nährlösung auftauen lassen, wie immer bei 28 °C Wasserbadtemperatur.

Waren die Füllkörper vorher tiefgefroren, dauert es bis zum Gärstart ca. neun bis elf Tage**), waren sie frisch, ca. sieben bis acht Tage*. Vor der weiteren Verarbeitung, z.B. als Gärstarter für den Reaktor, den Ansatz filtrieren.

Das Bild zeigt aktive Zeolithe aus dem Reaktor, die neun Tage vor der Fotoaufnahme tiefgefroren in eine Lösung mit 4 % Säure und 2 % Vol. Alkohol gegeben wurden. Wie man sehen kann, hat sich inzwischen sogar schon die zweite Haut gebildet, der Ansatz ist hochaktiv (5,1 % Säure, 0,16 % Vol. Alkohol) und muss sofort mit Alkohol versorgt bzw. in eine Nährlösung mit 4 % Vol. Alkohol gegeben werden. Aus Zeitmangel konnten wir damit erst am nächsten Tag eine Nährlösung für den Reaktor beimpfen, die Gärung ist dann aber nicht mehr angesprungen. Fünf Tage später haben wir einen neuen (ebenfalls vorher tiefgefrorenen, aber diesmal nicht ausgegorenen) Gärstarter zugegeben, was nach weiteren drei Tagen dann zur Gärung im Reaktor führte.

---

* Dauer hängt ab von der Füllhöhe im Gärgefäß, siehe Seite 66.

** Dauer hängt ab von der Füllhöhe im Gärgefäß, siehe Seite 66.

▲ Gärender Ansatz aus tiefgekühlten Zeolithen mit zwei neugebildeten Häuten

Gekauften, nicht pasteurisierten Essig (naturtrüb) sollten Sie nur dann verwenden, wenn er qualitativ hochwertig ist. Die Trübstoffe sind ein Zeichen dafür, dass er zumindest irgendwann aktiv war. Er kann prinzipiell schon zum Ansetzen eines Gärstarters verwendet werden, aber leider gelingt der Gärstart nicht immer und wenn, dann meist nur mit erheblichen Verzögerungen. Dadurch ist es oft auch nicht mehr möglich, zu unterscheiden, ob es sich letztendlich um eine wilde Gärung handelt oder ob tatsächlich der verwendete Essig die Ursache für die Gärung gewesen ist. Geben Sie den Alkohol direkt in den Essig, am besten in Form eines Destillates, um den Essig, und damit die wenigen noch übriggebliebenen aktiven Bakterien, so geringfügig wie möglich zu verdünnen. Vor der Alkoholzugabe den Essig filtrieren, anschließend das Gemisch ins Wasserbad mit 28 °C stellen.

gekaufter, nicht pasteurisierter Essig (5 % Säure)	475 ml
Obstbrand (40 % Vol. Alkohol)	25 ml
GESAMT (4,75 % Säure, 2 % Vol. Alkohol)	500 ml

Wie lange es bis zum Gärstart dauert bzw. ob das Gemisch überhaupt zu gären beginnt, hängt vom Alter des verwendeten Essigs ab und kann daher leider nicht verallgemeinert werden. Zwei bis drei Wochen* wird es jedoch mindestens dauern.

Aktiven Essig aufbewahren

Strenggenommen lässt sich lebender Essig gar nicht aufbewahren, um später damit eine Nährlösung zu impfen, weil sich der Essig laufend verändert und die Bakterien inaktiv werden, sobald kein Alkohol mehr vorhanden ist. Daher

* Dauer hängt ab von der Füllhöhe im Gärgefäß, siehe Seite 66.

aktive Füllkörper (fest, 300 ml)	0 ml (Flüssigkeit)
Nährlösung (4 % Säure, 2 % Vol. Alkohol)	500 ml
GES. (≈ 4,2 % Säure, 2 % Vol. Alkohol)	500 ml (Flüssigk.)

ist es oft am sinnvollsten, die Essiggärung durch laufende Alkoholzugabe (hochgradige Maische oder Destillat) bzw. durch Impfen einer Nährlösung nie zu unterbrechen. Ist das jedoch nicht möglich, hängt es von der geplanten Aufbewahrungsdauer ab, welche der folgenden Varianten am geeignetsten ist:

▷ **bis zu ein, zwei Wochen:** lebenden Essig in Fläschchen abfüllen, bei 13 – 17 °C lagern.
▷ **einige Wochen:** gelartige Essigmutter im ausgegorenen Essig belassen, bei 13 – 17 °C lagern.
▷ **einige Monate:** lebenden Essig tieffrieren.

Zum **Abfüllen des lebenden Essigs in Fläschchen** sollten die Essigbakterien während der Hochproduktionsphase entnommen werden (einige Tage nach Gärbeginn von Stufe zwei) und nicht erst, wenn die Gärung abgeschlossen ist, dann sind die Bakterien zumeist schon degeneriert. Sobald Sie also bemerken, dass eine Haut entsteht, warten Sie noch ein bis zwei Tage*, bevor Sie den nichtfiltrierten Essig (jedoch ohne Mutter, falls vorhanden) in 100- bis 200-Milliliter-Fläschchen aus z.B. Glas, PE oder PP so voll wie möglich abfüllen und dicht verschließen, damit möglichst wenig Luft im Fläschchen verbleibt. Lagern Sie die Fläschchen kühl und dunkel. Wegen der niedrigen Temperatur und Luftmangel gärt der Essig in der Flasche dann nur noch sehr langsam weiter. Unsere Erfahrungen haben gezeigt, dass die Starter trotzdem nicht länger als drei bis vier Wochen haltbar sind. Es ist durchaus sinnvoll, wenn Sie vor dem Abfüllen den Säure- und Alkoholgehalt bestimmen. Notieren Sie die Werte mit Abfülldatum auf der jeweiligen Essigkulturflasche.

Optimale Bedingungen, um schöne, dicke **Essigmuttern** zu züchten, sind, abgesehen von ausreichend Alkohol,

---

* Dauer hängt ab von der Füllhöhe im Gärgefäß, siehe Seite 66.

ein hoher Zuckergehalt im Gärmedium, ein vergleichsweise hohes Glas und eine Gärtemperatur von 28 °C. 5-Liter-Gurkengläser (Bügelverschluss-Glas aus Haushaltswarengeschäften) eignen sich dafür bestens. Die Mischung des Gärmediums besteht aus 1 Liter pasteurisiertem, NICHT naturtrübem Apfelsaft, 0,5 Liter gärendem Essig und 2,5 Liter einer Alkohol-Wasser-Mischung mit ca. 10 bis 12 % Vol. Alkoholgehalt. Füllen Sie diese insgesamt 4 Liter in das Gurkenglas, bedecken Sie dieses mit einem Blatt Küchenrollenpapier, befestigt mit einem Gummiring, und stellen Sie das Ganze an einen warmen Ort, optimalerweise mit 28 °C. Flaschen sind von der Geometrie her dafür zwar auch geeignet, aber aufgrund des dünnen Flaschenhalses leider unpraktisch beim Herausnehmen der Mutter. Nach einigen Wochen, wenn die Produktion der Essigmuttern langsam nachlässt, kann das Gefäß einige Monate kühl und dunkel gelagert werden. Wenn übrigens zum Züchten der Essigmuttern Reaktoressig verwendet wird, entstehen besonders schöne Exemplare.

Zum **Tieffrieren** den lebenden Essig, einige Tage nachdem die ersten Anzeichen einer beginnenden Gärung aufgetreten sind (Stufe zwei), nichtfiltriert, aber gegebenenfalls ohne Mutter, in ca. 0,1- bis 0,2-Liter-Fläschchen aus Glas, PE oder PP abfüllen, entsprechend beschriften und in die Tiefkühltruhe geben (-18 °C). Wenn Sie den Säure- und Alkoholgehalt bestimmt haben, notieren Sie diese Werte auf dem Etikett der Flasche.

Fesselverfahren

Essigbakterien können direkt im Reaktor nur über lebenden Essig vermehrt werden oder wenn sie an Füllkörpern haften (aktive Füllkörper, siehe unten). Als aktive Füllkörper werden in diesem Zusammenhang Füllkörper bezeichnet, auf denen gärende Essigbakterien in der Hochproduktionsphase angesiedelt sind. Diese findet drei bis vier Tage nach dem Beginn der Gärung von Stufe zwei statt. An der glänzenden Zeolithoberfläche erkennt man nun, dass sich auf den Körpern ein dünner, schleimiger Belag (die Essigmutter) gebildet hat (siehe Abb. Seite 113).

Alle anderen Arten von Essigkulturen, die ab Seite 105 beschrieben sind, müssen als Gärstarter zugegeben werden.

Reaktivieren und Vermehren

Um **aktive Füllkörper, tiefgekühlt oder frisch, im Reaktor direkt einzusetzen**, füllen Sie den Reaktor zu ca. zwei Dritteln mit neuen, gewaschenen und eingesäuerten Füllkörpern auf. Als oberstes Drittel geben Sie die, gegebenenfalls tiefgekühlten, aktiven Füllkörper dazu (Acetatgeruch muss deutlich erkennbar sein, auch wenn tiefgefroren) und setzen den Reaktor mit einer Nährlösung aus 4 % Säure und 2 % Vol. Alkohol in Betrieb. Wenn nicht so viele Füllkörper zur Verfügung stehen, können diese nur nach der bereits beschriebenen Gärstartervariante angesetzt werden.

aktive Füllkörper	(im Reaktor, ca. 1.700 ml)
inaktive Füllkörper	(im Reaktor, ca. 3.300 ml)
Nährlösung (4 % Säure, 2 % Vol. Alkohol)	5.000 ml
GESAMTES GÄRMEDIUM besteht nur aus Nährlösung	

Nach ca. acht bis zehn Tagen sollte die Gärung angesprungen sein (Acetatgeruch des Gärmediums, Temperaturanstieg, Änderung der Dichte etc.). Ungefähr zwei Tage später, wenn der Alkoholgehalt unter 1 % Vol. gesunken ist, Alkohol in Form von hochgradiger Maische oder Destillat zugeben, so dass im Gärmedium ein Alkoholgehalt von 4 % Vol. entsteht (Berechnungsformel siehe Seite 102).

Nährlösung: Obstbrand (40 % Vol. Alkohol)	417 ml
altes Gärmedium (5 % Säure, 1 % Vol. Alkohol)	5.000 ml
Gärmedium neu GESAMT (4,6 % Säure, 4 % Vol. Alkohol)	5.417 ml

Sobald der Alkoholgehalt nochmals unter ca. 1 % Vol. gesunken ist, also wieder ein paar Tage später, und wenn die Dichtemessung eine deutliche Veränderung anzeigt, den Alkoholgehalt anhand der Berechnungsformel auf 6 % Vol. steigern oder das gesamte Gärmedium durch eine Nährlösung, die 6 % Vol. Alkohol enthält, austauschen. Kurzum, so vorgehen wie bereits beschrieben. Da hier jedoch andere Mengen und ein anderer Alkoholgehalt vorliegen, ergibt sich:

Gärmedium (7 % Säure, 1 % Vol. Alkohol)	5.417 ml
Obstbrand (40 % Vol. Alkohol)	797 ml
GESAMT (6,1 % Säure, 6 % Vol. Alkohol)	6.214 ml

▲ Aktive Zeolithe aus dem Reaktor entnehmen zum Lagern oder Tieffrieren

Zum **Vermehren von aktiven Füllkörpern** tauschen Sie einen Teil der (aktiven!) Körper des Reaktors gegen neue aus (gewaschen und eingesäuert). Es kann bis auf die unterste, 5 cm hohe Schicht die gesamte Packung ausgetauscht werden, achten Sie darauf, dass diese aktive Schicht nicht zerstört wird. Nach ca. einer Woche werden sich die Essigbakterien auch auf den neuen Füllkörpern angesiedelt haben.

Der **Einsatz von lebendem Essig im Reaktor** wurde bereits beschrieben. Sie können den dort angegebenen Ansatz unverändert übernehmen.

Aktive Füllkörper aufbewahren

Zum Lagern und Tieffrieren von aktiven Füllkörpern entnehmen Sie aktive Körper aus dem Reaktor und geben sie in luftdicht verschließbare PE-/PP-Gefäße. 0,3-Liter-Döschen mit verschließbarem Deckel haben sich für die Aufbewahrung von Gärstartermengen bestens bewährt. Entweder lagern Sie diese Döschen möglichst dunkel bei Kellertemperatur, dann sind die Füllkörper ein, zwei Wochen haltbar, oder geben sie in die Tiefkühltruhe für eine längere Aufbewahrung. Wenn Sie, wie im vorigen Kapitel beschrieben, den Reaktor später direkt mit aktiven Füllkörpern befüllen möchten (ohne Umweg über den Gärstarter), sind Ein- bis Zweilitergefäße zum Lagern bzw. Einfrieren jedoch handlicher.

Das **Lagern und Tieffrieren von lebendem Essig** wurde bereits eingehend beschrieben.

Gärprobleme, Krankheiten, Fehlgerüche, Parasiten

Wie Sie in der Praxis sicher schon selbst festgestellt haben, können bei der Essiggärung diverse Probleme auftreten. Auch unerwünschte Begleiterscheinungen wie z.B. störende Gerüche, Schimmel oder Essigfliegen sind möglich.

Gärprobleme

Essigbakterien benötigen beim **Gärstart** zur Vermehrung vor allem Alkohol in niedriger Konzentration und Nährstoffe bzw. Nährsalze, außerdem noch Sauerstoff und Wärme. Die Gärung setzt am schnellsten ein, wenn die Temperatur des Gärmediums zwischen 25 und 30 °C liegt. Außer einer nicht optimalen Temperatur kann die Ursache einer zögerlichen Vermehrung auch eine zu hohe Säurekonzentration sein. Ein zu hoher Säuregehalt behindert die Vermehrung der Bakterien, ein zu niedriger Säuregehalt birgt die Gefahr der infektiösen Überoxidation bzw. Kahmhefe.

Wie bereits ausführlich beschrieben, sollten Sie deshalb darauf achten, dass für den Gärstart 4 % Säure und 2 % Vol. Alkohol im Gärmedium enthalten sind und die Wasserbadtemperatur 28 °C beträgt. Verzögerungen aufgrund von Nährstoffmangel vermeiden Sie durch Zugabe von Fruchtsaft. Wenn bei diesen Bedingungen die Gärung trotzdem nicht nach maximal zwei Wochen gestartet ist (Acetatgeruch), war die verwendete Essigkultur schon zu alt zum Impfen, oder im Essig bzw. Alkohol, der zum Ansetzen des Gärmediums verwendet wurde, waren Konservierungsmittel o.ä. enthalten, wie z.B. „geschwefelte" Weine bzw. Essige.

Wenn bei einem gärenden Essig bei unveränderter Temperatur die **Gärgeschwindigkeit** plötzlich stark abnimmt, also kaum noch Essig gebildet bzw. Alkohol abgebaut wird und die Dichte des Gärmediums sich kaum noch verändert, ist entweder der Säuregehalt für die Essigbakterien bereits zu hoch oder der Alkohol wurde nahezu aufgebraucht.

Beim Oberflächenverfahren wird die Gärung ab ca. 8 % Säure und beim Fesselverfahren ab ca. 12 – 14 % Säure deutlich langsamer. Diese Werte sind jedoch auch von der verwendeten Bakterienart abhängig, woher also Ihre erste, nicht selbst gezüchtete Essigkultur stammt. Wenn der Essig kaum noch gärt und im Gärmedium der Säuregehalt bereits verhältnismäßig hoch ist, impfen Sie eine frische Nährlösung mit dem (noch) lebenden Essig, dadurch verdünnen Sie den Säuregehalt auf ca. ein Zehntel. Im Fall von Alkoholmangel und vergleichsweise geringem Säuregehalt (weniger als ca. 6 – 7 % Säure) können Sie genauso gut hochgradige Maische, Obstbrand oder Weingeist direkt in den gärenden Essig geben.

Das Fesselverfahren ist viel unempfindlicher als das Oberflächenverfahren, wenn der Alkoholgehalt gegen null geht. Beim Oberflächenverfahren sind die Bakterien, wenige Stunden nachdem 0,0 % Vol. Alkohol gemessen wurde, bereits inaktiv. Danach ist ein mühevoller Neustart notwendig. Der Reaktor ist hier toleranter: Aktive Bakterien sterben nicht sofort ab, weil in den Füllkörpern eine gewisse Alkoholmenge gespeichert ist. Sie sollten daher bei beiden Verfahren mindestens alle zwei bis drei Tage den Alkoholgehalt prüfen und beim Oberflächenverfahren in 500-Milliliter-Ansätzen sogar täglich, sobald hier der Alkoholgehalt unter 0,5 % Vol. gesunken ist. Der Alkoholgehalt muss höher als 0,03 % Vol. sein, um die Gärung durch Alkoholzugabe weiterführen zu können.

Dass die Gärung nach dem Impfen einer Nährlösung mit lebendem Essig oder dem Austauschen von Füllkörpern kurzfristig langsamer wird, ist durchaus normal. Wenn als Füllkörper Kräuter oder Gewürze verwendet werden, kann sich die Gärung – bedingt durch die jeweiligen Inhaltsstoffe – ebenfalls verlangsamen.

Pilzinfektionen

Es gibt einige Pilze, die sich im Essigmedium wohlfühlen, z.B. die Kahmpilze. Kahmhefe ist ein Überoxidationsbildner, d.h. die Essigsäure wird dadurch zerstört. Im Überoxidationsstadium treten auch Schimmelpilze auf. Die Bildung von Kahmhefe kann sehr effektiv durch höhere Temperaturen (höher als 27 °C) und saures Milieu (4 % Säure beim Ansetzen eines Gärstarters) verhindert werden.

Da es oft zur Verwechslung von Kahm- und Essighaut kommt, sind die folgenden Unterscheidungsmerkmale zu beachten:

- Bei der Bildung der Essighaut tritt immer ein Klebstoff- bzw. Lösemittelgeruch auf (Acetatgeruch), bei der Kahmhefe nicht.
- Die Essighaut ist durchsichtig, hat die Farbe des Gärmediums und ist im späteren Stadium eher ledrig. Die Kahmhaut hingegen ist schneeweiß, undurchsichtig und hat ein staubiges Aussehen, wie gekräuselte Rahmhaut auf heißer Milch.

Fehlgerüche

Eine häufige Ursache für muffigen Geruch ist der fehlende Alkohol in einem fertigen Essig. Die Gärung sollte prinzipiell immer gestoppt werden, bevor 0,0 % Vol. erreicht wurden. Industrielle Großhersteller füllen den Essig ab, wenn der Alkoholgehalt zwischen 0,2 und 0,4 % Vol. beträgt.
Da der typisch stechende Essiggeruch Fehlgerüche überdeckt, werden diese meist nicht wahrgenommen. Wenn man allerdings öfters an einem Essig riecht, gewöhnt man sich mit der Zeit an dessen Schärfe und merkt plötzlich, dass es oft unangenehme Gerüche sind, die überdeckt werden. Besonders deutlich treten diese Gerüche hervor, wenn mit Natronlauge titriert wird, um den Säuregehalt zu bestimmen. Beim Titrieren wird die Essigsäure neutralisiert, daher sticht sie dann auch nicht mehr in der Nase.

Ein Geruch, der typisch ist für das Oberflächenverfahren mit vorhergehender alkoholischer Wildgärung (ohne Reinzuchthefe usw.), sogar so typisch, dass daran jeder Essig, der auf diese Art und Weise hergestellt wurde, erkannt werden kann, erinnert an alten Urin. Damit ist nicht Ammoniak (Salmiakgeist) gemeint, sondern eine Vorstufe davon. Harnstoff und andere organische Stickstoffverbindungen werden bakteriell abgebaut, das erzeugt dann den bekannten „Duft“, eine Zwischenstufe zum Ammoniak, das Endprodukt des

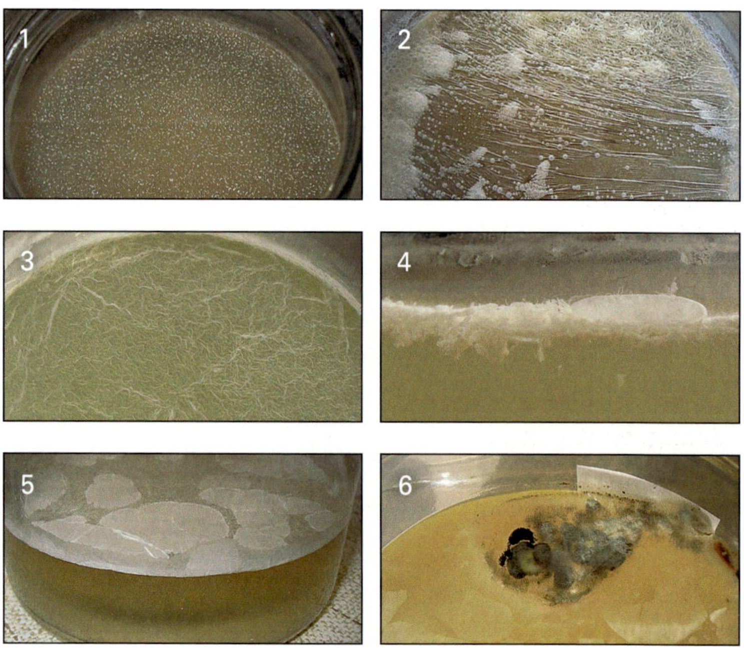

► Kahmhefe in verschiedenen Erscheinungsformen:
1) Anfangsstadium
2) Schaumbildung bei Lufteindüsung
3) Typisches Erscheinungsbild: faltige, weiße Haut
4) Detailansicht am Glasrand, mit Essigälchen
5) Die Haut wird immer undurchsichtiger.
6) Schließlich verdrängt Schimmel die Kahmhefe.

▲ Kahmhefe bildet sich auch auf herkömmlichen Maischen (nicht jedoch bei hochgradigen): links in einem frühen Stadium, rechts auf der ausgegorenen Maische.

Abbauprozesses. Wird der Alkohol und daran anschließend der Essig wild vergoren, treten in beiden Fällen Fehlgärungen auf, also mikrobiologische Abbauprozesse, die diesen Geruch erzeugen. Zeolithe haben enorme Absorptionskapazitäten von Ammoniak und anderen Stickstoffverbindungen. Deshalb den Essig gegebenenfalls folgendermaßen damit behandeln: Entweder, wie beim Einsäuern, die Zeolithe so oft mit immer demselben Essig übergießen, bis der Geruch weg ist, oder den Essig in einem mit Zeolithen gefüllten Reaktor geben und einige Stunden im Dauerbetrieb besprühen.

Mit Buttersäure verhält es sich ähnlich. Diese Säure wird ebenfalls durch mikrobiologische Abbauprozesse erzeugt. Buttersäure riecht nach einige Tage alten, verschwitzten Sportsocken, nur noch ekelhafter. Zum Glück tritt dieser Geruch nicht allzu oft auf, wir durften ihn erst einmal „genießen". Ein Buttersäure-Geruchsfehler ist intensiv und unverkennbar, auch neben der stechend riechenden Essigsäure.

Fehlgeruch und -geschmack kann mit granulierter Aktivkohle (Weinkohle perliert) entfernt werden (Anwendung siehe Seite 150), allerdings nicht selektiv, d.h. auch gewünschter Geruch bzw. Geschmack wird von der Kohle gebunden. Wir konnten beim Reaktoressig, vergoren aus hochgradiger Maische, noch nie einen der beiden beschriebenen Gerüche feststellen, was natürlich für die Reinheit beider Gärmethoden spricht.

Klebstoffgeruch (Acetatgeruch) entsteht bei der Essiggärung, baut sich allerdings wieder ab, sobald die Gärung abgeschlossen ist. Wenn ein Essig also nach Acetat riecht, brauchen Sie ihn nur einige Wochen stehen zu lassen, danach ist er einwandfrei.

Bezüglich Aldehydgeruch (süßlich, aromatisch, nicht nach Klebstoff), siehe Seite 120.

Tierische Schädlinge

Die **Essigälchen** *(Turbatrix aceti)* sind schon seit Tausenden von Jahren als Begleiter des Essigs bekannt und bei Wildgärungen nicht zu vermeiden. Sie treten beispielsweise auf, wenn sich im fast ausgegorenen Essig eine gelartige Essigmutter gebildet hat und der Essigsäuregehalt verhältnismäßig gering ist (< 4 % Säure). Sie richten keinen großen Schaden an, machen den Essig allerdings trüb, unansehnlich und leicht muffig. Außerdem können sie die Essighaut zerreißen, wodurch diese nach unten absinkt. Bei starkem Befall bildet sich am Boden des Gärgefäßes eine einige Zentimeter dicke beige-hellbraune Schicht abgestorbener Älchen.

▼ Essigälchen

Die Älchen sind ca. 1–2 mm lang, dünn, weiß und haben eine aalähnliche Form. Sie haben ständig das Bestreben, an der Oberfläche der Flüssigkeit zu schwimmen, ihr Sauerstoffbedarf ist nicht allzu groß. Wird der Essig in Flaschen abgefüllt, sind im Gegenlicht mit bloßem Auge die heftig zappelnden, kleinen, weißen Würmer im dünnen Flaschenhals gut erkennbar. Aufgrund des minimalen Pflegeaufwands sind Essigälchen ein hervorragendes lebendes Aufzuchtfutter für Jungfische und kleine Amphibien. Eine alkoholische Lösung mit 20 % Vol. bringt sie zum Absterben. Weitere Methoden, um die Älchen zu entfernen:

- ▷ Kurzes Erwärmen auf ca. 45 °C tötet die Älchen ab.
- ▷ Längere Einwirkung von Sonnenlicht führt zum Absterben.

► Essigfliegen im gärenden Essig. Die zahllosen kleinen, weißen Fäden sind Essigälchen.

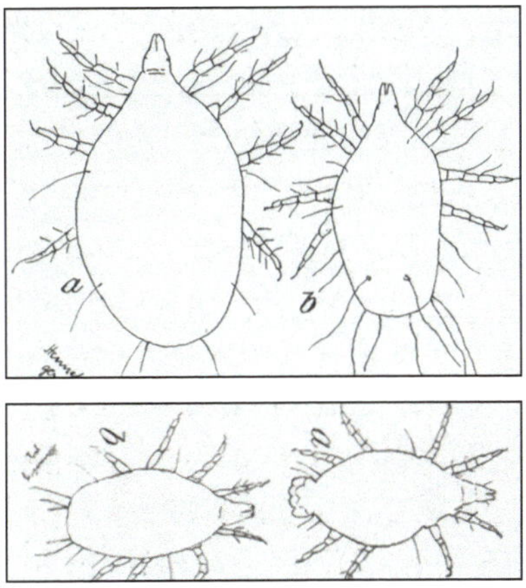

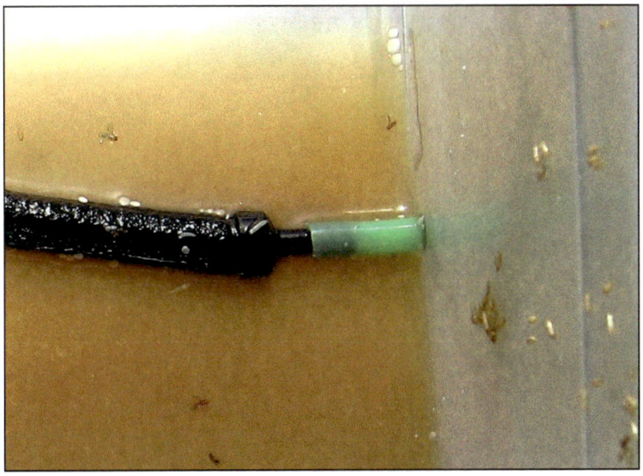

▼ Oben: Große Essigmilbe, unten: Karpfenschwanzmilbe

▲ Drei Stadien der Essigfliege: weiße Maden, bräunliche Puppen (rechts an der Wand) und die Fliegen selbst

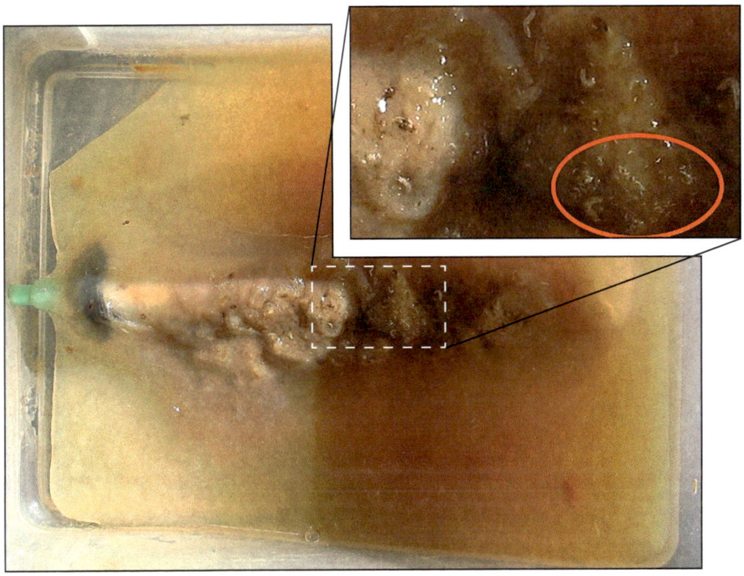

▲ Komplett mit Essigmutter zugewachsener Essig. Im gekennzeichneten Teil der Detailansicht sind die Eier der Essigfliege erkennbar.

► Essigwürmer: Schließlich sind neben den Essigfliegen und -maden (beide auch im Bild) noch braun-schwarze Würmer aufgetreten.

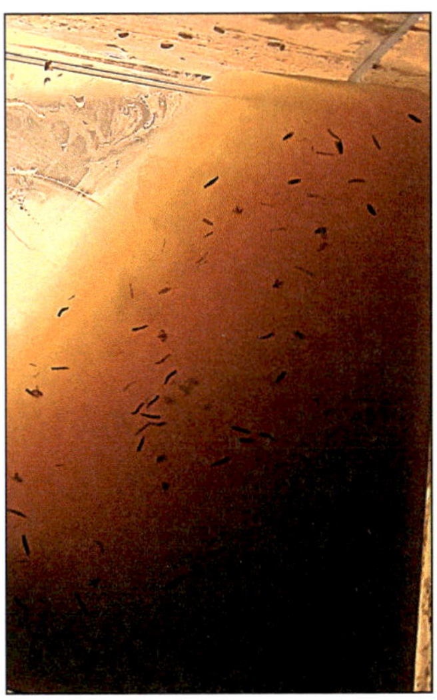

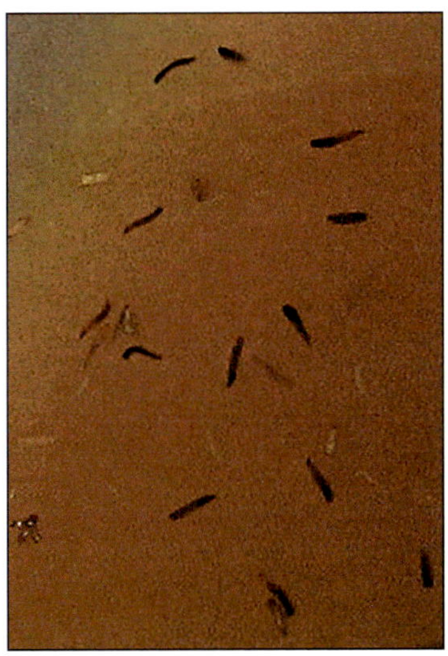

▷ Kochsalz in der Menge von 1–2 % des Essigs ist für die Älchen nach ein bis zwei Tagen tödlich. Salz u.ä. zur Abtötung darf laut deutschem und österreichischem Gesetz jedoch nicht verwendet werden.

Bei größeren Mengen an Älchen ist der Essig für den Verkauf nicht mehr geeignet.

Die **kleine Essigfliege** ist ebenfalls ein ständiger Begleiter bei der Essigherstellung. Sie ist ca. 2–3 mm groß, hat rote Augen, einen rotbraunen Kopf und Rücken, der Hinterleib hat dunkelbraune Ringe. Man findet sie vor allem bei Maischen, an angefaulten süßen Früchten und Säften sowie bei essigsauren Flüssigkeiten. Sind die Belüftungsöffnungen mit einer Fliegengaze, einem Stofftuch oder Ähnlichem abgedichtet, ist der Essig davor geschützt.

Bei größeren Anhäufungen von Essigälchen treten auch die beiden Arten der **Essigmilbe** auf, die sich von den Älchen ernähren. Die große Essigmilbe, *Tyroglyphus agilis* (Canestrini), ist weißlich, birnenförmig, ca. 1–2 mm groß, die Karpfenschwanzmilbe, *Histiogaster carpio* (Kramer), bräunlich und ca. 0,5 mm groß. Tritt die Essigmilbe in größeren Mengen auf, reduziert sich automatisch die Anzahl der Älchen.

Alkoholstörungen

Hierbei handelt es sich um eine Störung, die durch eine größere Menge von unverarbeitetem Restalkohol, Abnahme des Säuregehaltes und meist auch durch Temperaturrückgänge im Reaktor gekennzeichnet ist. Die Temperatur fällt dann um 1–2 °C, dies ist auf eine verminderte Alkoholoxidation zurückzuführen. Meist ist diese Störung von einem Aldehydgeruch (süßlich, aromatisch, nicht nach Klebstoff) begleitet. **Achtung:** Dieser Geruch darf nicht mit dem Acetatgeruch verwechselt werden, der normal ist.

Ursachen und Abhilfe

▷ Ungenügende Bakterienernährung: Werden längere Zeit keine Nährstoffe wie Nährsalz, Kohlenhydrate usw. zugesetzt, erfolgt eine Unterernährung, die Temperatur sowie die Oxidationsleistung gehen zurück. In diesem Fall sollte die Zugabe von Nährstoffen mit z.B. filtriertem Fruchtsaft, Malzextrakt, ungehopfter Bierwürze oder abgekochtem Bier erfolgen. Es dauert meist Wochen, bis der Normalzustand wieder erreicht ist.

- ▷ Ungeeignete Rohstoffe wie unreiner, fuselhaltiger Sprit. In diesem Fall geht die Störung meist rasch von selbst wieder vorüber. Wenn nicht, muss neuer Alkohol verwendet werden. Es dauert aber einige Zeit, bis der unsaubere Alkohol aus den Füllkörpern wieder entweicht.
- ▷ Unzweckmäßige Maischezusammensetzung. Wird die Maische z.B. zu hochprozentig eingestellt, kommt es zu groben Störungen. Das Gärmedium im Reaktor bzw. die Flüssigkeit beim Oberflächenverfahren können wiederverwendet werden, wenn der Reaktor wieder in Ordnung ist bzw. neue Bakterienstämme zugegeben wurden. Ist zu viel Alkohol im Reaktor, eine neue Nährlösung mit gutem Essig und wenig Alkohol verwenden, bis 1–2 % Vol. Alkohol erreicht sind, danach das vorherige Gärmedium wieder einsetzen.
- ▷ Kältestörungen: Ist den Bakterien kalt, reduzieren sie ihre Produktivität. Dadurch wird im Reaktor bzw. an der Oberfläche weniger Wärme erzeugt, die Temperatur sinkt noch mehr, die Leistung lässt noch mehr nach. Behebung: Raum beheizen und die Füllkörper öfter besprühen als bisher. Statt täglich alle drei Stunden für 15 Minuten z.B. alle 1,5 Stunden für 15 Minuten sprühen.
- ▷ Wärmestauungen: Wenn die Umgebungstemperatur zu hoch ist, kommt es zur Überhitzung, die Leistung des Reaktors nimmt ab. Daher rechtzeitig die Alkoholzufuhr verringern (größere Maischemenge mit geringerem Alkoholgehalt und höherem Säuregehalt) oder den Reaktor von außen kühlen.
- ▷ Technische Mängel wie z.B. ein verstopfter Sprühkopf. In diesem Fall wird die Maische nicht verteilt und rieselt nur durch wenige Füllkörper hindurch. Ebenso, wenn die Siebböden schief oder verschleimt sind. Auch zu alte Füllkörper sind möglich.
- ▷ Bakterielle Ursachen: Auf aktiven Füllkörpern können neue Bakterien nur schwer angesiedelt werden. Die „alten“ Bakterien lassen die neuen nicht aufkommen. Deshalb müssen die Füllkörper vorher mit 15–20-prozen-

tigem Essig sterilisiert werden. Die Füllkörper darin einlegen, nach ca. zehn bis 15 Minuten mit sehr viel Wasser ausspülen und wie gewohnt einsäuern.

Überoxidation

Als Überoxidation werden alle Betriebsstörungen bezeichnet, die mit auffallendem Säurerückgang OHNE unverarbeiteten Alkohol auftreten. Die Reaktortemperatur ist meist sehr hoch, die Ausbeute jedoch sehr niedrig, das Gärmedium trüb und voller Älchen, der Geruch nicht sauer und klebstoffartig (Acetat), sondern dumpf. Schwärme von Essigfliegen sind vorhanden, im Reaktor herrscht ein heftiger Luftzug.

Nach folgender Reaktionsgleichung wird Essigsäure durch Sauerstoff zu Kohlendioxid und Wasser abgebaut:

$$CH_3COOH + 2\,O_2 \longrightarrow 2\,CO_2 + 2\,H_2O$$

Bei einem CO_2-Wert über 1 % liegt Überoxidation vor. Ein Säurerückgang tritt nur ein, wenn im Reaktor Alkoholmangel herrscht. Im Gärmedium sollte daher immer zumindest 0,1 – 0,2 % Vol. Alkohol enthalten sein.

▷ Chronische Überoxidation: Der Säuregehalt ist permanent niedrig. Die Ursache sind meist zu hohe Verdunstungsverluste im Bildner, Undichtigkeit, die Maische hat sich einen kürzeren Weg durch die Schüttung der Füllkörper gebahnt (Rinnsal).

▷ Akute Überoxidation, Infektion: Säuregehalt mindert sich von Monat zu Monat. Wahrscheinlich gibt es Fremdorganismen, die die Anlage verseuchen. Die Ursache kann eine unvollständige Einsäuerung der Anlage und zu schwachprozentige Arbeitsweise sein. In Trockennestern, zu denen kaum Maische oder Säure gelangen, beginnt der Abbau zuerst und breitet sich von dort aus. Säureabbau geht so lange weiter, bis das Gärmedium zum Schluss trüb, schwach sauer und mit vielen Älchen versetzt ist. Der Reaktor beginnt zu blasen. In leichteren Fällen hilft eine Alkohol- und Säurekur: Den Alkoholgehalt so lange um 2 – 3 % Vol. erhöhen, bis die Säure auf ca. 11 % gestiegen ist, oder den Reaktor unter Alkohol setzen bzw. Essig mit 15 % Säure einfüllen. Nach ca. 15 Minuten die Füllkörper entnehmen, gründlich mit Wasser spülen und wie gewohnt einsäuern. Meist hilft nur die komplette Sterilisation.

Verschleimen

Das Gärmedium bildet an den Oberflächen der Füllkörper und der anderen Kontaktflächen eine dünne, schleimige Schicht (erkennbar an den glänzenden Füllkörpern), eine Art dünne Essigmutter. Mit der Zeit, im Lauf der Monate (bei organischen Füllmaterialien früher), wird diese immer dicker, bis Schleimfäden aus der unteren Lochplatte hängen.

In kleinem Umfang ist dies kein Problem. Wenn Sie allerdings bemerken, dass der freie Ablauf des Gärmediums behindert ist, sollten Sie den Reaktor öffnen, die Füllkörper entnehmen, NICHT waschen, nur ein wenig durchmischen, die dicksten Fäden manuell entfernen und die Füllkörper wieder einfüllen. Im Normalfall reicht das aus, um anschließend den ungestörten Betrieb wieder zu gewährleisten. Bei starker Verschleimung die Füllkörper auch waschen, anschließend wieder einsäuern und mit Gärstarter oder lebendem Essig neu aktivieren.

Analytik

Natürlich gären der Alkohol und der Essig ganz von selbst, ohne jegliche Analytik. Mit viel Intuition und Fingerspitzengefühl kann man die notwendigen Zutaten zeitgerecht zugeben, und es kommt ein mehr oder weniger gutes Produkt heraus. Aber leider ist dies dann ein Zufallsprodukt, da nicht reproduzierbar gearbeitet wurde. In der Regel ist das Ergebnis auch eher enttäuschend. Das ist auch nicht weiter verwunderlich, denn vor allem die Alkoholzugabe zum gärenden Essig ist oft kritisch, da alle drei Parameter – Zeitpunkt, Menge und Konzentration – über Erfolg oder Misserfolg entscheiden. Daher ist zur Herstellung von gleichbleibend hochwertigem Essig die regelmäßige Analyse desselben unerlässlich.

Bei der Essigherstellung müssen eigentlich „nur“ der Essigsäure- und Alkoholgehalt bestimmt werden, aber diese dafür in einer Genauigkeit, die mit den meisten Methoden, die für den Hausgebrauch geeignet sind, nicht erreicht wird (± 0,1 % Säure bzw. Alkohol). Um Ihnen jedoch einen Überblick über die gängigen Arten der einfachen und professionellen Essigsäure- und Alkoholbestimmungen zu geben, wurden nachfolgend auch Methoden beschrieben, die diese Genauigkeit nicht erreichen.

Bestimmung der Essigsäure

Titration mit Bürette

Für die Bestimmung des Essigsäuregehalts im Essig ist die Säure-Base-Titration mit Natronlauge gegen den Indikator Phenolphthalein die genaueste Methode. Abgesehen davon wird die neutralisierte Lösung zur Alkoholbestimmung benötigt, aber davon später.

Bei einer Titration wird zu einer genau abgemessenen Flüssigkeitsmenge (Essig) und einem Indikatorfarbstoff (Phenolphthalein) eine zweite Flüssigkeit (Natronlauge) so lange zugetropft, bis sich ein Farbumschlag ergibt (von farblos nach rosa). Aus der Menge, die bis dahin von der zweiten Flüssigkeit verbraucht wird, kann die Konzentration der zu bestimmenden Substanz in der ersten Flüssigkeit (der Essigsäuregehalt) berechnet werden. Das funktioniert nur, weil Säure und Lauge sich gegenseitig neutralisieren, wie aus folgender (vereinfachter) Reaktionsgleichung hervorgeht:

$$CH_3COOH + NaOH \longrightarrow CH_3COONa + H_2O$$

Essigsäure + Natronlauge ⟶ Natriumacetat + Wasser

In Worten: Ein Molekül Essigsäure verbraucht für die Neutralisation genau ein Molekül Natronlauge. Aufgrund dieses Zusammenhangs kann somit der Essigsäuregehalt berechnet werden, wenn bekannt ist, wie viel Natronlauge bis zur Neutralisation verbraucht wurde. Und wie erkennt man dies während des Zutropfens? Dazu dient der Indikator: Er ändert seine Farbe genau am Neutralisationspunkt.

Bei der titrimetrischen Säurebestimmung werden alle Säuren, nicht nur die Essigsäure, neutralisiert, sie erfasst somit auch die Fruchtsäuren. Daher können auch säurehaltige, zuckerarme Früchte wie Johannisbeeren fruchtige Essige mit 5 % Säure ergeben, obwohl der natürliche Zuckergehalt der Beeren für eine Maische mit ca. 5,5 % Vol. Alkohol (dies entspricht ca. 5 % Säure nach Essiggärung) viel zu gering ist.

D.h. bei Fruchtessigen aus saurem Obst besteht nur ein gewisser Anteil des angegebenen Säuregehaltes aus Essigsäure, der Rest setzt sich aus den Säuren der Früchte zusammen. Es erscheint zugegebenermaßen ein wenig eigenartig, dass bei einem Essig der angegebene (Essig-) Säuregehalt nicht nur aus Essigsäure besteht, diese Art der Angabe entspricht jedoch der Norm.

Erforderliches Zubehör

- ▷ Natronlauge, 1,0 N (1,0 mol/l), 1.000 ml
- ▷ Phenolphthaleinlösung, einprozentig, 50 oder 100 ml
- ▷ demineralisiertes Wasser, auch als „destilliertes Wasser“ erhältlich
- ▷ 50 ml Bürette mit Stativ und Klemme
- ▷ 500 ml Titrierkolben (Weithals-Stehkolben)
- ▷ 10 ml Vollpipette

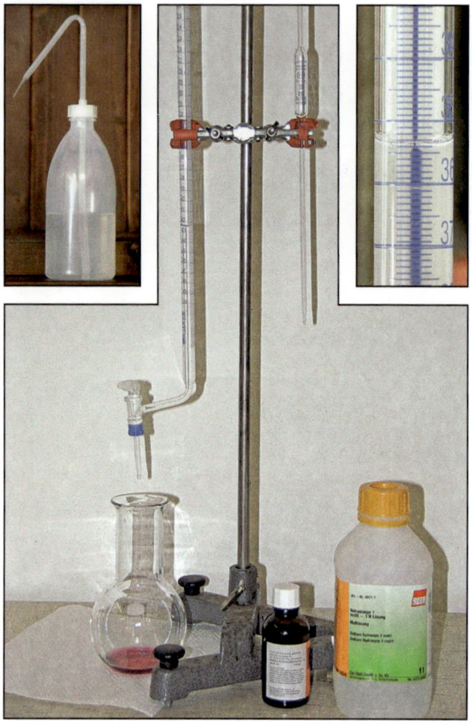

▲ Titrierset mit Bürette, Stativ, Vollpipette, Titrierkolben, Natronlauge und Phenolphthaleinlösung. Links oben: Spritzflasche, rechts oben: Ablesehilfe

- ▷ Spritzflasche, 500 ml
- ▷ Pasteurpipette, Kunststoff, 3 ml

Das Zubehör, Natronlauge und Phenolphthaleinlösung können Sie direkt im Laborbedarf beziehen. Demineralisiertes Wasser bekommen Sie in Supermärkten, Baumärkten, Tankstellen usw. Nur die Chemikalien selbst sind auch in Apotheken erhältlich.

Durchführung der Titration:

- ▷ Um die Vollpipette von innen zu benetzen, ziehen Sie den zu analysierenden Essig dreimal hintereinander auf und lassen ihn jedes Mal wieder zurückfließen. Erst danach ziehen Sie so genau wie möglich 10 ml Essig (bei ca. 20 °C) auf und lassen ihn in den Titrierkolben fließen.
- ▷ Geben Sie mit der Pasteurpipette drei Tropfen der Phenolphthaleinlösung dazu.
- ▷ Vermischen Sie beides durch schwenkende, kreisende Bewegungen des Kolbens.
- ▷ Füllen Sie die Bürette mit Natronlauge bis kurz unter 0,0 ml auf und lesen Sie den genauen Stand der Natronlauge in der Bürette ab.
- ▷ Lassen Sie die Natronlauge aus der Bürette in den Kolben tropfen, während Sie den Inhalt mit schwenkenden, kreisenden Bewegungen des Kolbens laufend vermischen.
- ▷ Sobald ein einziger Tropfen die gesamte Flüssigkeit im Kolben rosa färbt (erfolgt bei ca. pH 8,4), schließen Sie den Hahn der Bürette und schwenken den Kolben ca. 30 Sekunden lang weiter. Dass der Farbumschlag beim Zutropfen kurz bevorsteht, erkennen Sie an der Farbe des Kolbeninhalts: Kurz vorher wird dieser blass-gelb bzw. blass-orange. Daher kann, wenn Sie schon ein wenig geübt sind, zu Beginn die Natronlauge auch schneller als tropfend zugegeben werden.

▼ Farbumschlag bei Phenolphthalein: von farblos (sauer) nach rosa (alkalisch)

- ▷ In der Regel wird der Inhalt dann wieder farblos. Geben Sie in diesem Fall noch ein bis zwei Tropfen zu, bis die rosa Färbung zumindest 30 Sekunden lang erhalten bleibt.
- ▷ Lesen Sie den Endstand der Bürette ab.
- ▷ Heben Sie den neutralisierten Essig (die rosa Flüssigkeit) auf, wenn Sie danach noch eine Alkoholbestimmung mit dem neutralisierten Essig durchführen möchten.
- ▷ Füllen Sie das demineralisierte Wasser in die Spritzflasche und reinigen Sie damit die Vollpipette (ein paarmal durchspülen). Den Kolben mit Leitungswasser und Spülmittel auswaschen, danach kurz mit demineralisiertem Wasser ausspülen.

Ablesen der Bürette

Die Rückseite ist weiß eingefärbt und hat innen in Längsrichtung eine blaue Linie, der sogenannte „Schellbachstreifen“. Durch die Lichtbrechung an der Natronlaugenoberfläche hat es den Anschein, dass sich der blaue Strich genau an dieser Stelle dermaßen verengt, dass eine Pfeilspitze entsteht. Dadurch kann die Bürette an dieser Spitze sehr komfortabel abgelesen werden. Die Graduierung der Bürette ist in 0,1 ml unterteilt. Um die Genauigkeit zu erhöhen, sollten Sie den Stand zwischen zwei 0,1-Milliliter-Strichen abschätzen, dadurch sind auch Ablesungen von annähernd hundertstel Milliliter möglich.

Der Essigsäuregehalt lässt sich mit folgender Formel berechnen:

$$S = M \cdot a \cdot c : V$$

S: Essigsäuregehalt [g/l]
M: Molmasse Essigsäure [g/mol]
a: Verbrauch Natronlauge [ml]
c: Konzentration der Natronlauge [N bzw. mol/l]
V: Volumen der Essigprobe [ml]

Folgende Parameter der Formel sind bereits bekannt:

Molmasse Essigsäure: 60,05 g/mol
Konzentration der Natronlauge: 1,0 mol/l
Volumen der Essigprobe: 10,0 ml

Die Formel gibt den Säuregehalt in g/l an, wird dieser Wert durch zehn dividiert, ergibt sich daraus annähernd Prozent. Somit lässt sich die Formel folgendermaßen vereinfachen:

$$S = 60{,}05 \cdot a \cdot 1{,}0 : 10{,}0 : 10$$

Dies ergibt:

$$\mathbf{S = 0{,}6 \cdot a}$$

S: Essigsäuregehalt [%]
a: Verbrauch Natronlauge [ml]

Der Verbrauch Natronlauge ist die Differenz von Anfangs- und Endstand der Bürette.

Beispiel

Bestimmung des Säuregehaltes einer Essigprobe:

Wie hoch ist der Säuregehalt, wenn an der Bürette als Anfangswert 2,73 und als Endwert 11,42 abgelesen wurden?

$S = 0{,}6 \cdot (11{,}42 - 2{,}73) = 5{,}2$

Der Säuregehalt des Essigs beträgt demnach 5,2 %.

Anmerkung: Die Berechnung im Beispiel ergibt exakt 5,214 %. Bei der Titration sind die hundertstel Milliliter jedoch nur geschätzt, daher kann der Säuregehalt auch „nur" auf Zehntelprozent genau angegeben werden, also bis auf eine Stelle hinter dem Komma.

Im ersten Moment erscheint dieser Arbeitsvorgang vielleicht ein wenig kompliziert. Mit einiger Übung ist eine Titration aber nach ca. zwei bis drei Minuten abgeschlossen.

Säurezylinder und Blaulauge 2/15 N

Diese Art der Bestimmung beruht ebenfalls auf der Neutralisation von Säuren durch Natronlauge. Eigentlich für die Säurebestimmung von Wein oder Most gedacht, lässt sich damit auch Essig analysieren, wenn die Probe im Verhältnis 1:10 verdünnt wird. Wegen der verwendeten Gerätschaften und des Indikators ist diese Methode im Vergleich zur vorgenannten sehr ungenau. Für den mobilen Einsatz und um den Essiggehalt zumindest ungefähr zu bestimmen, ist sie jedoch ausreichend.

Blaulauge besteht aus Natronlauge (in einer Konzentration von 2/15 N) und dem Indikator Bromthymolblau. Dieser Farbstoff ist im sauren Bereich rot und wird nach

Farbumschlag zunächst gelb, dann dunkelolivgrün. Diese Farben lassen den Neutralisationspunkt viel schlechter erkennen, als dies bei der Verwendung von Phenolphthalein der Fall ist (farblos nach rosa).

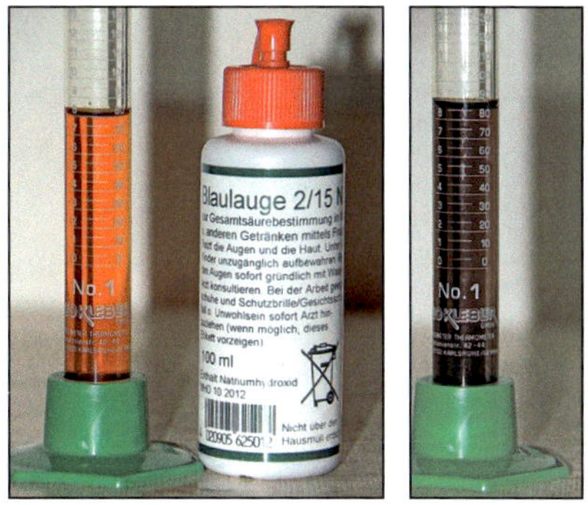

▲ Säurezylinder mit Blaulauge: links im sauren Bereich, rechts nach der Neutralisation

Durchführung:

- ▷ Geben Sie 1,0 ml Essig (mit einer Spritze abgemessen) in den Säurezylinder (ist auch als „Fruchtsäurezylinder" oder „Säuremesser WM" im Fachhandel erhältlich).
- ▷ Wie im Bild ersichtlich, beginnt die Skala nicht ganz unten. Der Null-Wert ist einige Zentimeter über dem Boden des Zylinders. Füllen Sie den Zylinder mit demineralisiertem Wasser bis zur Marke 0,0 auf. Insgesamt befinden sich im Zylinder jetzt 10,0 ml.
- ▷ In 0,5-Milliliter-Schritten die Natronlauge zugeben. Nach jeder Zugabe den Zylinder mit einem Stoppel verschließen und kräftig schütteln.
- ▷ Weil die Skala erst bei 10,0 ml Füllstand beginnt, kann bei Farbumschlag der entsprechende Säuregehalt direkt abgelesen werden. Dies ist auch der Grund für die etwas unübliche Konzentration von 2/15 N (≈ 0,13 mol/l).
- ▷ Da die Essigprobe 1:10 verdünnt wurde und die Einheit des Säurezylinders g/l ist, entspricht der abgelesene Wert dem Säuregehalt in Prozent.

Wegen der 0,5-Milliliter-Schritte beträgt die Schwankungsbreite des Messwerts mindestens +/- 0,5 % Säure. Dies hat auch die Parallelmessung eines Zirbelkieferessigs (Zirbenessigs) aus dem Reaktor bestätigt:

Titration mit Bürette:	7,4%Sre, ±0,1%
Säurezylinder mit Blaulauge:	8,0%Sre, ±0,5%

Aräometer, Essigspindel

Essigsäure ist ein wenig schwerer als Wasser. Sie hat eine Dichte von 1,05 g/ml, reines Wasser hingegen 1,00 g/ml. Eine Mischung aus beiden hat folglich eine Dichte, die dazwischen liegt. Aus der Dichte einer Essigsäure-Wasser-Mischung (Essig) lässt sich somit der Säuregehalt ableiten. Wie kann nun die Dichte einer Flüssigkeit gemessen werden? Ganz einfach mit einem Schwimmkörper: Die Eintauchtiefe ist von der Dichte abhängig. Ein Aräometer ist so ein Schwimmkörper, die Eintauchtiefe kann im schlanken Teil abgelesen werden (siehe Abb. Seite 146).

Um sich die Umrechnung der Dichte in Säuregehalt zu ersparen, sind im Fachhandel spezielle Aräometer zur Essigsäurebestimmung erhältlich, die den Essigsäuregehalt direkt in Massenprozent angeben, hier im Buch abgekürzt mit % Säure. Ein Aräometer wird auch als Spindel bezeichnet. Daher nennt sich ein Aräometer zur Essigsäurebestimmung auch Essigspindel.

An und für sich ist die Dichtemessung eine sehr genaue Bestimmungsmethode, allerdings nur unter bestimmten Voraussetzungen: So stimmt der Messwert nur dann, wenn die gemessene Flüssigkeit exakt 20 °C warm und frei von anderen Stoffen ist, die die Dichte beeinflussen, beispielsweise Alkohol und gelöste Feststoffe (Zucker, Extrakt ...).

Letzteres ist bei der Essigherstellung genau das Problem: Reine Essigsäure-Wasser-Mischungen kommen hier NIE vor! Eine Ausnahme ist, wenn zum Ansäuern Eisessig mit Wasser vermischt wird. In diesem Fall ist es aber eigentlich nicht notwendig, den Säuregehalt zu bestimmen, weil die verwendeten Mengen Eisessig und Wasser ja bekannt sind.

Bei industriell hergestelltem Tafelessig aus dem Supermarkt mag diese Methode durchaus funktionieren, weil dieser eigentlich nur aus Essigsäure, Wasser und Zuckercouleur besteht. Ein selbsthergestellter Essig hat in der Regel jedoch einen derart hohen Extraktgehalt (Anteil der gelösten Stoffe), dass die Flüssigkeitsoberfläche weit unterhalb der Messskala liegt. Je höher der Extraktgehalt, desto geschmackvoller ist im Übrigen auch der Essig.

Fazit: Mit einer Essigspindel kann der Säuregehalt von selbsthergestelltem Essig NICHT DIREKT bestimmt werden. Auch wenn eine Ablesung innerhalb der Messskala möglich ist, entspricht das Ergebnis nicht dem Säuregehalt, weil gelöste Feststoffe und Alkohol die Messung gravierend verfälschen. In Kombination mit einer Titration ist der Einsatz einer Essigspindel jedoch durchaus sinnvoll, weil dann die „Extraktdifferenz“ und näherungsweise sogar der Alkoholgehalt ermittelt werden können (siehe Seite 136).

Bestimmung des Alkoholgehaltes

Alkoholgehalt in einem Destillat

Bei einem reinen Destillat, z.B. Obstbrand, Wodka oder Korn, ist die Messung des Alkoholgehaltes vergleichsweise einfach, weil hier keine gelösten Feststoffe wie Zucker enthalten sind, die jede Messung verfälschen würden. Die Feststoffe, auch wenn sie aufgelöst sind, bleiben beim Destillieren im Brennkessel zurück. Essigsäure ist in Spirituosen üblicherweise auch nicht enthalten.

Aräometer, Alkoholometer

Ohne störende Substanzen, welche die Dichte beeinflussen, ist die Dichtemessung derart genau, dass diese Methode sogar für Eichzwecke eingesetzt wird. Das Prinzip wurde bereits beschrieben, für Alkohol gilt dasselbe, bis auf den Dichteunterschied: Ethanol ist leichter als Wasser, es hat eine Dichte von 0,8 g/ml. Ein Aräometer für % Vol. Alkohol wird als Alkoholometer bezeichnet.

Durchführung:

- ▷ Füllen Sie das Destillat in ein sehr schmales, hohes Gefäß bis zu einer Höhe, dass das Aräometer schwimmen kann (je nach Länge des Aräometers 100–200 ml).
- ▷ Geben Sie das Aräometer in die Messflüssigkeit. Es soll frei schwimmen, ohne die Gefäßwände zu berühren.
- ▷ Lesen Sie den letzten Skalenstrich ab, den Sie am schmalen Teil unterhalb der Flüssigkeitsoberfläche erkennen können.
- ▷ Die besseren Aräometer haben im unteren breiten Teil ein Thermometer eingebaut. Damit können Sie den Korrekturwert ermitteln, falls die Temperatur von 20 °C abweicht (siehe Abb. auf Seite 146).

Alkoholometer mit einer Skala von 0 bis 80 oder 100 % Vol. sollten nicht für kleine Konzentrationen unter ca. 20 bis 25 % Vol. verwendet werden. In diesem Bereich misst das Refraktometer genauer.

Refraktometer

Bei einem Refraktometer ist die Messgröße der Brechungsindex: Das ist der Winkel der Lichtbrechung an

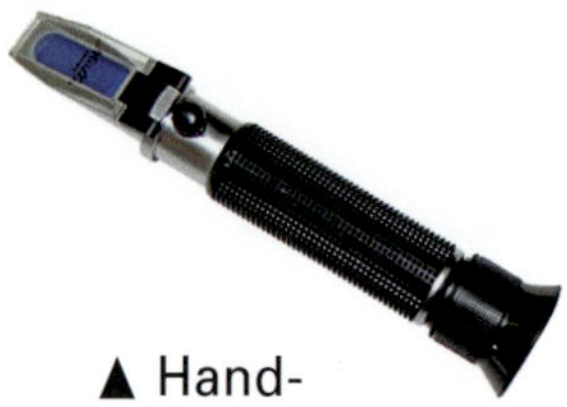

▲ Hand-Refraktometer zur Bestimmung des Alkoholgehaltes in Destillaten

Flüssigkeitsoberflächen. Dieser Ablenkungswinkel ist u.a. abhängig vom Gehalt der gelösten Substanzen. Wie beim Aräometer gibt es auch unterschiedliche Typen für unterschiedliche Substanzen.

Das bekannteste Refraktometer dient zur Bestimmung des Zuckergehaltes, z.B. in Weintrauben. Da Alkohol jedoch ebenfalls den Brechungsindex beeinflusst, sind auch Refraktometer für die Alkoholmessung erhältlich. Weil beide Substanzen – Alkohol und Zucker – den Brechungsindex beeinflussen, können diese auch nur getrennt voneinander gemessen werden. Ein Gemisch aus Wasser, Alkohol und gelöstem Zucker erzeugt somit bei beiden Typen gravierende Messfehler.

Achtung: Bei vielen Zucker-Refraktometern ist oft noch eine zweite Skala mit % Vol. Alkohol als Einheit angegeben. Diese sind trotzdem KEIN Alkoholmessgerät! Die zweite Skala gibt nur an, wie groß der Alkoholgehalt nach der Gärung einer entsprechenden Zuckerlösung sein wird. Auf den echten Alkoholrefraktometern gibt es keine Skala für Zucker.

Durchführung:

▷ Öffnen Sie die Kunststoffabdeckung und geben Sie ein bis zwei Tropfen demineralisiertes Wasser auf die Glasplatte.

▷ Schließen Sie die Platte so, dass keine Luftblasen eingeschlossen werden.

▷ Halten Sie das Gerät gegen das Licht und blicken Sie durch das Okular.

▷ Der blau-weiße Horizont sollte genau bei 0,0 % Vol. stehen. Wenn dies nicht der Fall ist, ist auch hier eine Temperaturkorrektur durchzuführen. Dazu die Stellschraube an der Oberseite so lange verdrehen, bis der Horizont genau auf der 0,0-%-Vol.-Linie liegt.

▷ Das Gerät wieder öffnen, die Platte und die Abdeckung mit einem Tuch abwischen, nochmals Wasser auftropfen, ablesen. Wenn der Horizont wieder nicht auf der 0,0-%-Vol.-Linie liegt, Vorgang wiederholen.

▷ Nach dem Einstellen der 0,0-%-Vol.-Linie kann die Messung beginnen, indem Sie ein bis zwei Tropfen von einem Destillat auftropfen und ablesen. Die Höhe des Horizonts zeigt den Alkoholgehalt an, abwischen, fertig.

Wie beim Aräometer ergeben beim Refraktometer Wiederholungsmessungen immer wieder exakt denselben Wert. Die Skala ist logarithmisch, daher ist der Abstand zwischen 0,0 und 1,0 % Vol. auch viel größer als zwischen 40 und 41 % Vol. Das Gerät misst also umso genauer, je kleiner der Alkoholgehalt ist. Das ist sehr günstig für Alkoholbestimmungen von Essig, weil hier der Alkoholgehalt nur zwischen 0,0 und ca. 6,0 % Vol., maximal 10,0 % Vol. schwankt. Mit dem Horizont verhält es sich ähnlich: Je geringer der Alkoholgehalt, desto schärfer wird die Linie. Ab ca. 45 % Vol. ist die Linie bereits so unscharf, dass nur noch in Fünferschritten geschätzt werden kann. Daher sollte für einen Alkoholgehalt, der höher ist als ca. 20 % Vol., besser das Alkoholometer verwendet werden.

Pyknometrie

Hierbei handelt es sich um eine gängige Referenzmethode zur Messung der Dichte bei amtlichen Alkoholbestimmungen. Ein Pyknometer ist im Prinzip ein kleines Fläschchen mit sehr genau definiertem Füllvolumen. Wird das Destillat bis zum Rand eingefüllt und das Pyknometer mit dem dazugehörigen Glasstöpsel verschlossen, verbleibt genau das angegebene Füllvolumen im Fläschchen, weil die Menge, die zu viel eingefüllt wurde, über eine Kapillare im Stöpsel entweicht. Wird das Fläschchen leer und voll abgewogen, ergibt sich das genaue Gewicht der Flüssigkeit. Teilt man dieses durch das Füllvolumen, ergibt sich die Dichte.

Leider ist für diese Bestimmung eine sehr genaue Waage (Analysenwaage) notwendig, die ca. tausend Euro kostet.

▲ Pyknometer mit 50 ml Füllvolumen

Alkoholgehalt in der Maische und im Essig

Mittels folgender Methoden kann der Alkohol auch analysiert werden, wenn darin Zucker, Extrakt, Essigsäure und andere Substanzen gelöst sind. Jedoch unterscheiden sich die Methoden bezüglich der jeweiligen Messgenauigkeit, unabhängig vom Einfluss anderer Substanzen.

Vaporimeter

Diese Messmethode, entwickelt von Johann Heinrich Wilhelm Geissler im Jahr 1855, basiert auf der Abhängigkeit der Dampfspannung einer Flüssigkeit vom jeweiligen Alkoholgehalt. Dazu wird in einer Dampfkammer der Druck gemessen, den eine alkoholische Flüssigkeit bei 100 °C erzeugt. Anwendbar für Bier, Wein, Likör usw. Messgenauigkeit: +/- 0,1 % Vol. Alkohol.

Vinometer

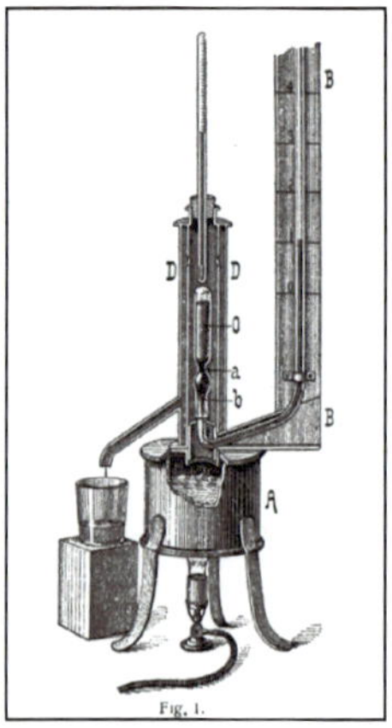

▲ Vaporimeter nach Geissler

Das Vinometer nutzt den Umstand, dass die Kapillarwirkung bzw. die Adhäsionskraft zu Glas abhängig ist vom Alkoholgehalt. Eine Kapillare ist ein sehr dünnes Glasrohr. Wenn man so ein Röhrchen in eine alkoholische Lösung eintaucht, kriecht sie innen ein kleines Stückchen nach oben. Die Höhe der Flüssigkeitssäule ist alkoholgehaltsabhängig.

Durchführung:

▷ Flüssigkeiten ohne Trübstoffe können Sie direkt verwenden, bei Maische filtrieren Sie ca. zwei bis drei Esslöffel davon mit einem Kaffeefilter.

▷ Füllen Sie in den kleinen Trichter die ggf. filtrierte Messflüssigkeit ein

▷ Sobald die Flüssigkeit beginnt, unten herauszutropfen, können Sie das Vinometer umdrehen, so dass der Trichter unten ist.

▷ In der Kapillare beginnt der Flüssigkeitsspiegel zu sinken, nach ca. 30 Sekunden, wenn die Flüssigkeit nicht mehr weiter absinkt, den Alkoholgehalt an der Skala ablesen.

▷ Vinometer mit demineralisiertem Wasser einige Male ausspülen, ggf. unten ansaugen.

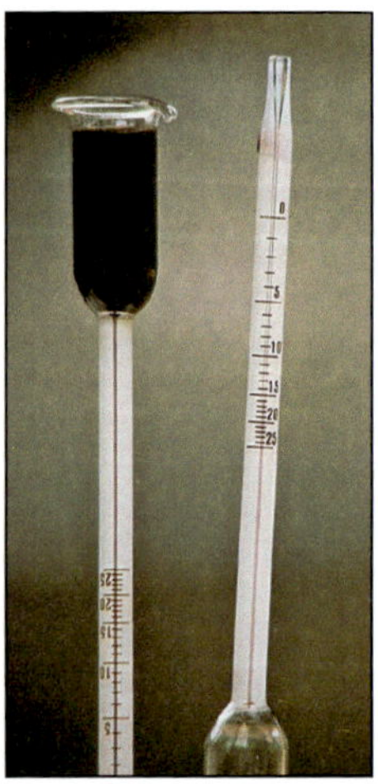

▲ Vinometer zur Alkoholbestimmung der Maische oder des Weins

Das Vinometer hat zwei große Vorteile: Es kommt mit ca. 0,5 ml aus, und es funktioniert sehr einfach und rasch. Daher würde es sich sehr gut für die Alkoholbestimmung nach Schmickl eignen, aber leider ist dafür die Schwankungsbreite bei Wiederholungsmessungen ein wenig zu groß. Am genauesten ist es bei Destillaten, ohne gelöste Feststoffe bzw. Säure. Im Wein bzw. in der filtrierten Maische und Essig ist es bedingt einsetzbar. Auch hier gilt: je größer der Extraktgehalt, umso größer die Abweichung vom tatsächlichen Alkoholgehalt. Bei einem Alkoholgehalt größer als ca. 2 – 3 % Vol. ist das Vinometer für einen Schätzwert durchaus verwendbar. Generell gilt, dass der angezeigte Wert um einige Prozente zu hoch ist, insbesondere wenn in der Messflüssigkeit gelöster Zucker enthalten ist.

▶ Schwankungsbreite bei Messungen mit dem Vinometer. Heidelbeerlikör wurde vor jeder Messung mit einer Destillationsapparatur im Halbmikromaßstab destilliert.

Probe	**Schwankungsbreite der Messergebnisse**
Verdünnter Korn, 9,5 % Vol.	9,5 bis 10,5 % Vol.
Verdünnter Korn, 19 % Vol.	17,5 bis 21,0 % Vol.
Heidelbeerlikör, dest., 16 % Vol.	12,0 bis 16,2 % Vol.

Ebullioskop

Beim Ebullioskop wird der Alkoholgehalt durch den Siedepunkt bestimmt, der alkoholabhängig ist. Reines Wasser kocht bei 100 °C, reines Ethanol bei 78,5 °C. Wird nun ein Gemisch aus Alkohol und Wasser zum Kochen gebracht, beginnt dieses irgendwann zwischen 78,5 und 100 °C zu kochen: Je mehr Alkohol die Flüssigkeit enthält, desto mehr nähert sich ihr Siedepunkt dem des Alkohols an. Je höher der Wassergehalt, desto näher liegt ihr Siedepunkt bei 100 °C.

Obwohl diese Messmethode durch Extraktgehalt und Essigsäure beeinflusst wird, kann sie für Referenzmessungen verwendet werden oder wenn die Messflüssigkeit zuerst destilliert wird.

▲ Ebulliometer oder Ebullioskop

Alkoholbestimmung mit Essigspindel

Wenn der Extraktgehalt des Essigs klein genug ist, sodass die Essigspindel immerhin abgelesen werden kann (auch wenn der Wert nicht stimmt), lässt sich nicht nur der Säure-, sondern auch der Alkoholgehalt aus dem abgelesenen Wert näherungsweise berechnen – zumindest, wenn ein ausgegorener, vollkommen alkoholfreier Essig derselben Sorte, also mit dem gleichen Extraktgehalt, zur Verfügung steht.

Wenn der Extraktgehalt für eine Messung zu hoch ist, können Sie natürlich auch den Essig z.B. 1:1 mit Wasser verdünnen und den verdünnten Essig dann mit der Spindel messen. Nicht vergessen, nachträglich den Messwert mit zwei zu multiplizieren bzw. bei einer anderen Verdünnung als 1:1 entsprechend dem Verdünnungsverhältnis.

Bestimmen Sie einmalig durch Titration und zugleich mit der Essigspindel den Säuregehalt des alkoholfreien Essigs. Der Unterschied zwischen den beiden Messergebnissen wird als „Extraktdifferenz" bezeichnet. Diese Differenz muss bei jeder aräometrischen Messung berücksichtigt werden. Dadurch ergeben sich bei alkoholfreien Essigen derselben Sorte nahezu richtige Zahlen.

Wird bei einem gärenden, alkoholhaltigen Essig der Säuregehalt durch Titration bestimmt und gleichzeitig mit der Essigspindel gemessen, ergibt sich der Alkoholgehalt näherungsweise aus der Differenz zwischen dem titrierten Wert und dem abgelesenen Wert der Spindel, unter Berücksichtigung der Extraktdifferenz. Die Differenz hat die Einheit % Säure, somit entspricht dies in etwa % Vol. Alkohol. Deshalb kann auf diese Weise der Alkoholgehalt näherungsweise bestimmt werden, wie Anfang des 20. Jahrhunderts von F. Rothenbach erstmals beschrieben wurde.

Berechnung des Alkoholgehalts mit Essigspindel

%v = GT – GS – AT + AS

%v: Alkoholgehalt [% Vol.]
AT: Alkoholfreier Essig titriert: [% Säure]
AS: Alkoholfreier Essig Spindel: [% Säure]
GT: Gärender Essig, titriert: [% Säure]
GS: Gärender Essig, Spindel: [% Säure]

Beispiel

Alkoholbestimmung mit Essigspindel:
Wie hoch sind die Extraktdifferenz und der Alkoholgehalt bei folgenden Messergebnissen?
Alkoholfreier Essig, titriert: 10,8 % Säure
Alkoholfreier Essig, Spindel: 12,2 % Säure
Gärender Essig, titriert: 10,4 % Säure
Gärender Essig, Spindel: 11,4 % Säure
Extraktdifferenz: 10,8 − 12,2 = −1,4
Die Extraktdifferenz ist −1,4 % Säure.
Alkoholgehalt: %v = 10,4 − 11,4 − 10,8 + 12,2 = 0,4
Der Alkoholgehalt beträgt somit 0,4 % Vol.

Frings-Alkograph

Der Frings-Alkograph vergleicht die Kochtemperaturen zweier Flüssigkeiten mit gleichen Inhaltsstoffen, außer dass eine Flüssigkeit Alkohol enthält, die andere nicht. Dieses Gerät, 1967 entwickelt, misst kontinuierlich den Alkoholgehalt bei alkoholischen Gärungen oder bei Essiggärungen und steuert zugleich den Produktionsprozess.

Alkoholbestimmung nach Rebelein

Obwohl schon ein wenig älter, gilt diese Methode immer noch als amtliche Norm. Im Gegensatz zur einfachen Destillation ohne Neutralisation, wo die ins Destillat übergehenden flüchtigen Säuren Messfehler verursachen, beeinflussen Extraktgehalt, Essigsäure und schwefelige Säure die Messung NICHT.

Beim Destillieren der zu messenden Flüssigkeit wird das Destillat direkt in ein Gemisch aus Kaliumchromat und Salpetersäure geleitet, wodurch der Alkohol sofort zu Essigsäure oxidiert. Danach wird mit Natriumthiosulfat titrimetrisch bestimmt, wie viel von dem Gemisch übrig geblieben ist. Diese Bestimmungsart ist nicht zuletzt deshalb so teuer, weil die dazu notwendigen Chemikalien um die 100 Euro kosten und nur noch drei Tage haltbar sind, nachdem sie geöffnet wurden. Die komplette Ausstattung liegt bei etwa 1.500 Euro.

Photometrische Alkoholbestimmung

Wird Alkohol mit bestimmten Enzymen versetzt, ergibt sich, vereinfacht formuliert, eine mehr oder weniger intensive Farbe. Die Farbintensität ist abhängig vom Alkoholgehalt und kann mit einem sogenannten Photometer gemessen werden. Die Alkoholbestimmung im Blut beruht beispielsweise auf diesem Prinzip.

Leider kommt die Anschaffung eines Photometers und der dazu notwendigen Chemikalien wegen der verhältnismäßig hohen Anschaffungskosten für den hobbymäßigen Essighersteller nicht in Frage. Außerdem wird für die Bestimmung eine alkoholfreie Referenzlösung benötigt, die im Allgemeinen nicht zur Verfügung steht. Sollte jedoch von dem Essig, den Sie analysieren möchten, ein Teil bereits ausgegoren, also vollkommen alkoholfreier Essig sein, können Sie diesen als Referenzlösung verwenden.

Alkoholmessung mit IR-Spektrometer

Ethanol hat ein charakteristisches Absorptionsspektrum im mittleren Infrarot-Bereich. Daher wird in chemisch-analytischen Labors der Alkoholgehalt in alkoholischen Getränken wie Bier, Wein, Likör, Whisky oder auch in Essig mittels eines Fourier-Transformations-Infrarot-Spektrometers (FTIR-Spektrometer) bestimmt. Ebenso kommen Spektrometer im Nahinfrarotbereich (FT-NIR) zum Einsatz, welche innerhalb einer Minute das Messergebnis liefern. Genauigkeit: +/- 0,05 % Vol. Alkohol. Mit einem mobilen Variable-Filter-Array (VFA) IR-Spektrometer sind Feldmessungen möglich, ohne dass die Proben an ein Labor geschickt werden müssen. Das Messergebnis ist ebenfalls innerhalb einer Minute verfügbar. Genauigkeit: +/- 0,2 % Vol. Der Preis liegt im Bereich von 1.000 – 2.000 Euro.

Alcocontrol Messsystem

Dieses System eignet sich für die kontinuierliche Alkoholmessung und Steuerung von Industrieanlagen zur Essiggärung und Hefevermehrung, aber auch für Brauereien, Großbrennereien und andere Anwendungen im biotechnologischen Bereich. Es misst die Leitfähigkeit eines Gassensors und die Temperatur in einer alkoholischen Lösung. Aus diesen beiden Parametern wird online der Alkoholgehalt berechnet, der exakte Messbereich liegt zwischen 0,000 und 7,000 % Vol. Alkohol, Kostenpunkt ca. 14.000 Euro.

Alkoholbestimmung nach Schmickl

Die einfachen Messgeräte wie Aräometer, Refraktometer oder Vinometer liefern bei Essig, Maische oder Likör falsche Ergebnisse, weil der Extraktgehalt und beim Essig zusätzlich die Essigsäure stören. Daher ist die Messflüssigkeit vor der Alkoholbestimmung ggf. erst zu neutralisieren und anschließend zu destillieren. Gleichzeitig soll die notwendige Probemenge so klein wie möglich sein, da kleine Gäransätze sonst zur Gänze für die Analyse aufgebraucht werden.

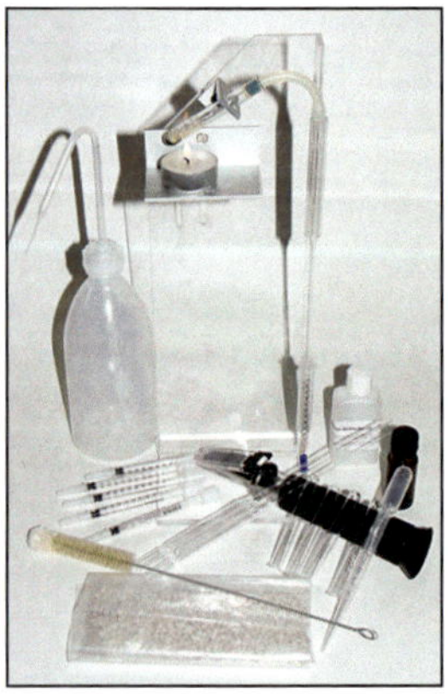

▲ Destillationsapparatur im Halbmikromaßstab zur Alkoholbestimmung, inklusive Zubehör und Plexiglas-Stativ

Aufgrund dieser Problematik haben wir eine einfache Destillationsapparatur im Halbmikromaßstab entwickelt, die mit einer Probemenge von 0,5 ml auskommt. Die gesamte Bestimmung besteht aus folgenden drei Stufen:

1. **Säuregehaltbestimmung:** 10 ml der zu analysierenden Flüssigkeit mit Natronlauge und Phenolphthalein titrieren.
2. **Destillation:** 0,5 ml der durch die Titration neutralisierten Lösung destillieren.
3. **Alkoholbestimmung:** Den Alkoholgehalt des Destillats mit Refraktometer messen.

Mit dieser Methode kann nicht nur der Alkoholgehalt im Essig auf ± 0,1 % Vol. genau bestimmt werden, sondern auch in allen anderen alkoholhaltigen Flüssigkeiten mit hohem Extraktgehalt, wie z.B. Maische, Likör oder Süßwein. Außerdem hat diese Methode im Vergleich zu anderen, teilweise professionellen Verfahren den Vorteil, dass keine Referenzlösung für die Analyse notwendig ist.

Es wird mit Absicht der Indikator Phenolphthalein verwendet, weil hier der Farbumschlag bei pH 8,4, also im alkalischen Bereich, auftritt. Dadurch ist gewährleistet, dass die Essigsäure nahezu komplett in Salz umgewandelt wurde und beim Destillieren nicht mehr freigesetzt wird.

Erforderliches Zubehör:

- *ein Titrierset*
- *ein Laborstativ, zwei Klemmen, eine Rundhalterung oder ein Plexiglasstativ*
- *ein Teelicht*
- *ein 4-Milliliter-Reagenzglas (Eprouvette, 10 x 75 mm)*
- *ein Siedesteinchen*
- *ein Tropfen Anti-Schaum*
- *5 cm Silikonschlauch (Außendurchmesser entspricht dem Durchmesser des Reagenzglases)*
- *eine Pasteurpipette aus Glas*
- *zwei 1-Milliliter-Spritzen mit eingegossener Kanüle und 0,02-Milliliter-Graduierung*
- *ein kleiner Kork- oder Gummistoppel*
- *ein Handrefraktometer für Alkohol (nicht für Zucker!)*
- *Spritzflasche, 500 ml*
- *Reagenzglasbürste (klein)*

▶ Destillationsapparatur im Halbmikromaßstab mit Laborstativ

▼ Halbmikrodestillation. Links: Die Flamme ist nicht unter dem tiefsten Punkt des Reagenzglases, sondern unter dem Flüssigkeitsspiegel. Rechts: Das dünne Ende der Pasteurpipette endet in der offenen Spritze bei ca. 0,6–0,7 ml.

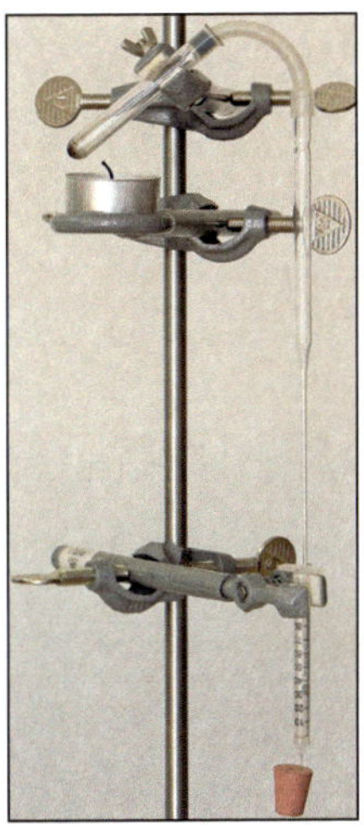

Anti-Schaum (Schaumweg) und Handrefraktometer sind im Kellereibedarf erhältlich, Teelicht in jedem Supermarkt, Spritzen in der Apotheke und das restliche Zubehör im Laborfachhandel.

Der „Brennkessel“ der Destillationsapparatur ist das Reagenzglas, darunter das Teelicht als Heizquelle. Der Silikonschlauch entspricht der Destillationsbrücke, die Pasteurpipette ist der (Luft-)Kühler. Die Vorlage ist eine offene 1,0-Milliliter-Spritze, hier sammelt sich das Destillat.

Durchführung:

▷ Sollten Sie nicht das maßgefertigte Plexiglasstativ benutzen und die Destillationsapparatur noch nicht zusammengebaut sein, ist es ratsam, dies bereits vor der Titration zu tun:
  - Ziehen Sie dazu den Stempel von einer der beiden Spritzen ganz heraus und montieren Sie die Spritze mit einer Klemme mit der großen Öffnung nach oben im unteren Bereich des Stativs. Stecken Sie die Kanüle in den Kork- / Gummistoppel, um Verletzungen und ein Auslaufen des Destillats zu vermeiden.
  - Ca. 30 cm höher befestigen Sie die andere Klemme mit dem Reagenzglas, so dass dieses ca. 45° schräg nach oben geneigt ist.
  - Stecken Sie den Silikonschlauch auf das breite Ende der Pasteurpipette, das andere Ende des Schlauchs in das Reagenzglas.
  - Biegen Sie die Pipette nach unten und führen Sie das dünne Ende in die unten am Stativ montierte Spritze. Justieren Sie die beiden Klemmen so, dass in der offenen Spritze die Pipette ca. im Bereich der Skalenstriche 0,6 und 0,7 aufhört. Sie darf keinesfalls tiefer als 0,55 in die Spritze hineinreichen.

▷ Wenn Sie Essig untersuchen, titrieren Sie 10 ml davon wie oben beschrieben, um den Säuregehalt zu bestimmen. Wenn in der Probe keine Essigsäure enthalten ist, wie bei Maische oder Likör, ist die Titration nicht notwendig.

▷ Die zweite Spritze einige Male mit titriertem Essig, der Maische oder Likör aufziehen und wieder zurückspritzen, um sie von innen mit der Probe zu benetzen. Anschließend ziehen Sie damit so genau wie möglich 0,5 ml auf (ohne Luftblasen!).

▷ Geben Sie das Siedesteinchen in das Reagenzglas, danach den Inhalt der Spritze und einen Tropfen Anti-Schaum.

▷ Verschließen Sie das Reagenzglas mit dem Silikonschlauch. Am anderen Ende des Schlauchs ist die Pasteurpipette aufgesteckt.

▷ Führen Sie das dünne Ende der Pipette in die offene Spritze. Wie beschrieben soll die Pipette nicht tiefer als zum Skalenstrich 0,55 ml in die Spritze hineinragen.

▷ Stellen Sie mittels der Rundhalterung das Teelicht unter das Reagenzglas und zünden es an. Um Siedeverzüge im Reagenzglas zu vermeiden (durch zu große Dampfblasen wird der gesamte Inhalt verpuffungsartig ausgeworfen), sollten Sie wie folgt vorgehen:
- Beim Anzünden befindet sich die Flamme unter dem tiefsten Punkt des Reagenzglases.
- Sobald die Flüssigkeit zu kochen beginnt (einige Sekunden nach dem Anzünden), die Kerze so verschieben, dass die Flamme sich unter dem Flüssigkeitsspiegel im Reagenzglas befindet.
- Im Lauf der Destillation wird das Reagenzglas immer leerer, der Flüssigkeitsspiegel wandert aus dem Bereich der Flamme heraus. Die Kerze daher so verschieben, dass die Flamme sich wieder unter dem Flüssigkeitsspiegel befindet.

▷ Destillieren Sie so lange, bis der Inhalt fast ganz eingedampft wurde: Das Innere wird braun, beginnt eventuell zu rauchen, das Siedesteinchen liegt völlig frei, statt dem Kochgeräusch ist jetzt ein Zischen wahrnehmbar.

▷ Flamme ausblasen, ca. eine Minute warten.

▷ Vorsichtig den Silikonschlauch vom Reagenzglas lösen. Darauf achten, dass das dünne Ende der Pasteurpipette in der Spritze verbleibt, damit kein Tropfen Destillat verlorengeht. Im Halbmikromaßstab kommt es tatsächlich auf jeden Tropfen an!

▷ Durch Antippen mit dem Fingernagel, leichtes Schütteln, Blasen von oben in die Pipette usw. so viel Destillat wie möglich, welches sich noch in der Pipette befindet, in die Spritze übertragen. Darauf achten, dass auch keine Tropfen an der Wand der Spritze hängen bleiben.

- ▷ In der Spritze das Volumen des gesamten Destillats ablesen und notieren.
- ▷ Die Spritze mit dem Stempel verschließen, ohne die Luft heraus zu drücken, und in alle Richtungen kräftig schütteln, den Inhalt so gut wie möglich durchmischen. Um den Stoppel abzunehmen, die Nadel nach oben richten, so entweicht durch den inneren Überdruck nur Luft, kein Destillat.
- ▷ Mit der Kanüle ein paar Tropfen Destillat auf die Glasplatte des Refraktometers geben, das Refraktometer wie oben beschrieben bedienen, den Alkoholgehalt ablesen und notieren.
- ▷ Wiederholen Sie den vorigen Punkt dreimal (so lange sich noch Destillat in der Spritze befindet). Sie sollten jedes Mal exakt denselben Wert ablesen. Wenn nicht, wurde das Destillat nicht gut genug durchmischt.
- ▷ Reinigen: Das Siedesteinchen mit der Spritzflasche aus dem Reagenzglas spülen, danach mit Spülmittel und der Reagenzglasbürste reinigen. Die letzten Reste Spülmittel ebenfalls mit der Spritzflasche ausspülen. Pasteurpipette kräftig ausschleudern, waschen bzw. mit der Spritzflasche ausspülen (ist nur notwendig, wenn ein Siedeverzug aufgetreten ist). Die Spritzen nicht ausspülen, nur mittels Stempel vollkommen entleeren.

Mit einiger Übung dauert eine Analyse einschließlich Titration ca. 15 Minuten.

Wir haben beobachtet, dass der Alkohol, wenn das Glas mit dem titrierten Essig einige Stunden offen stehen gelassen wird, deutlich messbar verdunstet. Sie sollten daher eine komplette Analyse nach Möglichkeit zügig, ohne längere Pausen, durchführen. Um die notwendigen Handgriffe besser kennenzulernen, empfiehlt es sich, im Supermarkt alkoholische Getränke und Essig zu kaufen und mit Wasser daraus Verdünnungen bzw. Mischungen herzustellen. Wichtig dabei ist, dass Sie die Mischungsverhältnisse kennen, so dass Sie mit den Angaben auf den Etiketten der Flaschen den jeweiligen Essig- bzw. Alkoholgehalt berechnen und mit Ihren Messergebnissen vergleichen können.

AP = VD · AD : VP

Berechnung des Alkoholgehalts ohne vorherige Titration (Maische, Likör)

AP: Alkoholgehalt der Probe [% Vol.]
VD: Volumen des Destillats [ml]
AD: Alkoholgehalt Destillat [% Vol.]
VP: Volumen Probe [ml]

Beispiel

Alkoholbestimmung nach Schmickl in Maische oder Likör:
Wie hoch ist der Alkoholgehalt in gekauftem Erdbeerpunsch, der vor einigen Tagen geöffnet wurde (Flasche ist zu ca. drei Vierteln voll, Angabe laut Etikett: 27 % Vol.)?
Volumen Destillat = 0,40 ml
Alkoholgehalt Destillat = 33 % Vol.
Volumen Probe = 0,50 ml
AP = 0,40 · 33 : 0,5 = 26,4
Im Erdbeerpunsch beträgt der Alkoholgehalt somit 26,4 % Vol. 0,6 % Vol. sind verdunstet, weil die Flasche bereits geöffnet war.

AP = VD · AD : VP · (VE + VN) : VE

Berechnung des Alkoholgehalts mit vorheriger Titration (Essig)

AP: Alkoholgehalt der Probe [% Vol.]
VD: Volumen des Destillats [ml]
AD: Alkoholgehalt Destillat [% Vol.]
VP: Volumen titrierte Probe im Reagenzglas vor Destillation [ml]
VE: Volumen Essig für die Titration [ml]
VN: Volumen Natronlauge (Differenz Start- und Endwert der Titration) [ml]

Beispiel

Essig- und Alkoholbestimmung nach Schmickl im Essig:
Wie hoch ist der Essig- und Alkoholgehalt im gärenden Essig bei folgenden Angaben?
Startwert Natronlauge: 0,41 ml
Endwert Natronlauge: 10,53 ml
Volumen titrierte Probe im Reagenzgl. vor Destill.: 0,50 ml
Volumen Destillat: 0,47 ml
Alkoholgehalt Destillat: 0,70 % Vol.
Säuregehalt: S = 0,6 · (10,53 – 0,41) = 6,1
Der Säuregehalt des Essigs beträgt demnach 6,1 %.

Alkoholgehalt:
AP = 0,47 · 0,70 : 0,50 · (10 + (10,53 − 0,41)) : 10 = 1,3
Der Alkoholgehalt beträgt somit 1,3 % Vol.

Bei der regelmäßigen Kontrolle des Gärverlaufs einer Essiggärung können Sie Ihre Messwerte rechnerisch überprüfen. Die Summe aus Säure- und Alkoholgehalt muss in etwa immer gleich bleiben und entspricht dem Säuregehalt im späteren, vollkommen ausgegorenen Essig.

Beispiel

Kontrolle der Messwerte bei einer laufenden Essiggärung.
Stimmen die Messwerte folgender Messungen?
Messung erster Tag: 4,0 % Säure, 4,6 % Vol. Alkohol
Messung dritter Tag: 4,6 % Säure, 3,7 % Vol. Alkohol
Messung 17. Tag: 8,6 % Säure, 0,0 % Vol. Alkohol
Die Messwerte sind in Ordnung, sie liegen sehr nahe beieinander: Am ersten und 17. Tag beträgt die Summe 8,6 %. Die Messung am dritten Tag hat als Summe 8,3 % ergeben.

Fazit: Der Alkoholgehalt kann während einer laufenden Essiggärung aus dem gemessenen Säuregehalt abgeschätzt werden, wenn die Werte zu Beginn der Gärung bekannt sind. Bei der beschriebenen Startermischung (4 % Säure, 2 % Vol. Alkohol) ist die Summe somit immer 6,0 %.

Dies gilt jedoch nur unter der Voraussetzung, dass sich keine Essigmutter bildet und kein Alkohol verdunstet. Beim Oberflächenverfahren kann die Alkoholverdunstung zumindest größenordnungsmäßig wie beschrieben abgeschätzt werden, der Einfluss der Essigmutterbildung ist leider immer unterschiedlich. Beim Essigreaktor stimmt dieser Zusammenhang hingegen ziemlich genau, da die Alkoholverdunstung zu vernachlässigen ist (ohne Verwendung einer Luftpumpe) und sich keine Essigmutter bildet.

Wird zu einer aktiven Gärung Alkohol zugegeben, verändert sich durch die Zugabe die Summe. In diesem Fall müssen der Säure- und Alkoholgehalt neu bestimmt werden, die Summe gibt dann den neuen Essiggehalt im später ausgegorenen Essig an.

Vergleich unterschiedlicher Messmethoden

Um herauszufinden, welche Messmethode in welchem Maße vom wahren Wert abweicht, haben wir gekauften Waldbeerpunsch (6 % Vol. lt. Etikett) und gekauften Tafelessig (5 % Säure lt. Etikett) 1 zu 1 miteinander vermischt und diese Mischung mit mehreren unterschiedlichen Messmethoden untersucht.

Analyse	Mischung	Gemessener Wert	Wahrer Wert
Vinometer	1 P zu 1 E	5,0 % Vol. Alk.	3,0 % Vol. Alk.
Vinometer	1 P zu 1 W	4,2 % Vol. Alk.	3,0 % Vol. Alk.
Bestimmung nach Schmickl, OHNE Titration	1 P zu 1 E	5,3 % Vol. Alk.	3,0 % Vol. Alk.
Bestimmung nach Schmickl, MIT Titration	1 P zu 1 E	2,6 % Säure, 3,1 % Vol. Alk.	2,5 % Säure 3,0 % Vol. Alk.
Aräometer	1 P zu 1 E	negative Anzeige	3,0 % Vol. Alk.
Essigspindel	1 P zu 1 E	9,0 % Säure	2,5 % Säure
Essigspindel	1 E	5,0 % Säure	5,0 % Säure

▲ Vergleich der Messwerte unterschiedlicher Analysemethoden (P = Waldbeerpunsch, E = Essig, W = Wasser)

Wie in der Tabelle ersichtlich, zeigen die Ergebnisse im Wesentlichen zwei Dinge:

- ▷ Wenn eine Messung einen falschen Wert erzeugt, beträgt die Abweichung vom wahren Wert nicht einige Prozent, sondern ein Vielfaches davon.
- ▷ Durch die Titration bzw. Neutralisation wird die Essigsäure daran gehindert, beim Destillieren zu verdampfen.

Relative Dichtemessungen

Wenn Sie keine Essigspindel haben oder der Extraktgehalt für eine Anzeige zu hoch ist, können Sie auch mit einem anderen Aräometer die Veränderung der Dichte messen. In diesem Fall muss es nicht unbedingt ein echtes Aräometer sein, ein Röhrchen, unten verschlossen und eine kleine Eisenkugel hineingegeben, tut es auch. Wichtig ist auch hier, dass Sie regelmäßig Referenzmessungen durchführen, um Ihre Werte immer abzugleichen. Bei gleicher Essigsorte, mit gleichem Extraktge-

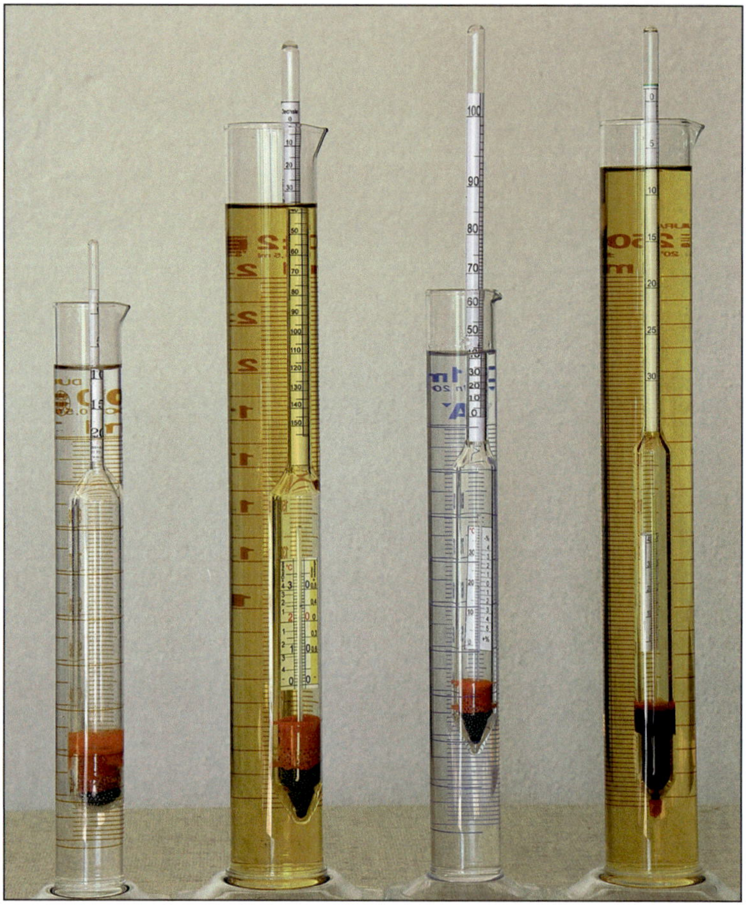

► Mehrere Aräometer, von links: Essigspindel, Oechsle-Waage mit Thermometer (zur Bestimmung der Temperaturkorrektur), Alkoholometer mit Thermometer, Klosterneuburger Mostwaage mit Thermometer

halt, sind die Referenzmessungen auch auf andere Fässer übertragbar.

Bei Essigen mit zu hohem Extraktgehalt für die Essigspindel verwenden Sie stattdessen einfach eine Oechsle-Waage oder eine Klosterneuburger Mostwaage. Beide sind Aräometer für die Messung des Zuckergehalts. Natürlich ist die Anzeige völlig falsch, weil Essig, Alkohol und andere gelöste Feststoffe als Zucker die Dichte ebenfalls beeinflussen. Sie können das Messgerät trotzdem nutzen, indem Sie täglich den Messwert notieren und auf Änderungen zum Vortag achten. So können Sie diese rasch erkennen und entsprechend reagieren. Nach einiger Zeit, wenn die Gärung begonnen hat, ändert sich der abgelesene Wert täglich. Wieder einige Zeit später, wenn sich die Aräometeranzeige nicht mehr verändert, ist die Gärung fast bzw. ganz abgeschlossen.

Kapitel 6 Weiterbehandlung

Der fertige Essig kann nachbehandelt werden, dies ist hinsichtlich seines Geschmacks aber kein absolutes Muss. Denn die Filtration, Schönung usw. dienen vor allem der Optik und besseren Lagerfähigkeit. Gerade bei Spitzenprodukten gibt es aber immer mehr trübe Essige, d.h. ohne Filtration und Schönung. Auf eine Lagerung des fertigen Essigs sollten Sie allerdings nicht verzichten. Wenn Sie Ihren Essig filtrieren, dann immer vor der Lagerung. Nach dem Lagern folgt gegebenenfalls eine Schönung und Endfiltration. Anschließend abfüllen und eventuell pasteurisieren.

Filtration

Um den Essig zu klären, kann er filtriert werden. Es genügt jedoch auch, wenn er mehrere Monate luftdicht gelagert wird. Die Klärung wird oft gewünscht, weil klare Essige bei der Lagerung stabiler sind. Naturtrübe Produkte haben allerdings mehr Aroma.

Im professionellen Bereich, bei größeren Mengen, gibt es die Möglichkeit der Schichten-, Kieselgur-, Membran- oder Sterilfiltration. Bei kleinen Mengen, für eine nicht ganz so feine Filtration eignet sich ein Kaffeefilter perfekt, vor allem wenn man nur die Essigmutter entfernen möchte. Alternativ dazu, für sehr klaren Essig, Faltenfilter Nr. 1 – „Fein für Weine und Spirituosen“ (im Fachhandel erhältlich) verwenden, für eine bessere Filterwirkung zwei Filter ineinander stecken.

▼ Filtration von Fruchtsäften mit Faltenfilter Nr. 1 – Fein. Beide Säfte wurden als Nährsalzquelle und zusätzliche Geschmackskomponente eingesetzt. Links: selbstgepresster Apfelsaft, rechts oben: selbstgepresster Orangensaft, rechts unten: Filtrat des Orangensafts war durchsichtig blass-grün!

Lagerung

Eine Lagerung von ca. zwei bis drei Monaten führt zu einer Qualitätsverbesserung. Bei der Lagerung bilden sich durch den Restalkohol nicht unerhebliche Mengen von Esterverbindungen, welche ein liebliches, blumiges Aroma ergeben. Die Lagerung erfolgt kühl und dunkel unter Luftabschluss, die Lagerflaschen sollten also möglichst voll sein. Durch die Lagerung klärt sich der Essig von selbst, die Bakterien sterben ab und sinken zu Boden. Sie können den gelagerten Essig entweder in (kleinere) Flaschen abfüllen und verbrauchen oder weitere Behandlungsschritte durchführen.

Schönung

Damit der Essig in der Flasche besonders stabil bleibt, bei ungewollten Dunkelfärbungen oder einfach zur Geschmacksverbesserung wird er geschönt. Beispielsweise erzeugen die Gerbstoffe von Birnen einen adstringierend Geschmack auf der Zunge. Durch Schönung werden diese Gerbstoffe entfernt.

Wenn sich ein Bodensatz gebildet hat, ist der Essig vor der Schönung abzuziehen oder zu filtrieren. Sie sollten das Schönungsmittel Ihrer Wahl unbedingt mit einer kleinen Essigprobe testen, weil eine misslungene Schönung das Trübstoffproblem noch verstärken kann.

Es gibt eine Vielzahl von Schönungsmethoden und -mitteln, hier einige Beispiele:

▶ **Gelatine:** Es kommt zur Klärung und dem Entzug gerbender Stoffe, also gegebenenfalls zu einer Geschmacksverbesserung. Ca. 0,1 – 5 g Gelatine pro 10 l Essig verwenden. Die benötigte Menge in ca. 40 °C warmem Wasser oder Essig in einer Konzentration von 10 g/l vorquellen lassen, rühren, bis alles vollständig aufgelöst ist, anschließend die ganze Lösung in den Essig einrühren. Die Gelatinelösung immer frisch ansetzen, weil sie in dieser Form nicht lange haltbar ist. Innerhalb von 24 Stunden sollte sich die Gelatine zusammen mit den Trübstoffen am Boden abgesetzt haben. Wenn dies nicht der Fall ist, ca. 1 g Tannin oder 10 g vorgequollenes Bentonit pro 10 l Essig einrühren.

▶ **Kieselsol:** Bei Verwendung einer fünfzehnprozentigen Kieselsolsuspension beträgt die Dosierung ca. 20 ml je 10 l Essig. Auch das Kieselsol sollte sich innerhalb eines Tages absetzen.

▶ **Kieselsol-Gelatine-Schönung:** Diese Kombination wird oft eingesetzt wegen der unterschiedlichen Ladungen der Schönungsmittel: Kieselsol ist negativ, Gelatine positiv, dadurch flockt eine breitere Palette an Trübstoffen aus. Die Mittel müssen unbedingt nacheinander eingesetzt werden, dabei auf die Reihenfolge achten: Zuerst Kieselsol, erst nach dem Absetzen die Gelatine zugeben. Dosierung wie bei den einzelnen Mitteln angegeben.

▶ **Bentonit:** Dabei handelt es sich um eine quellfähige Tonerde, die im sauren Milieu besonders gut Eiweiß und Bitterstoffe entfernt und deshalb für Essig prädestiniert ist. Dosierung: ca. 10 g je 10 l Essig. Zum Vorquellen Bentonit am besten mit einem Mixer in eine ca. fünffache Wassermenge klumpenfrei einrühren und einige Stunden quellen lassen. Dann überschüssiges Wasser abgießen und unter ständigem Rühren (besser Mixen) dem Essig langsam beigeben. Durch häufiges Rühren das Bentonit ca. zwei bis drei Stunden lang in Schwebe halten. Sobald sich danach alles abgesetzt hat, den Essig vom Bodensatz abziehen.

▶ **Eiweiß:** Vermindert den Gerbstoffgehalt, empfiehlt sich daher besonders für Birnenessig. Dosierung: ca. ein Viertel bis zu einem Drittel des Eiweißes eines Hühnereis pro 10 l Essig. Das im Eiweiß enthaltene Albumin bildet zusammen mit den Gerbstoffen feine Flocken, die sich am Boden absetzen.

▶ **Tiefkühlschönung:** Den Essig einige Tage in die Tiefkühltruhe geben oder im Winter bei Minusgraden nach draußen stellen, danach langsam (!) auftauen lassen. Mit dieser einfachen Behandlung erübrigt sich oft die Zugabe eines Schönungsmittels.

▶ **Zeolithe:** Wegen ihrer negativen Ladung kann mit ihnen gelöstes Eiweiß entfernt werden. Daher ist ein mit dem Reaktor hergestellter Essig, bei Verwendung von Zeolithen als Füllkörper, in der Regel glasklar. Zum Schönen gehen Sie so vor wie beim Entfernen von Fehlgerüchen.

Kohlebehandlung

Wenn der Essig einen dumpfen Geschmack angenommen hat oder einen Fehlgeruch aufweist, kann granulierte Aktivkohle zugegeben werden (auf Lebensmittelechtheit achten, daher am besten „Weinkohle perliert“ verwenden). 2–5 g pro Liter Essig zugeben, rühren, und ab und zu eine kleine Probe filtrieren. Sobald der Geschmack in Ordnung ist, die Kohle absetzen lassen und filtrieren (mit Faltenfilter Nr. 1 – Fein). Sie sollten bedenken, dass Aktivkohle Aroma- und Geschmacksstoffe nicht selektiv bindet, d.h. bei dieser Behandlungsmethode wird auch gewünschter Geruch bzw. Geschmack entfernt.

Abfüllen

Füllen sie den Essig in gereinigte, trockene Flaschen ab. Die Flaschen sollten möglichst voll sein, damit kaum Luft hinzukommt. Danach die Flaschen sofort verschließen. Als Verschluss können Korken, PE/PP-Kunststoffverschlüsse oder Metallschraubverschlüsse mit Dichtblättchen verwendet werden.

▲ Korken, Schraubverschlüsse, Schrumpfkappen

Möchten Sie den Essig verkaufen, müssen die Flaschen entsprechend gekennzeichnet sein (siehe Seite 201).

Pasteurisieren

Die gefüllten und verschlossenen Essigflaschen langsam im Wasserbad auf 60–70 °C erhitzen. Die Flaschen zur Sterilisation des Korkens in das Bad legen, nicht stellen. Damit die Flaschen beim Erhitzen nicht platzen, genügend Luftraum im Hals freilassen, dann sind keine speziellen Verschlüsse notwendig. Die Abkühlung sollte so rasch wie

▲ Fertig abgefüllter Essig

möglich erfolgen, am besten durch Kühlung im Wasser- oder Eisbad. Auch wenn noch so rasch gekühlt wird, führt das Erhitzen doch zu einer geschmacklichen Veränderung. Eigentlich ist das Pasteurisieren von Essig nicht erforderlich, da sich diese Essige ohnehin halten wie anfangs im Buch beschrieben. Warum wird dann großtechnisch hergestellter Essig generell immer pasteurisiert? Weil sich dann Trübungen bilden könnten und das Produkt vom Endverbraucher nicht mehr angenommen wird …

Färben, Konservieren

Essig darf nur mit gebranntem Zucker und Lebensmittelfarbstoffen gefärbt werden. Eine Rotfärbung erreicht man auch mit Heidel- oder Holunderbeerensaft. Es dürfen keine Konservierungsmittel und keine fremden Säuren zugesetzt werden.

Kapitel 7 Rezepte

Nach den Rezepten zur Herstellung von Essig aus selbst vergorenen Maischen folgen Rezepte für den Einsatz von Kräutern und Gewürzen als Füllkörper im Essigreaktor. Da der Balsamessig in seiner Herstellung einzigartig ist, wurde diesem Thema ein eigenes Kapitel gewidmet. Schließlich sind noch Rezepte für Ansatzessige aufgeführt: Hierbei wird einem fertigen Essig durch Zugabe von Früchten, Kräutern und Gewürzen ein ganz spezielles Aroma verliehen.

▼ Einige Beispiele von Früchten, Kräutern und Gewürzen für selbsthergestellten Essig. Zusätzlich sind beispielhaft notwendige Gerätschaften und eine Essigmutter zum Impfen abgebildet.

Gärungsessig

Beim Gärungsessig wird wie bereits beschrieben aus einem zucker- oder stärkehaltigen Rohstoff zuerst Alkohol gewonnen. Eine ausführliche Anleitung zur Herstellung von qualitativ hochwertigen Maischen finden Sie ab Seite 28. Der Alkoholgehalt in der ausgegorenen Maische muss mindestens 5,5 % Vol. betragen, andernfalls kann der Essig anschließend keinen Säuregehalt von mindestens 5 % erreichen. Möchten Sie Produkte einmaischen, die diese Alkoholkonzentration aufgrund eines zu geringen Eigenzucker- bzw. Stärkegehalts nicht erreichen können, ist eine hochgradige Maische anzusetzen. Der gebildete Alkohol kann anschließend entweder nach dem Oberflächenverfahren oder dem Fesselverfahren zum Essig weitervergoren werden.

Ananasessig Für die Maische müssen die Früchte sehr ausgereift sein. Vor dem Einmaischen unbedingt abschälen. Von frischen Ananasfrüchten aus dem Supermarkt ist abzuraten. Da diese unreif geerntet werden und erst beim Lagern ausreifen, sind sie nicht besonders geschmackvoll. In unseren Breitengraden sollten für geschmackvollen Ananasessig daher besser Kompotte vergoren werden.

Apfelessig Für die Herstellung eines geschmackvollen Essigs eignen sich vor allem sehr aromatische Früchte mit rot-gelber Schale und gelbem Fruchtfleisch. Grüne, saure Äpfel erzeugen weniger Geschmack. Das Gehäuse ist bei der Vergärung nicht zu entfernen, die Stängel hingegen schon. Im Unterschied zum

Mostessig wird hier also die gesamte (zerkleinerte) Frucht vergoren, nicht nur der Saft.

Um dem Essig eine spezielle Note zu verleihen, können Sie der Apfelmaische vor der Gärung auch Gewürze zugeben. Hier einige Beispiele für 10 l Maische, Mischungen sind natürlich auch möglich: fünf Orangen in Scheiben, zwei Zitronen in Scheiben, 500 g Zitronenmelisseblätter, 200 g getrocknete Enzianwurzel, ca. 300 – 500 g getrocknete, ganze Wacholderbeeren usw.

Aprikosenessig (Marillenessig) Die Aprikosensteine vor dem Einmaischen unbedingt entfernen, sonst überdeckt der Marzipan- den Fruchtgeschmack. Achten Sie unbedingt auf vollreifes Obst, sonst wird der typische Fruchtgeschmack fehlen.

Bananenessig Früher wurden in den Herkunftsländern überreife, beschädigte Bananen, die nicht mehr verschifft bzw. exportiert werden konnten, im großen Stil zusammen mit der Schale zu Essig verarbeitet. Dies sollten Sie im Hobbybereich allerdings nicht machen. Verwenden Sie überreife, aber keinesfalls faule, angegorene oder beschädigte Früchte. Schälen Sie die Früchte vor dem Einmaischen, zermatschen Sie sie und geben Sie ca. ein Drittel an Volumen Wasser dazu.

Bieressig Bier hat für Speiseessig bereits den richtigen Alkoholgehalt und kann direkt der Essiggärung unterzogen werden. Es gibt eine große Bandbreite an Geschmacksrichtungen. Die Essige geben die jeweilige Geschmacksnote wieder. Vor der Essiggärung das Bier schütteln oder mixen, um die Kohlensäure zu entfernen.

Birnenessig Verwenden Sie aromatische Früchte wie Williams-, Most-, Kletzen- oder Weinbirnen. Harte Birnen vor dem Einmaischen ein paar Tage liegen lassen, damit sie saftig und weich werden. Stängel vor dem Einmaischen entfernen, das Kerngehäuse kann bleiben. Die Früchte gut zerkleinern. Je nach Sorte hat der Birnenessig einen sehr herben, zusammenziehenden Geschmack. Diesen können Sie durch Schönen entfernen.

Brombeeressig Natürlich können Sie auch aus Brombeerwein einen guten Essig machen. Die Arbeit ist aber sehr aufwendig, und es ist fraglich, ob sich dieser Arbeitsaufwand im Verhältnis zum Ergebnis lohnt. Wegen des geringen Zuckergehalts muss die Maische außerdem noch hochgradig angesetzt werden. Ein Brombeeressig als angesetzter Fruchtessig ist hier fast sinnvoller.

Erdbeeressig Ein wunderbares Aroma ergeben Maischen aus Walderdbeeren. Es ist jedoch sehr mühselig, die notwendige Menge zu ernten. Im Supermarkt erhältliche Erdbeeren sind für ein gutes Aroma viel zu wässrig, es eignen sich eventuell sehr geschmacksintensive Gartenerdbeeren. Auch hier ist es meist sinnvoller, einen Ansatzessig zu machen, stehen doch meist nicht ausreichend geschmacksintensive Früchte zur Verfügung.

Feigenessig Grüne oder getrocknete Feigen können mit Wasser im Verhältnis 1:1 eingemaischt werden. Achten Sie darauf, dass die fertige Maische rasch weiterverarbeitet wird, ansonsten können die vielen kleinen Kerne einen bitteren Geschmack verursachen.

Sollten nur wenige Früchte zur Verfügung stehen, bietet sich alternativ zum Einmaischen ein Ansatzessig aus Feigen an. Dieser ist ebenfalls sehr aromatisch.

Gemüseessig Als Grundlage für den Essig kann auch Gemüse vergoren werden, wie z.B. Tomaten, Paprika, Gurken, rote Rüben, Kürbis oder Zucchini. Dafür das Gemüse gut zerkleinern und als hochgradige Maische verarbeiten.

Wegen des sehr geringen Zuckergehalts von Gemüse ist die alkoholische Gärung nur durch Zuckerzugabe möglich. Eindicken, wie im Kapitel zur hochgradigen Maische ebenfalls beschrieben, ist nicht zielführend.

Getreideessig Das Korn vor der Alkoholvergärung fein mahlen, Sie können natürlich auch fertiges Mehl verwenden. Allerdings tritt das sehr intensive, typische Kornaroma beim frisch gemahlenen Mehl viel deutlicher hervor. Getreide enthält keinen Zucker, sondern Stärke, die Maische also wie für Stärkeprodukte beschrieben einmaischen.

Granatapfelessig Die Früchte entweder auspressen und nur den Saft verwenden, oder das Innere der Frucht auslöffeln. Durch die Kerne entsteht eine leicht kaffeeartige Geschmacksnote. Beim Zermatschen darauf achten, dass so wenig Kerne wie möglich zerstört werden, sonst schmeckt der Essig bitter. Hochgradig vergären, sonst ist der Zuckergehalt für 5 % Säure im fertigen Essig zu gering.

Hagebuttenessig Vollausgereifte Früchte ernten, Blüten- und Stielansatz entfernen, halbieren, danach die Kerne entfernen. Wenn das verbliebene Fruchtfleisch zum Pürieren zu hart ist, ca. eine Stunde lang weich kochen. Anschließend fein pürieren und durch ein Sieb streichen oder mit der Flotten Lotte verarbeiten. Das ausgekühlte Hagebuttenmark zusammen mit der gleichen Menge Wasser als hochgradige Maische ansetzen.

Himbeeressig Die Himbeeren sind sehr geschmacksintensiv und verleihen dem Essig einen wunderbaren Geschmack. Achten Sie auf vollausgereifte Früchte. Die Maische sollte nach Gärende rasch weiterverarbeitet werden, da die vielen kleinen Kerne sonst einen bitteren Geschmack erzeugen. Wegen des verhältnismäßig geringen Zuckergehalts ist auch hier nur der hochgradige Ansatz sinnvoll.

Holunderbeerenessig Zum Entfernen der Stängel geben Sie die gewaschenen, ganzen Dolden in das Gärfass und bearbeiten das Ganze mit einer Bohrmaschine und aufgestecktem Rühraufsatz zum Anrühren von Farben (in Baumärkten erhältlich). Die Stiele und Stängel lösen sich beim Umrühren von den Beeren und bleiben im Aufsatz hängen. Holunderbeeren enthalten wenig Zucker, daher hochgradig einmaischen.

Johannisbeerenessig (Ribiselessig) Die schwarzen Beeren sind deutlich geschmacksintensiver als die roten. Die Stängel vor dem Einmaischen komplett entfernen. Der Alkoholgehalt der Maische wäre eigentlich für das Erreichen einer sinnvollen Essigkonzentration zu gering. Aufgrund des hohen Säuregehalts der Frucht ist ein hochgradiger Ansatz aber nicht unbedingt erforderlich.

Kartoffelessig Die Kartoffeln schälen und zerkleinern. Bei größeren Mengen ist ein Häcksler sinnvoll, kleine Mengen können z.B. auch mit einem Entsafter (elektrische Saftzentrifuge) verarbeitet werden. Nach dem Zerkleinern die festen Rückstände und den Saft wieder vermischen. Die Maische wie bei Getreide ansetzen, weil auch die Kartoffel keinen Zucker, sondern Stärke enthält.

Weil Stärke sich beim Einfrieren teilweise zu Zucker abbaut, wurden Kartoffeln früher dem Frost ausgesetzt und danach eingemaischt, um Kartoffelschnaps (Wodka) herzustellen. Der Zuckergehalt ist bei dieser Methode jedoch sehr gering. Es ist daher sinnvoller, mit Amylase oder aktivem Malz die Stärke abzubauen.

Kirschessig Maischen Sie die Früchte zusammen mit den Kernen ein. Letztere dürfen dabei aber keinesfalls zerstört werden. Die Kirschen also nicht in den Häcksler o.Ä. geben, sondern z.B. mit Gummistiefeln in einer Kunststoffwanne zerquetschen. Kein bzw. kaum Wasser zugeben (Verflüssiger jedoch sehr wohl), um den Geschmack nicht zu strecken. Sauerkirschen (Weichseln) sind im Allgemeinen geschmackvoller als Süßkirschen. Es gibt jedoch auch sehr geschmacksintensive Süßkirschsorten.

Kirschpflaumenessig Kirschpflaumen sind nicht dasselbe wie Kriecherln bzw. Zibarten, obwohl sie oft damit verwechselt werden. Einmaischen wie unter Zwetschgenessig beschrieben.

Kriecherlessig (Kriechen-Pflaumenessig) Kriecherl ist eine Wildpflaumenart, auch unter den Namen Zibarte, Ziparte, Ziberl, Zibärtle, Zibertle usw. bekannt. Einmaischen wie unter Zwetschgenessig beschrieben.

Malzessig So wie süßer Senf zur bayerischen Weißwurst gehört, gehört hellbrauner Malzessig aus Gerste zu den britischen Fish ’n’ Chips. Die Farbe entsteht durch Zugabe von Karamell nach der Reifung des Essigs. Diese Essigspezialität können Sie wie folgt selbst herstellen:

Das gereinigte, noch keimfähige Getreide (z.B. Gerste, Weizen) in einem Gefäß mit Wasser übergießen, bis das schwimmende, taube bzw. beschädigte Material abgeschöpft werden kann. Danach das Wasser abgießen. Vorgang dreimal wiederholen, beim dritten Mal das Getreide ca. sechs Stunden im Wasser belassen. Anschließend die abgetropften Körner auf ein Backblech geben, mit wenig Wasser bespritzen und mit einem Tuch abdecken. Die Temperatur sollte bei ca. 15 °C liegen. Um Schimmelbildung zu vermeiden, das Tuch dreimal täglich ein paar Minuten lang abnehmen, ggf. mit einem Wasserzerstäuber wieder befeuchten. Nach drei bis vier Tagen beginnt die Keimung, zwei bis drei Tage später ist sie abgeschlossen.

Die Keimlinge bei ca. 50 °C für zwei Stunden im Backofen, nach Möglichkeit mit Heißluft, trocknen. Nicht über 80 °C erhitzen, sonst werden die beim Keimen gebildeten Enzyme zerstört, welche die Stärke in Zucker umwandeln. Wird über Torffeuer getrocknet, entsteht der typisch rauchige (jodige) Geschmack eines Single Malt Whiskys von Islay bzw. den anderen schottischen Inseln.

Anschließend fein mahlen und mit 50 °C warmem Wasser vermischen. Für 1 kg Malz brauchen Sie 5 l Wasser. Da durch den Keimungsprozess aus der Stärke Zucker entstanden ist, kann dieses Gemisch nach dem Abkühlen wie eine herkömmliche Maische vergoren werden. Die hochgradige Variante ist selbstverständlich auch möglich.

Mangoessig Die Früchte schälen, Fruchtfleisch vom Stein lösen, zermatschen, Wasser (ca. 1/3 des Breivolumens) zugeben und einmaischen.

Marillenessig Siehe Aprikosenessig.

Melasseessig Melasse ist brauner Zuckersirup, ein Rückstand bei der Zuckerherstellung. Geschmacklich kommt vor allem Melasse aus Zuckerrohr in Frage. Essig aus Rübenmelasse schmeckt und riecht sehr schlecht, er wurde früher daher nur für technische Zwecke benutzt. Heute wird dieser Essig kaum noch produziert. Da die Melasse ca. 60 % Zucker enthält, muss sie vor der Gärung mit Wasser verdünnt werden.

Für den herkömmlichen Gäransatz und fertigen Essig mit ca. 5 % Säure lösen Sie 200 g Melasse pro Liter warmes Wasser auf und vergären diese Lösung nach dem Abkühlen (unter 24 °C). Für den hochgradigen Ansatz verwenden Sie dreimal 216 g Melasse pro Liter. Verflüssiger ist in beiden Fällen nicht notwendig.

Metessig Erwärmen Sie den Honig auf ca. 50 °C und vermischen Sie diesen mit 50 °C warmem Wasser. Das Mengenverhältnis hängt wieder davon ab, ob Sie herkömmlich oder hochgradig einmaischen möchten. Vor der Hefezugabe unter 24 °C abkühlen lassen.

Herkömmliche Variante für fertigen Essig mit ca. 5 % Säure: 150 g Honig je Liter Wasser durch Rühren vollständig auflösen. Hochgradige Variante: dreimal 163 g Honig je Liter. Verflüssiger ist in beiden Fällen nicht notwendig.

Mirabellenessig Einmaischen wie unter Zwetschgenessig beschrieben.

Mispelessig Die reifen Früchte im Spätherbst ernten. Hochgradig vergären, weil der Zuckergehalt für 5 % Säure im fertigen Essig sonst zu gering ist.

Molkeessig Molke enthält ca. 4,5 % Milchzucker, der ebenfalls zu Alkohol vergoren werden kann. Allerdings entstehen dabei nur ca. 2–3 % Vol. Alkohol. Für 5 % Säure im fertigen Essig müssen deshalb noch ca. 60 g Zucker je Liter Molke zugegeben werden, oder Sie dicken die Molke bei ca. 70 °C auf die Hälfte ihres Volumens ein.

Mostessig Hausgemachter Mostessig ist in Österreich eine sehr gebräuchliche Essigsorte, die Qualitätsunterschiede sind jedoch enorm. Je nach Region wird nur Apfelmost oder ein Gemisch aus Äpfeln und Birnen verwendet. Nicht verwechseln mit Traubenmost! Der österreichische Begriff „Most" bezieht sich nur auf vergorenen Apfel- und / oder Birnensaft. Zum Einmaischen das Obst auspressen und nur den Saft vergären.

Das Aroma ist beim Apfelessig aus der Maische intensiver, da bei diesem die gesamten Früchte mit der Schale vergoren werden und die meisten Aromastoffe in der Schale enthalten sind.

Nussessig Nüsse können Sie ohne Schalen klein reiben und mit Wasser im Verhältnis 1:1 hochgradig einmaischen. Dabei Zucker zugeben, weil in der Maische sonst kein Zucker enthalten ist. Den nussigen Geschmack können Sie jedoch sehr gut auch über das Ansetzen von Essig erreichen. Die Herstellung der Maische ist sehr aufwendig und man benötigt große Nussmengen.

Pfirsichessig Die Kerne müssen vor dem Einmaischen entfernt werden, da sich diese sehr leicht öffnen. So wenig Wasser wie möglich zugeben, denn das Pfirsicharoma ist sehr dezent.

Quittenessig Die Früchte mit einem Häcksler gut zerkleinern und mindestens ein Drittel der Fruchtbreimenge Wasser zugeben, sonst wird die Maische zu fest. Für einen intensiveren Geschmack können Sie die Früchte vor dem Einmaischen auch würfelig schneiden und weichkochen.

Reisessig Japanischer Reisessig enthält üblicherweise nur 3–4 % Säure. Nicht weil kein höherer Säuregehalt möglich wäre, sondern weil in dieser Region ein milderer Essig bevorzugt wird. Bei der asiatischen Reisweinherstellung wird der rohe Reis zuerst poliert, wobei die harte äußere Reisschale zum Teil abfällt. Sie können dies durch leichtes Klopfen des Reises in einem Geschirrtuch nachahmen. Dann den Reis waschen, ca. sechs Stunden in Wasser einweichen und ca. 45 Minuten lang dämpfen. Da Reis ein stärkehaltiges Produkt ist, entsprechend einmaischen. In Japan wird zur Herstellung von Reiswein (Sake bzw. Nihonshu) die Stärke nicht mit Malz in Zucker umgewandelt, sondern mit einem speziellen Schimmelpilz (Kōji).

Rosinenessig Rosinen bzw. die Unterarten Sultaninen und Korinthen, sind an der Luft und Sonne getrocknete Weintrauben. Zwar ist in getrockneter Form immer noch der gesamte Zucker der Traube enthalten, er lässt sich für die Gärung jedoch nicht so einfach nutzen wie bei frischen Weintrauben, weil er sich nur schwer auflöst. Deshalb geben wir unten auch zwei Rezepte an: Bei der ersten Variante wird Zucker zugegeben, während bei der zweiten der Zucker der Rosinen durch mehrere Aufgüsse aufgelöst wird.

► Rosinen gründlich waschen (um eventuelle Konservierungsmittel zu entfernen, die bei der Gärung stören könnten), abseihen, in heißem Wasser leicht anquellen lassen, Wasser abgießen. Rosinen fein zerkleinern, genauso viel Wasser zugeben und hochgradig vergären. Wenn Sie keinen hochgradigen Ansatz möchten, geben Sie 120 g Zucker je Liter Rosinen-Wasser-Gemisch zu, um ca. 5 % Säure im fertigen Essig zu erreichen.

► Rosinen gründlich mit kaltem Wasser waschen, abseihen, fein zerkleinern. Mit kochendem Wasser (Gewicht entspricht dem der Rosinen) übergießen, Temperatur für mehrere Stunden bei ca. 80 °C halten. Schon der erste Auszug ist ein sehr zuckerhaltiger Extrakt, ca. 50 % der Flüssigkeit wird in den Beeren zurückgehalten. Am nächsten Tag wieder abseihen, den Auszug aufheben und erneut die gleiche Menge kochendes Wasser wie am Vortag zugeben. Den darauffolgenden Tag den zweiten Aufguss abnehmen (geringere Konzentration, aber größere Menge). Das dritte Mal mit der doppelten Wassermenge wie bisher aufgießen. Die drei Auszüge werden vereinigt und vergoren, das Ergebnis ist Rosinenwein. Die Hefe absetzen lassen, den Wein abziehen, filtrieren und zu Essig weiter vergären.

Schlehenessig Einmaischen wie unter Zwetschgenessig unten beschrieben.

Tresteressig Wenn Sie den Pressrückstand (Trester), welcher bei der Weinherstellung anfällt, verwenden, wird der Essig im Vergleich zu einem Weinessig eher geschmacksarm und wegen der zerquetschten Kerne bitter.

Den Pressrückstand 1:1 mit Wasser aufschlämmen und hochgradig vergären. Alternativ, für ca. 5 % Säure im fertigen Essig, statt der angegebenen dreifachen Zuckerzugabe nur einmal 120 g Zucker je Liter zugeben und ausgären lassen.

Statt Wasser kann auch Wein oder Traubensaft verwendet werden, wodurch das Aroma verbessert wird.

Vogelbeeressig Die Beeren von den kleinen Stängeln befreien und gut zermatschen. Der Maische müssen Sie Zucker zugeben, andernfalls erreichen Sie nicht den erforderlichen Alkoholgehalt, da beim Eindicken zu viele Bitterstoffe freigesetzt werden. Es ist empfehlenswert, mit einem hochgradigen Ansatz zu arbeiten, sonst wird der Essiggeschmack nicht intensiv genug.

Wacholderessig Reiner Wacholder als Maische wird eher selten angesetzt. Üblicherweise werden zu einer Apfelmaische Wacholderbeeren gegeben (siehe Apfelessig-Rezept oben).

Falls Sie dennoch nur reine Wacholderbeeren einmaischen möchten: Zu ganzen Wacholderbeeren (frisch oder getrocknet) die gleiche Menge Wasser geben und hochgradig vergären. Geschrotete Beeren sollten Sie nur verwenden, wenn Sie einen sehr intensiven harzigen Geschmack im Essig wünschen. Da der Ansatz so gut wie keinen Zucker enthält, nicht eindicken, sondern Zucker zugeben. Für einen herkömmlichen Ansatz 120 g Zucker je Liter zugeben, dann werden im fertigen Essig ca. 5 % Säure erreicht.

Weinessig Im Gegensatz zu den sonstigen Essigsorten hat Weinessig üblicherweise einen Säuregehalt von 6 % Säure.

Am einfachsten können Sie Weinessig aus ungeschwefeltem, fertigem Wein herstellen. Dazu den Wein 1:1 mit Wasser oder Traubensaft verdünnen und zu Essig vergären.

Der Geschmack wird jedoch wesentlich intensiver, wenn Sie Weintrauben unfiltriert, wie jedes andere Obst auch, vergären, entweder herkömmlich oder hochgradig. Achten Sie darauf, nicht allzu viele Kerne beim Zermatschen zu zerstören, sonst könnte die Maische bitter werden. Wasserzugabe ist nicht erforderlich. Für einen Essig mit starkem Aroma eignen sich vor allem geschmacksintensive Traubensorten wie z.B. Muskateller, Gewürztraminer (beide für Weißweinessig) oder Merlot (Rotweinessig).

Zuckerrüben- / Zuckerrohressig Die Rüben waschen und fein zerschneiden. Mit der gleichen Menge kochendem Wasser überbrühen, nach dem Erkalten herkömmlich vergären lassen.

Zuckerrohr mit einer Walze auspressen, und den zuckerhaltigen

Saft herkömmlich vergären. Wegen der geringen Säure des Safts kann es zu Problemen bei der alkoholischen Gärung kommen. Deshalb keinesfalls die korrekte Einstellung des pH-Werts vergessen.

Zwetschgen-, Pflaumenessig

Die Früchte mit den Steinen zermatschen, darauf achten, dass die Steine nicht zerstört werden. Kaputte Steine unbedingt entfernen. Sehr aromatisch sind Hauszwetschgen, die überreif und schon leicht runzelig geerntet werden. Auch die dunkelblauen Kriecherln ergeben ein sehr intensives Aroma. Bei Pflaumen sollten Sie auf aromatische Sorten achten, die meisten sind im Geschmack eher wässrig.

▲ Von links nach rechts: Kriecherl, Zwetschge, Pflaume.

Gärungsessig mit Aromapackung

Die Herstellung dieser Essigart ist nur mit dem Fesselverfahren möglich. Dabei werden neben den geschmacksneutralen Füllkörpern auch aromagebende Stoffe in den Reaktor gegeben. Je nach gewünschter Geschmacksintensität und abhängig vom jeweiligen Produkt, können ca. 10–90 % des Reaktorvolumens mit Kräutern, Gewürzen, Dörrobst usw. befüllt werden. Der Gärungsessig mit Aromapackung bzw. Fesselgärungsessig ist also weder ein reiner Gärungsessig noch ein Ansatzessig, der weiter unten beschrieben wird.

Dadurch, dass der aktiv gärende Essig in regelmäßigen Abständen über die aromatischen Füllkörper versprüht wird, siedeln sich die Essigbakterien in der Regel auch darauf an. Der Fermentationsprozess findet also direkt auf dem Pflanzenmaterial statt, wobei wie beim Gärungsessig Geschmacks- und Aromastoffe freigesetzt werden, jedoch mit einem Unterschied: Dies tritt hier bei der Essiggärung, also der zweiten Gärungsstufe, auf und nicht nur bei der ersten, der alkoholischen Gärung, wie beim reinen Gärungsessig. Bei Letzterem wird in der zweiten Gärungsstufe „nur“ noch der Alkohol in Essig umgewandelt, die Geschmacks- und

Aromastoffe stammen ausschließlich aus der Maische. Weil diese vor der Essiggärung überdies noch filtriert wird, ist mehr oder weniger garantiert, dass der Geschmack nicht mehr zunimmt. Bei der Fesselgärung kann jedoch auch bei einer geschmacksintensiven Maische der Geschmack noch gesteigert werden.

Der Fesselgärungsessig unterscheidet sich geschmacklich auch vom Ansatzessig, weil der Geschmackübertrag, wie beschrieben, nicht allein auf Extraktion (dem Herauslösen bestimmter Substanzen durch ein Lösemittel) beruht. Neben den Geschmackskomponenten eines Ansatzessigs enthält der Fesselgärungsessig dadurch eine zusätzliche Geschmacksnote.

Die Essigbakterien müssen sich auf den aromatischen Füllkörpern ansiedeln (an der höheren Reaktortemperatur erkennbar), damit sich der Geschmack im Essig vollständig ausbilden kann. Bei sehr geschmacksintensivem Material tritt öfter der Fall auf, dass der Fesselgärungsessig wegen der Extraktion zu Beginn der Gärung bitter schmeckt. Der bittere Geschmack baut sich nach ca. zwei Wochen Gärzeit jedoch wieder ab. Dieses Phänomen zeigt ebenfalls, dass beim Fesselverfahren mehr geschieht als bloße Extraktion.

Wie groß der Anteil aromatischer Füllkörper im Reaktor sein soll, hängt von der gewünschten Geschmacksintensität des fertigen Essigs ab. Die untersten 5 cm des Reaktors sollten jedoch als Basis für die Besiedelung der Bakterien im aromatischen Teil mit aktiven, geschmacksneutralen Füllkörpern gefüllt sein. Hierfür eignen sich anorganische Füllkörper, insbesondere Zeolithe, am besten, weil diese Schicht dann auch eine filtrierende Wirkung hat. Die kleinen Teile der darüber liegenden aromatischen Füllung werden dadurch zurückgehalten und somit in den Sprühphasen nicht in den Gärmedium-Behälter gespült.

Natürlich kann beim üblichen Säuregehalt von ca. 5–6 % die Gärung beendet werden. Es ist jedoch durchaus sinnvoll, durch Zugabe von Obstbrand oder hochgradiger Maische bis auf ca. 10 % Säure oder mehr zu gehen, wobei mindestens drei Viertel des Reaktors mit aromatischen Füllkörpern befüllt sind. Der Geschmack und das Aroma sind dann derart intensiv – schon beim Öffnen verströmt die Essigflasche einen starken Duft im ganzen Raum –, dass zum Würzen nur noch wenige Tropfen davon notwendig sind.

Sollten Sie dennoch die Gärung bei 5–6 % Säure beenden, ist die Gärdauer viel kürzer. Es genügt dann, wenn der Reaktor maximal nur zu ca. einem Drittel oder Viertel mit aromatischen Füllkörpern befüllt ist, sonst wird der Essig eventuell bitter.

Bei Trockenfrüchten und Dörrobst besteht diese Gefahr jedoch

► Beispiele einiger Aromapackungen. Links: Orangenschalen, Mitte: geschrotete, getrocknete Wacholderbeeren, rechts oben: Zirbelkiefer (Zirbentriebe), rechts unten: Durch die Wacholderbeeren wird der Essig dickflüssig und braun.

nicht. In diesem Fall sollte der Reaktor daher immer mindestens zu drei Vierteln befüllt sein, auch wenn nur 5–6 % Säure erzeugt wird. Der Essig wird nicht bitter, das Gegenteil tritt auf: Er wird milder, weil der Zucker wesentlich besser herausgelöst wird als beim Ansatzessig. Auch wenn die Früchte nur sehr wenig Zucker enthalten, ist der Essig vollmundiger und weicher als bei einem reinen Ansatzessig.

Vorgehensweise

Bereiten Sie ein Gärmedium mit 2 % Säure und 4 % Vol. Alkohol zu, um die Gärung zu starten. Wie im Kapitel 4 beschrieben, schützt das umgekehrte Verhältnis (4 % Säure, 2 % Vol. Alkohol) zwar besser vor Schimmel, Fehlgärungen usw., jedoch ist bei einem Reaktor diese Gefahr nicht sehr groß, insbesondere bei eingesäuerten Füllkörpern. Bei Aromapackungen überwiegt jedoch der Vorteil einer längeren Gärzeit, die sich aus 4 % Vol. Alkohol ergibt. Das Material wird besser aufgeschlossen und somit gehen mehr Geschmacksstoffe in den Essig über. Selbstverständlich kann im Zweifel trotzdem mit 4 % Säure und 2 % Vol. Alkohol gestartet und während der Gärung Alkohol nachgegeben werden, um den End-Säuregehalt zu steigern und damit die Gärzeit ebenfalls zu verlängern.

Den Reaktor wie beschrieben zusammenbauen und zumindest 5 cm hoch mit eingesäuertem, anorganischem Material, z. B. Zeolithen, befüllen. Den Rest mit den zerkleinerten Kräutern, Gewürzen, Früchten usw. auffüllen. Die Korngröße sollte zwischen 0,5 und 2,5 cm liegen, um einen ungehinderten Flüssigkeitsablauf bzw. eine ungehinderte Luftströmung zu gewährleisten. Bei sehr intensiven Gewürzen ist es geschmacksabhängig oft empfehlenswert, weit mehr Zeolithe und entsprechend weniger organisches Material zu verwenden oder eine Mischung aus beidem, so wie bei feineren Materialien (z. B. kleine Samen) oder weichen Früchten.

Reaktor verschließen und Gärung starten.

Wichtig: Die aromatischen Füllkörper nur im Bedarfsfall waschen, aber auf keinen Fall auskochen oder einsäuern! Durch eine solche Behandlung würden die Geschmacksstoffe großteils entfernt.

Prinzipiell können Sie alle Kräuter, Gewürze, Hölzer und jede Frucht (getrocknet oder frisch) für die Fesselgärung verwenden. Bei frischen Früchten ist die Geschmackssteigerung, abhängig von der jeweiligen Frucht, manchmal jedoch nicht so intensiv wie erhofft. In dem Fall führen Trockenfrüchte oft zu einem besseren Ergebnis.

Früchte, frisch: Beeren, Stein- und Kernobst Insbesondere bei weichen Beeren darauf achten, dass die Früchte ganz sind. Bei z.B. zerkleinerten Himbeeren besteht die Gefahr, dass der Reaktor verstopft und das Gärmedium nicht mehr durchrieseln kann. Tiefgefrorene Himbeeren vor dem Einsatz auftauen, hier auch nur ganze Früchte verwenden. Die aufgetauten Früchte erst in den Reaktor geben, wenn sie 25 °C warm sind. Sind die Früchte zu kalt, bekommen die Essigbakterien einen Temperaturschock und die Gärung kann zum Stillstand kommen.

Stein- und Kernobst in Würfel schneiden. Wenn Sie bei Steinobst die Steine verwenden, diese nicht zerstören.

Hölzer: z.B. Buche, Eiche Frische Buchenholzspäne ergeben im Essig einen starken Holzgeschmack. Achten Sie dabei auf gute Holzqualität

► Buchenholzspäne werden traditionell in gerollter Form eingesetzt. Es eignen sich jedoch auch Chips wie hier im Bild.

und darauf, dass die Späne nicht mit Chemikalien behandelt wurden. Auch andere Holzarten oder geröstetes (getoastetes) Holz können für die Aromatisierung des Essigs verwendet werden.

Kaffee Geröstete Kaffeebohnen möglichst grob zerstoßen in den Reaktor geben. Fertig gemahlener Kaffee gibt keinen guten Geschmack ab.

Kräuter, Heublumen Sie können Kräuter sowohl sortenrein als auch in Mischung verwenden. Bevor Sie sie in den Reaktor geben, nicht allzu fein zerkleinern. Trockene Kräuter oder Heu können auch verwendet werden. Allerdings sollten Sie bedenken, dass der Geschmack dann ein wenig holziger ist als bei frischem Material.

Unlängst haben wir zur Essigherstellung eine sehr grob zerkleinerte, tiefgefrorene Kräutermischung aus dem eigenen Garten verwendet, Schüttvolumen: 5 Liter. Die Kräuter wurden auf Packpapier ausgebreitet, etwa 2 Stunden später war alles aufgetaut. Der Reaktor wurde zuerst 5 cm hoch mit eingesäuerten Zeolithen und anschließend mit den aufgetauten (ungewaschenen) Kräutern befüllt. Das Ergebnis war derart vorzüglich, dass wir zwei Wochen später das Ganze wiederholen mussten; unsere Verwandten haben den kompletten ersten Ansatz schlichtweg aufgebraucht.

Nadelhölzer: z.B. Tannen, Fichten, Zirbelkiefer Sie können die hellgrünen, noch weichen Zirbelkiefertriebe (Zirbentriebe), die im Juni geerntet werden (hellgrüne Triebe der anderen Nadelhölzer, in geringeren Höhenlagen, entsprechend früher), oder auch weiche Zirbenzapfen verwenden. Die Zapfen klein schneiden, die Triebe mit der Schere in Stücke schneiden. Sie können auch die Triebe und Zapfen von anderen Nadelbäumen verwenden, wie z.B. Fichte, Tanne oder Lärche.

Trockenfrüchte, Dörrobst, Nüsse, Kürbiskerne Es können alle Arten von getrockneten oder gedörrten Früchten verwendet werden, z.B. Dörrpflaumen, Rosinen, getrocknete Aprikosen, Apfelringe, Feigen, Bananen, Cranberries oder Berberitze. Wie bereits beschrieben, wird der Essig bei getrockneten Früchten nicht nur geschmackvoller, sondern auch milder, da während der Gärung der Zucker herausgelöst wird. Ansonsten gelingt das nur durch langwieriges Einweichen. Darauf achten, dass die getrockneten Früchte unbehandelt sind, also nicht geschwefelt wurden, ansons-

ten die Früchte sehr gut waschen, sonst könnte es bei der Gärung Probleme geben. Größere Teile in Würfel schneiden (ca. 0,5–1 cm).

Kleine Nüsse direkt in den Reaktor geben, größere vorher zerkleinern. Kürbiskerne sehr grob ein wenig zerstoßen.

Wacholderbeeren Die Beeren leicht anquetschen, damit der Essig das Aroma aufnehmen kann. Durch Zufall ist uns mit Wacholderbeeren einer unserer besten Essige gelungen: Der Reaktor wurde ca. zu einem Drittel mit getrockneten und geschroteten Beeren befüllt (siehe Bild auf Seite 164), nach einer Woche war der Geschmack des Essigs jedoch grauenhaft bitter. Statt ihn wegzuschütten, haben wir immer wieder kleine Portionen Destillat zugegeben, bis zu einem Säuregehalt von 9,8 %. Der fertige Essig war dickflüssig wie Öl, dunkelbraun und undurchsichtig. Der Geschmack war zwar etwas besser, aber immer noch nicht verwendbar. Jedoch ca. 3 Monate später: Wow, ein Wahnsinn! Vollmundig, weich, intensiver Wacholdergeschmack, mit einer ganz leichten bitteren Note. Das war vor ca. 5 Jahren. Je älter der Essig wird, desto besser ist er. Wir verwenden ihn nur sparsam, wie ein kostbares Gewürz.

Statt der Beeren können Sie auch Wacholderästchen verwenden, diese haben allerdings einen anderen Geschmack. Die Ästchen müssen Sie klein schneiden.

Wurzeln Es können alle Arten von Wurzeln verwendet werden, sofern sie nicht giftig sind. Wir haben gute Ergebnisse erzielt mit würfelig geschnittenem, getrocknetem Ingwer oder frischem Topinambur. Bei frischem Ingwer genügt eine viel kleinere Menge als in getrockneter Form. Karottenessig hat einen erstaunlich intensiven Geschmack, mit Zwiebeln war das Ergebnis eher mit einem Schaumbad vergleichbar.

Zimt Verwenden Sie nur 5 % des Füllkörpervolumens, ansonsten könnte der Zimtgeschmack zu intensiv und unangenehm werden. Die Zimtrinden mit z.B. einer Zange grob zerkleinern.

Zitrusfrüchte: z.B. Grapefruit, Orangen, Zitronen, Limetten Bei Zitrusfrüchten läuft die Verarbeitung immer gleich ab. Im Folgenden soll eine solche Verarbeitung am Beispiel Orangen gezeigt werden: Ausgepresste Orangenschalen klein schneiden und in den Reaktor geben. Die weiße Schicht der Schale erzeugt eine gewisse bittere Note, ähnlich wie bei einer Orangenmarmelade. Ist dies nicht erwünscht, die Orangen mit einem Kartoffelschäler abschälen und nur die dünne, orangefarbige Schicht verwenden. Es sollten natürlich nur Orangen mit unbehandelter Schale verwendet werden, beispielsweise Bio-Orangen.

Beispiele von Reaktorgärungen

Die nachfolgende Tabelle enthält eine Auswahl von Gärungen die wir mit dem Essigreaktor durchgeführt haben. Neben verschiedenen Aromapackungen / Füllkörpern und Gärmedien werden auch mehrere unterschiedliche Möglichkeiten gezeigt um die Essigbakterien zuzugeben und einfache

Name	**Geschmack**	**Füllkörper**	**Gärmedium** **Nährlösung**
Apfelmost herkömmlich	Ein wenig muffiger Geruch, andere Apfelessige sind viel besser	5 l Zeolithe	4 l geschwefelter „Lavanttaler Apfelmost" 0,5%Sre 5,4%Alk
Apfelmost hochgradige Maische	der Folgeessig ist mit viel Phantasie ein Hauch fruchtiger	5 l Zeolithe	1.178 ml hochgradige Apfelmaische filtriert 0,6%Sre 19,3%Alk, Wasser
Apfelmost hochgradige Maische, Folgeessig	vorzüglich, ein Klassiker! Ein wenig balsamischer als die anderen Apfelessige	5 l aktive Zeolithe	2.150 ml hochgradige Apfelmaische filtriert 14,3%Alk., Wasser
Apfelmost prämiert, Braeburn	wie hochgradige Apfelmaische: exzellent!	5 l aktive Zeolithe	6 l entschwefelter Braeburn Apfelmost 0,6%Sre 6,5%Alk
Aprikosen, getrocknet	grauenhafter Muffgeruch, nicht verwendbar --> Überoxidation	1 kg getr. Bio-Aprikosen geviertelt, ohne Stein, ungeschwefelt, mit 4 l Zeolithe vermischt	670 ml Essig 9,7%Sre 0,5%Alk, 198 ml Ethanol 96%, Wasser
Bier, dunkles Weißbier	wie abgestandenes Bier, nicht schlecht, aber ein wenig dumpf, sollte bei höherem Säuregehalt besser sein	5 l Zeolithe	5 l „Edelweiss Weißbier dunkel" 5,3%Alk
Bier, Guinness	Exzellenter Bieressig, sehr vollmundig im Geschmack	5 l Zeolithe	120 ml Eisessig 100%, 90 ml Ethanol 96%, 5 l Guinness draught 4,2%Alk, Wasser
Bier, Märzen	wie abgestandenes Bier, nicht schlecht, aber ein wenig dumpf, sollte bei höherem Säuregehalt besser sein	5 l Zeolithe	5 l „Schleppe Märzen" 5,0%Alk
Bier, Zwicklbier	wie abgestandenes Bier, besser als andere Bieressige, braucht aber mehr Säure	5 l Zeolithe	4 l „Raschhofer's Zwicklbier" 5,4%Alk, mit Mixer entschäumt
Birnen, getrocknet	balsamisch, süß, könnte birniger schmecken	1.338 g getr. Weinbirnen, geschnitten (3 cm), 200 ml Zeolithe am Boden, 800 ml vermischt mit Birnen	450 ml Ethanol 96%, Wasser
Buchenholzspäne	deutlich erkennbarer Holzgeschmack, bekömmlich!	5 l Buchenholzspäne zum Räuchern	670 ml Essig 9,7%Sre 0,5%Alk, 198 ml Ethanol 96%, Wasser
Cranberries, getr.	trotz langer Gärzeit super Aroma, Kombination süß & beerensauer: großartig!	1,75 kg getrocknete Cranberries, 1 l Zeolithe am Boden	113 ml Eisessig 100%, 363 ml Ethanol 96%, Wasser

Alternativen zum beschriebenen Prozessablauf (Kap. 4). Jedoch führten nicht alle Varianten zu einem ausgezeichneten Ergebnis (siehe Spalten Geschmack und Kommentare).

Gärmedium						Dauer [Tage]	Kommentare
Essigbakterien	Volumen [l]	Startkonz. [%Sre]	[%Alk]	Endkonz. [%Sre]	[%Alk]		
1 l aktiver Essig 5,2%Sre 1,4%Alk Tag4: +300 ml aktiver Essig 5,3%Sre 0,5%Alk Tag7: durchlöchertes Stück EsMu auf Zeolithe	5,0	1,4	4,6	5,6	0,1	13	Tag4: gärt nicht. Most war geschwefelt, obwohl nicht deklariert. Tag7: gärt nicht, Größe EsMu: 20 cm Tag9: Schleim an Wand sichtbar
1 l aktiver Essig 2,4%Sre 2,1%Alk	5,0	3,7	2,4	5,4	0,2	10	Tag6: +560 ml Alk. 96%
5 l aktive Zeolithe, aus Apfelmost hochgradig	5,0	1,3	4,8	5,7	0,2	6	vergleichsweise kurze Gärzeit, wegen der aktiven Füllkörpern
5 l aktive Zeolithe	6,0	2,9	4,4	7,2	0,2	14	moderate Schleim-bildung
1 l aktiver Essig 3,5%Sre 0,7%Alk	5,0	2,0	4,0	5,2	0,2	43	Tag11: +76 ml Alk. 96%
5 l aktive Zeolithe	5,0	0,9	4,3	4,9	0,1	10	Tag0: es schäumt aus allen Öffnungen! Tag2: Abfluss verstopft wegen Schleim Tag6: +1 l Bier 5,3%Alk
durchlöchertes Stück EsMu auf Zeolithe	6,0	2,0	5,0	5,0	0,1	12	Durchmesser EsMu: 20 cm, moderate Schleimbildung
5 l aktive Zeolithe	5,0	1,2	3,6	4,7	0,1	10	Tag0: es schäumt aus allen Öffnungen! Tag6: +1 l Bier 5,0%Alk
1 l aktiver Essig 5,3%Sre 0,5%Alk	5,0	1,2	4,0	5,2	0,1	10	Tag7: +1 l Bier 5,4%Alk & +40 ml Alk. 96%
1 l aktiver Essig	6,0	k.A.	k.A.	5,8	0,2	13	moderate Schleim-bildung
1 l aktiver Essig 3,5%Sre 0,7%Alk	5,0	2,0	4,0	5,8	0,1	43	Tag11: +76 ml Alk. 96%
1 l aktiver Essig 2,7%Sre 0,1%Alk	7,0	2,0	5,0	6,0	0,8	48	nur halbe Füllhöhe, Tag15: Klebstoffgeruch weg 5%Sre 1,4%Alk

Feigen, getrocknet	klebrig süß, wie Rosinenessig, ca. 8% Sre wäre passend	2 kg getrocknete Feigen geviertelt, 1 l Zeolithe am Boden		
Kräuter I	mit einem Hauch Minze, super Essig!	ca. 4 l aufgetaute Gartenkräuter, sehr grob gehackt, 1 l Zeolithe am Boden	70 ml Eisessig 100%, 300 ml Ethanol 96%, Wasser	
Kräuter II	mit einem Hauch Minze, super Essig!	ca. 4 l aufgetaute Gartenkräuter, sehr grob gehackt, 1 l Zeolithe am Boden	70 ml Eisessig 100%, 360 ml Ethanol 96%, Wasser	
Maximaler Säuregehalt	klarer, reiner Geschmack, erstaunlicherweise nicht zu stark zum Kosten, sehr gut gelungen!	5 l Zeolithe	106 ml Eisessig 100%, 218 ml Ethanol 96%, 1 l pasteurisierter, klarer Apfelsaft, Wasser	
Orangen- / Zitronenwein	erfrischendes Zitrusfrucht-aroma, durstlöschend wenn verdünnt getrunken, super!	5 l Zeolithe	2,75 l filtrierter, frisch gepresster Orangen-/Zitronensaft vergoren (Kalk, Zucker, Turbohefe) 8,0%Alk, Wasser	
Orangenschalen I	sofort nach Gärung ungenießbar bitter. Nach 6 Monaten einfach köstlich, wie Orangenmarmelade	4,5 l (2,5 kg) würfelig geschnitte, komplette Orangenschalen aus 6 kg Bio-Orangen, 1 l aktive Zeolithe am Boden	5 l aktiver Essig	
Orangenschalen II	feiner Orangengeschmack, nicht bitter	505 g grob geschn. äußerste Orangen-schale (nur oranger Teil) aus 5,6 kg Bio-Orangen vermischt mit 2,5 l Zeolithe	282 ml Ethanol 96%, 1 l naturtrüber Apfelsaft, Wasser	
Pflaumen, getrocknet	balsamisch & süß, trotzdem sehr deutlicher Pflaumen-geschmack	2,5 kg Bio-Dörrpflaumen, ohne Stein, nicht zerkleinert, 1 l aktive Zeolithe am Boden	6,5 l aktiver Essig 2,2%Sre 2,8%Alk, Wasser	
Rosinen	balsamisch süß, wegen hohem Säuregehalt nicht ZU süß! sehr gut gelungen	3 kg Bio-Rosinen ungeschwefelt, 1 l Zeolithe am Boden	106 ml Eisessig 100%, 218 ml Ethanol 96%, Wasser	
Schlehen, getr. I	balsamisch, nicht klebrig süß wegen hohem Säuregehalt, große Nachfrage!	3 kg (4,3 l) getrocknete Schlehen ganz, 700 ml Zeolithe am Boden	67 ml Eisessig 100%, 232 ml Ethanol 96%, 550 ml Bio-Apfelsaft naturtrüb, Wasser	
Schlehen, getr. II	balsamisch, nicht klebrig süß wegen hohem Säuregehalt	3 kg (4,3 l) getrocknete Schlehen, 800 ml aktive Zeolithe am Boden	840 ml l Essig 9,7%Sre 0,5%Alk, 260 ml Ethanol 96%, Wasser	
Schlehen, getr. III	balsamisch, nicht klebrig süß wegen hohem Säuregehalt, zweite Wiederholung wegen großer Nachfrage	3 kg (5,1 l) dried sloes, 1 l aktive Zeolithe am Boden	190 ml Ethanol 96%, Wasser	
Wacholderbeeren, getrocknet	direkt nach Gärung ungenieß-bar bitter. Nach 6 Monaten sehr köstlicher, dunkelbrauner, dickflüssiger Essig	1 kg (2 l) getrocknete Wacholder-beeren geschrotet, darunter 3 l aktive Zeolithe	5 l aktiver Essig	

	1 l aktiver Essig, 1,7%Sre 2,5%Alk	6,0	2,1	4,5	5,6	0,3	13	nur halbe Füllhöhe, moderate Schleim-bildung wegen Zucker
	1 l aktiver Essig 5,5%Sre 1,0%Alk	6,0	2,0	5,0	4,9	0,1	12	
	1 l aktiver Essig, 1,7%Sre 2,5%Alk	6,0	2,0	6,0	6,0	0,2	15	Wiederholung wegen großer Nachfrage
	1,2 l aktiver Essig 1,2%Sre 2,6%Alk	7,0	2,2	2,5	9,7	0,5	89	Tag6: +321 ml Alk. 96% Tag15: +175 ml Alk. 96% Tag21: +90 ml Alk. 96% Tag69: +75 ml Alk. 96% Tag78: +20 ml Alk. 96% Tag89: kristallklar!
	1 l aktiver Essig, 5,5%Sre 1,0%Alk	6,0	2,0	6,0	6,9	0,2	15	
	5 l aktiver Essig + 1 l aktive Zeolithe	5,0	5,1	2,0	8,6	0,1	27	Tag3: +794 ml Alk. 43%, +620 ml filtrierter Orangensaft Tag5: kristallklar!
	1 l aktiver Essig 5,0%Sre 0,4%Alk	5,0	1,8	3,5	5,3	0,1	8	extrem schleimig wegen zu viel Nährsalze (trüber Apfelsaft)
	gärende Nährlösung	6,5	2,2	2,8	5,2	0,3	13	Klebergeruch ein Tag nach Gärstart! moderater Schleim
	1,2 l aktiver Essig 1,2%Sre 2,6%Alk	6,0	2,3	3,6	8,9	0,5	90	Tag15: +150 ml Alk. 96% Tag21: +75 ml Alk. 96% Tag36: +75 ml Alk. 96% Tag69: +75 ml Alk. 96% Tag78: +20 ml Alk. 96% Tag90: kristallklar!
	940ml aktiver Essig 3,5%Sre 2,9%Alk	5,0	2,3	4,4	6,6	0,1	9	Apfelsaft nicht notwen-dig, Schlehen enthalten genug Nährsalze
	1 l aktiver Essig 2,3%Sre 2,6%Alk	5,0	2,4	4,4	7,0	0,2	12	
	aktive Zeolithe + durchlöcherte EsMu oben auf Zeolithe + 3.47 l aktiver Essig 2,6%Sre 2,5%Alk	5,0	3,1	4,5	7,4	0,3	6	Sprühplan: 15 min alle 1,5 Stunden, extrem kurze Gärzeit wegen 3-facher Bakterienzugabe
	5 l aktiver Essig + 3 l aktive Zeolithe	5,0	7,4	1,8	9,8	0,1	11	Tag3: +200 ml Alk. 43% fertiger Essig dunkelbraun & viskos, nur Zeolithe schleimig

Walnuss & Rosinen	leicht bitterer Nussgeschmack harmoniert sehr gut mit Rosinensüße, super!	1,2 kg halbe Walnüsse ohne Schale, 1,5 kg Bio-Rosinen ungeschwefelt, 1 l Zeolithe am Boden	0,53 l Essig 9,7%Sre 0,5%Alk, 0,38 l Ethanol 96%	
Walnuss I	eindeutig intensiv nussig. Zumindest 6 Monate lagern	1,8 kg (4 l) halbe Walnüsse ohne Schale, 1 l Zeolithe am Boden	50 ml Eisessig 100%, 268 ml Ethanol 96%, 150 ml pasteurisierter Orangensaft, Wasser	
Walnuss II	eindeutig intensiv nussig. Ein wenig bitterer als Walnuss I. Zumindest 6 Monate lagern	1,8 kg (4 l) halbe Walnüsse ohne Schale, 1 l Zeolithe am Boden	76 ml Eisessig 100%, 238 ml Ethanol 96%, Wasser	
Wein, Retsina	klarer, reiner Geschmack, eine Spur harzig, super!	5 l Zeolithe	2,39 l entschwefelter Retsinawein 11,5%, Wasser	
Wein, Uhudler I	Riecht/schmeckt überhaupt nicht wie Uhudler, hat nicht die richtige Farbe.	5 l aktive Zeolithe	6,0 l nicht-geschwefelter Bio-Uhudlerwein 0,5%Sre 9,1%Alk, Wasser	
Wein, Uhudler II	exakt wie der Wein: Bukett wie Erdbeeren, wie Fragolino. Köstlicher Spitzenessig!	5 l aktive Zeolithe	3,75 l entschwefelter Bio-Uhudlerwein 10,5%Alk, Wasser	
Wein, Vitiano Umbria	klarer, reiner Geschmack, wie trockener Rotwein	5 l gebrauchte, gründlich gewaschene Zeolithe, eingesäuert nur in 4%Sre	3 l entschwefelter Vitiano Umbria Rotwein 13,5%Alk, Wasser	
Weintraubensaft	unerwartet mild & balsamisch, empfehlenswert!	5 l Zeolithe	113 ml Eisessig 100%, 363 ml Ethanol 96%, 5.524 ml pasteurisierter Weintraubensaft	
Whisky, Single Malt „McClelland's"	Wow... sehr reiner, klarer singlemalt Geschmack, jedoch nicht aufdringlich	5 l Zeolithe	70 ml Eisessig 100%, 708 ml Whisky 40%, Wasser	
Zirbentriebe	zu wenig Triebe, nur ein Hauch Zirbengeschmack	370 g (0,5 l) Zirbelkiefertriebe grob zerkleinert, auf 4,5 l aktive Zeolithe	200 ml Apfelbrand 43%Alk, 5 l aktiver Essig	
Zirbenzapfen	vermutlich zu lange Gärzeit: starker Muffgeruch!!!	2 l frische Zirbelkieferzapfen grob geschnitten, 2 l Zeolithe am Boden	70 ml Eisessig 100%, 295 ml Ethanol 96%, Wasser	
Zitronengras I	sehr geschmackvoll, milder als Zitronenessig	284 g (2,5 l) getrocknetes Zitronengras, geschnitten (5 mm) mit 2,5 l Zeolithe vermischt	1,57 l Essig 4,9%Sre 0,1%vol Alk., 270 ml Ethanol 96%, Wasser	
Zitronengras II	Wiederholung wegen großer Nachfrage. Sehr geschmack-voll, milder als Zitronenessig	354 g (2,5 l) getrocknetes Zitronengras, geschnitten (5 mm) mit 2,5 l Zeolithe vermischt	70 ml Eisessig 100%, 260 ml Ethanol 96%, Wasser	
Zitronenschalen	feiner Zitronengeschmack, nicht bitter	730 g grob geschnittene äußerste (nur gelbe) Zitronenschalen von 5,5 kg Bio-Zitronen vermischt mit 2,5 l Zeolithe	282 ml Ethanol 96%, 1 l naturtrüber Apfelsaft, Wasser	
Zwetsche, hochgradige Maische	balsamisch, extrem mild & fruchtig, zu wertvoll zum Weitergeben	5 l Zeolithe	53 ml Eisessig 100%, 2.750 ml hochgradige Zwetschenmaische filtriert 0,6%Sre 12,4%Alk, Wasser	

	1 l aktiver Essig 6,9%Sre 0,2%Alk	6,0	2,0	5,2	6,3	0,4	16	
	1 l aktiver Essig 5,0%Sre 1,8%Alk	5,0	2,1	5,1	6,4	0,1	10	extrem schleimig, fer-tiger Essig hatte kleine Öltröpf-chen obenauf
	1 l aktiver Essig 2,4%Sre 2,1%Alk	5,0	2,3	4,0	6,0	0,2	9	große Nachfrage Tag9: Abfluss verstopft, extrem schleimig
	1 l aktiver Essig, 1,7%Sre 2,5%Alk	6,0	2,1	4,0	5,8	0,3	13	
	aktive Füllkörper	7,8	0,9	5,6	5,5	0,2	19	Sprühplan: 15 min alle 1,5 Stunden, hatte keine Auswirkung
	aktive Füllkörper	5,6	1,2	5,2	5,6	0,1	10	Direktträger, hybrid aus EU-Vitis vinifera und US-Vitis labrusca/riparia
	1 l aktiver Essig 2,3%Sre 2,6%Alk	6,0	0,9	4,7	5,6	0,2	12	
	1 l aktiver Essig 2,7%Sre 0,1%Alk	7,0	2,6	3,9	6,5	0,3	17	Bio-Traubensaft rot, ohne Zuckerzusatz
	1 l aktiver Essig 5,0%Sre 1,7%Alk	6,0	2,0	3,8	5,3	0,2	38	wegen fehlender Nähr-salze (absichtlich!) extrem lange Gärzeit
	5 l aktiver Essig + 4.5 l aktive Zeolithe	5,0	6,3	1,5	7,8	0,1	5	Tag3: +200 ml Alk. 43%
	1 l aktiver Essig 5,0%Sre 1,7%Alk	6,0	2,7	4,8	4,5	0,2	38	Tag15: +150 ml Alk. 96% Tag32: +120 ml Alk. 96%
	0,85 l aktiver Essig 2,7%Sre 1,2%Alk	5,0	2,1	4,4	5,8	0,2	9	Besser als die Wieder-ho-lung, Ansäuerungs-essig war balsamisch
	1 l aktiver Essig 3,3%Sre 2,2%Alk	5,0	2,2	4,5	5,9	0,2	18	Tag12: +28 ml Alk. 96% Tag16: +14 ml Alk. 96% Tag17: +28 ml Alk. 96%
	1 l aktiver Essig 5,0%Sre 0,4%Alk	5,0	1,9	3,2	5,0	0,3	10	extrem schleimig, zuviel Nährstoffe (Apfelsaft) Tag9: Abfluss verstopft, Reaktor geflutet
	1 l aktiver Essig 3,3%Sre 2,2%Alk	5,1	2,2	5,6	7,7	0,1	18	Tag12: +29 ml Alk. 96% Tag16: +15 ml Alk. 96% Tag17: +30 ml Alk. 96%

Balsamessig (Balsamico)

Als Grundlage für den Balsamico dient die Trebbianotraube. Es sind aber auch andere Weißweine oder Fruchtweine möglich. Die Trauben werden kurz angegoren. Vor der stürmischen Gärung wird der Saft abgepresst und durch Erhitzen auf 60–85 °C eingedickt, wobei die Temperatur und die Dauer das große Geheimnis der jeweiligen Hersteller sind. Die Gärung wird also unterbrochen.

Der Saft wird um ein Drittel, manchmal auch um zwei Drittel, des Ausgangsvolumens eingedickt, der entstehende Schaum wird abgeschöpft. Der Zuckergehalt muss mindestens 30 °Brix betragen (entspricht 338 g/l Zucker). Ist der Weinsäuregehalt zu hoch, muss entsäuert werden. Durch das Eindicken bleibt nach der Gärung immer ein Restzuckeranteil über, der dem Balsamico den typischen süßlichen Geschmack verleiht.

Nach der Filtration und dem Abkühlen erfolgt die Alkoholvergärung. Hierfür wird die Flüssigkeit in Fässer abgefüllt. Nach drei Tagen wird die alkoholische Gärung gestoppt, mittels Zugabe von Essig und Essigmutter bis zu einem Mindestsäuregehalt von 3 %. Die Essiggärung findet meist in alten Ginfässern statt.

Wichtig ist die Lagerung in unterschiedlichen Holzfässern. Auch die jährlichen Temperaturschwankungen tragen zum Aroma bei. Als Fässer werden anfangs meist Eichen- oder Maulbeerholzfässer verwendet, danach kommt alles in ein Kastanienholzfass, dann in ein Eichen- / Kirschfass, schließlich in ein Eichenholzfass. Die Abfolge und die Lagerzeiten sind vom Hersteller abhängig. Der Essig bleibt immer etwa ein Jahr in einem Fass und wird im darauffolgenden Jahr in ein kleineres Fass gefüllt. Der ältere Essig wird aber auch zum Teil wieder in Fässer mit jüngerem Essig rückgefüllt, dadurch kommt die hohe Qualität erst zustande. Je nach Hersteller werden die Fässer mit offenem Spundloch (mit Tuch bedeckt) oder komplett verschlossen gelagert. Untersuchungen haben gezeigt, dass es besser ist die Fässer komplett zu verschließen. Leicht flüchtige Inhaltsstoffe,

▼ Fässer für die Essiglagerung

wichtige Komponenten des Buketts, verflüchtigen sich im Lauf der Jahre, während in den dichten Fässern nur reines Wasser durch die Holzwand verdunstet.

Der beste und einzig echte Balsamico, der *balsamico tradizionale,* ist zwölf, 25 oder 30 Jahre alt. Der *basalmico di modena* ist eine billige Variante, gefärbt und meist mit Zucker oder Traubensaft gesüßt.

Die folgenden beiden Rezepte können Sie nicht nur mit Trauben, sondern auch mit allen anderen Früchten durchführen. Es entsteht ein wunderbar schmeckender Balsamessig, dessen Herstellung auch im Hobbybereich machbar ist.

Balsamessig aus eingedicktem Fruchtsaft

Verwenden Sie einen Fruchtsaft Ihrer Wahl. Sie können wie bei der professionellen Balsamicoherstellung den Saft kurz angären lassen. Bevor die Gärung heftig wird, den Saft erhitzen. Andernfalls kann auch direkt, ohne vorherige Gärung, erhitzt werden.

Den Saft bei ca. 70 °C unter ständigem Rühren auf etwa die Hälfte eindicken. Bei Traubensaft wird so der erforderliche Zuckergehalt erreicht. Bei anderen Säften bis ca. 28–30 °Brix (ca. 310 bis 340 g/l Zucker) eindicken. Zum Messen des Zuckergehaltes können Sie entweder ein Refraktometer oder eine Oechsle-Waage verwenden.

Den eingedickten Saft zu Alkohol vergären. Nach ca. einer Woche die Gärung durch Zugabe von Essig und Essigmutter stoppen, schließlich soll die Maische nicht ausgären, sondern ein gewisser Restzuckergehalt übrigbleiben. Wichtig ist darauf zu achten, dass der Säuregehalt der Mischung zumindest 3 % beträgt, sonst stirbt die Hefe nicht ab. Anschließend zu Essig weiter vergären, entweder nach dem Oberflächen- oder dem Fesselverfahren.

Die Lagerung des fertigen Essigs kann in Holzfässern durchgeführt werden, wobei die Auswahl der Holzart und die Lagerdauer Ihrem Geschmack überlassen bleibt. Ein frisches Holzfass sollten Sie mit Rotwein vorbehandeln (Fass mit Wein füllen und ca. sechs bis zwölf Monate stehen lassen), sonst wird der Geschmack vom Essig etwas zu harzig.

Balsamessig aus hochgradiger Maische

Stellen Sie aus Äpfeln bzw. anderen Früchten Ihrer Wahl eine hochgradige Maische mit einem Zielalkoholgehalt von ca. 17 % Vol. her. Den Zucker jedoch nicht auf drei Portionen aufteilen, sondern gleich zu Beginn alles auf einmal zugeben. Nach ca. einer Woche die Gärung durch Zugabe von Essig und Essigmutter stoppen (Mindestsäuregehalt 3 %), damit die Restsüße nicht verloren geht. Danach zum Essig weiter vergären, entweder nach dem Oberflächen- oder dem Fesselverfahren.

Wie im vorherigen Kapitel beschrieben, kann die Lagerung des fertigen Essigs in Holzfässern erfolgen. Wie Sie am Geschmack des Essigs jedoch bemerken werden, ist dies kein absolutes Muss.

Ansatzessig

Hierbei werden in einem fertigen Essig Kräuter, Gewürze oder Früchte eingelegt, die ihm ein anderes Aroma verleihen. Verwenden Sie am besten frische Kräuter, getrocknete schmecken oft ein wenig strohig bzw. holzig. Getrocknete Früchte hingegen ergeben ein intensives Aroma. Der Behälter für den Ansatz sollte aus Glas, Edelstahl oder lebensmittelechtem Kunststoff sein. Nach der Ansatzzeit wird filtriert.

Als Ansatzessige eignen sich vor allem Apfel-, Weißwein- oder Rotweinessig. Lassen Sie die Mischung in Essig mit 5–6 % Säure in einem verschlossenen Gefäß ziehen, danach mit einem Kaffeefilter filtrieren und in Flaschen abfüllen. Ziehdauer und Abweichungen vom Säuregehalt sind im jeweiligen Rezept angegeben.

Kräuteressig

Feine Aromen und Pflanzen mit eher hellen Farben wie Basilikum, Estragon, Majoran, Melisse, Thymian und Zimt sollten sie in Weißwein- oder Apfelessig ansetzen. Schwere Aromen oder Pflanzen mit dunkler Färbung wie Knoblauch, Liebstöckel, Minze, Oregano, Petersilie, Rosmarin und Zwiebel werden in Rotweinessig gegeben.

Für einen angenehmen Geschmack sollten Sie nicht mehr als ein Kraut pro Essig verwenden. Möchten Sie dennoch mischen, ist auf die Harmonie zu achten. Fürs Ansetzen werden die Kräuter durch grobes Zerreißen zerkleinert.

▲ Ansatzessig mit Himbeeren

Grundrezept: Verwenden Sie ca. 1–5 % des Ansatzvolumens an Kräutern. Für **1 l Ansatzessig** werden also **ca. 10–50 g Kräuter** verwendet, die genaue Menge ist beim jeweiligen Kraut angegeben. Je mehr Pflanzen Sie verwenden, umso kürzer ist die Ansatzzeit. Der Behälter ist im Dunkeln stehen zu lassen, sonst färben sich die Kräuter braun, und der Essig übernimmt diese Farbe. Die Lagertemperatur liegt bei ca. 18 °C, die **Ziehdauer bei zwei bis vier Wochen**. Sollte der Essig nach dieser Ziehdauer noch nicht das gewünschte Aroma haben, werden die alten Kräuter durch neue ersetzt und die Ziehdauer durch geschmackliche Kontrolle festgestellt. Zur Dekoration können Sie die Flasche mit ganzen Kräuterteilen abfüllen.

Sehr oft werden Kräuteressige mit einer Mischung aus Knoblauchzehen, Lorbeerblättern und Zwiebeln angesetzt. Für 1 l sind 23 Knoblauchzehen, drei Lorbeerblätter und eine aufgeschnittene Zwiebel vollkommen ausreichend.

Bärlauch

Menge: zwei Blätter und zehn Blüten
Ziehdauer: zwei Wochen
Es können sowohl Blätter als auch Blüten verwendet werden.

▲ Bärlauch

Basilikum

Menge: ca. zwei Bund (40 g)
Ziehdauer: bei frischem Basilikum mindestens zwei Wochen
Der Essig nimmt durch das Kraut eine rote Farbe an.

Bohnenkraut

Menge: vier bis fünf Stängel (30 g)
Ziehdauer: bis zu vier Wochen

Borretsch

Menge: eine Handvoll frischer Blüten
Ziehdauer: zwei bis drei Wochen
Die Blüten geben dem Essig eine blassblaue Färbung und bilden so eine echte Besonderheit. Sie sollten für eine optimale Färbung vor allem helle Essige wie Apfel- oder Weißweinessig verwenden.

Dill

Menge: drei Dillzweige (15 g)
Ziehdauer: zwei Wochen
Zur Geschmacksabrundung können Sie auch noch einen Teelöffel Dillsamen zugeben.

Estragon

Menge: vier Zweige Estragon (ca. 50 g)
Ziehdauer: drei bis vier Wochen
Den Estragon möglichst frisch verarbeiten und vor der Blüte ernten.

Fenchel

Menge: sechs Esslöffel Fenchelsamen oder sechs Ästchen Fenchelgrün
Ziehdauer: zwei Wochen
Für einen Fenchelessig können sowohl das Fenchelgrün als auch die Samen verwendet werden.

Kapuzinerkresse

Menge: 50 g Kresse und 20 Blüten
Ziehdauer: drei bis vier Wochen
Rote Kapuzinerkresse ergibt eine schöne Rotfärbung im Essig.

Kerbel

Menge: zwei Bund Kerbel (ca. 50 g)
Ziehdauer: zwei bis vier Wochen
Kerbel eignet sich auch gut zum Beimischen bei anderen Kräutern wie z.B. Schnittlauch, da er den Geschmack verstärkt.

Koriander

Menge: ein Esslöffel Koriandersamen oder / und ein Bund (25 g) frischen Koriander
Ziehdauer: vier bis fünf Wochen
Sie können sowohl die frischen Korianderblätter als auch die Samen verwenden.

Lavendel
Menge: 20 g Lavendelblüten am Stiel
Ziehdauer: drei bis vier Wochen

Liebstöckel
Menge: zwei größere Zweige (ca. 30 g)
Ziehdauer: zwei bis vier Wochen

Majoran
Menge: 40 g Ästchen
Ziehdauer: drei bis vier Wochen

Minze
Menge: drei Zweige (ca. 30 g)
Ziehdauer: drei bis vier Wochen
Das Ergebnis hängt von der verwendeten Minzsorte ab. Sie können z.B. Pfefferminze, Hausminze, Schokominze oder Ananasminze verwenden.

Oregano
Menge: 40 g frisch
Ziehdauer: drei bis vier Wochen

Petersilie
Menge: zwei Bund (ca. 50 g)
Ziehdauer: vier bis fünf Wochen

Pimpernelle
Menge: 30 g
Ziehdauer: zwei Wochen

Rosmarin
Menge: 40 g frisch
Ziehdauer: drei bis vier Wochen

Salbei
Menge: 15 g
Ziehdauer: drei Wochen

Schnittlauch
Menge: 25 g Schnittlauch oder 20 Schnittlauchblüten
Ziehdauer: drei bis vier Wochen
Sie können sowohl den Schnittlauch selbst als auch die Blüten ansetzen. Natürlich ist auch eine Kombination von beiden möglich. Schnittlauchblüten verleihen dem Essig ein leichtes Zwiebelaroma und färben ihn zartrosa ein.

Thymian
Menge: 20 g
Ziehdauer: zwei bis drei Wochen

Wacholder

Menge: frisch oder getrocknet, ca. 20 g

Ziehdauer: zwei Wochen

Ein Rotweinessig eignet sich hierfür hervorragend. Verwenden Sie für den Ansatz geschrotete Beeren, erhält der Essig einen harzigeren Geschmack als bei der Verwendung ganzer Beeren. Neben den Beeren können auch Wacholderzweige angesetzt werden. Drei bis vier Ästchen genügen für den Ansatz.

► Wacholderbeeren ganz, geschrotet und die Pflanze

Ysop

Menge: 20 g

Ziehdauer: zehn Tage

Früher wurde Ysop in Essig gekocht und diente als Betäubungs- und Schmerzmittel.

Zitronengras

Menge: 15 g

Ziehdauer: eine Woche

Zitronenmelisse

Menge: ca. fünf bis sechs Äste bzw. bei kleinen Pflanzen fünf bis sechs Bund (50 g)

Ziehdauer: zwei bis vier Wochen

Gewürz- und Aromaessig

Die Herstellung erfolgt wie bei den Kräuteressigen. Sie sollten allerdings darauf achten, eher etwas weniger als zu viel Gewürze bzw. andere aromabringende Substanzen in den Ansatz zu geben. Denn ein Zuviel an Gewürzen macht den Essig meist ungenießbar.

Für Gewürze kann kein Grundrezept angegeben werden, hier müssen Sie sich an die Rezepte halten. Die **angegebenen Mengen gelten immer für 1 l Essig**. Den Behälter im Dunkeln stehen lassen. Die Lagertemperatur liegt bei ca. 18 °C, die **Ziehdauer bei ein bis zwei Wochen**. Sie sollten keine Gewürze als Dekoration in die Flasche geben, da bereits geringe Gewürzmengen den Geschmack beeinflussen und mit der Zeit bitter werden.

Ätherische Öle

Vor allem renommierten Köchen ist es zu verdanken, dass der Einsatz von ätherischen Ölen in der Küche auch bei einem breiteren Publikum bekannt geworden ist. Eine einfache und zugleich sehr beliebte Anwendung ist z.B., in Nussöl eine Mischung aus mehreren ätherischen Ölen aufzulösen und diese anschließend mit einem Zerstäuber über den fertig marinierten Salat zu sprühen.

Aber auch in Essig lassen sich ätherische Öle in kleinen Mengen auflösen. Es spricht deshalb nichts dagegen, diese dem Essig beizumischen. Ca. 20 Tropfen je Liter Essig genügen in der Regel. Je nach Aromaintensität kann die Menge auch erhöht werden.

Beispielmischung für 1 l Gewürzessig: sechs Tropfen Wacholderöl, vier Tropfen Lorbeeröl, vier Tropfen Rosmarin, vier Tropfen Nelkenknospe und vier Tropfen Pfefferminzöl.

Chili

Menge: vier getrocknete Chilischoten
Ziehdauer: ein bis zwei Wochen
Chili, Essig und Salz ergeben die bekannte Tabascosauce: Von möglichst scharfen, roten Chilis die Samen entfernen, den Rest pürieren. In den Brei so lange Essig einrühren, bis eine dünnflüssige Konsistenz entsteht und das Gemisch tropfenweise dosiert werden kann. Mit Salz abschmecken.

Das Original wird anschließend drei Jahre in Eichenfässern gelagert. Zwar schmeckt die selbstgemachte Sauce auch ohne Lagerung, dennoch können Sie den sich daraus ergebenden Geschmack nachahmen, indem Sie ein paar Eichenspäne zusammen mit dem Tabasco in ein Einweckglas geben.

▲ Junge Triebe der Fichte (links) und der Zirbelkiefer (rechts)

Fichtenspitzen

Menge: ca. 20 g junge Fichtentriebe
Ziehdauer: ein bis zwei Wochen
Die Fichtentriebe sollten ungefähr im Mai gesammelt werden. Sie müssen noch weich und hellgrün sein, dann geben sie den besten Geschmack ab. Statt den Trieben der Fichte können auch die anderer Nadelbäume wie z.B. Tanne, Lärche oder Zirbe verwendet werden. Zapfen sind auch möglich (siehe unter „Zirbelkiefer").

Holunderblüte

Menge: je nach Größe fünf bis acht Dolden (ca. 30 g)
Ziehdauer: zwei bis drei Wochen
Sie sollten bei 30 g nur die Blüten verwenden, nicht die Blütenstängel, da diese schwer sind und kein Aroma haben. Die Blüten vor der Zugabe keinesfalls waschen, sonst schwemmen Sie alle Geschmacksstoffe weg. Deshalb die Pflanzen am besten zwei bis drei Tage nach einem Regenguss sammeln.

Honig

Menge: zwei Esslöffel Honig
Ziehdauer: zwei Wochen
Honig leicht erwärmen, damit dieser schön dünnflüssig ist, dann mit ca. 200 ml Essig gut verrühren, bis sich der Honig im Essig gelöst hat. Die übrigen 800 ml Essig zugeben und zwei Wochen ziehen lassen.

Ingwer

Menge: 20 g
Ziehdauer: ein bis zwei Wochen
Vor dem Ansetzen Ingwer schälen und kurz anbraten, sonst wird der Essig bitter.

Knoblauch

Menge: drei bis sechs Zehen (10 – 20 g)
Ziehdauer: ein bis zwei Wochen
Knoblauchzehen schälen, in Scheiben schneiden und kurz anbraten, sonst wird der Essig bitter. Zum Abrunden des Geschmacks kann auch eine Zwiebel und ein Zweig Rosmarin zugegeben werden.

Kümmel

Menge: ein Teelöffel
Ziehdauer: drei Wochen
Wird dieser Essig mit Honig verfeinert, eignet er sich auch hervorragend als Aperitif.

Meerrettich (Kren)

Menge: vier gehäufte Esslöffel (Meerrettich schälen und fein reiben)
Ziehdauer: zwei Wochen

Orangen

Menge: je nach Größe ein bis zwei Orangen
Ziehdauer: zwei Wochen
Die Orangen müssen unbehandelt sein. Die Früchte klein schneiden und ansetzen. Alternativ können Sie mit einem Kartoffelschäler nur den orangefarbigen Teil der Schale herunternehmen und diesen im Essig ansetzen.

Nelken

Menge: 20 Nelkenknospen
Ziehdauer: ein bis zwei Wochen
Nelkenessig lässt sich auch gut mit Fruchtaromen wie z.B. Kirsche kombinieren.

Nuss

Menge: ca. 200 g Nüsse (leicht zerstoßen)
Ziehdauer: drei Wochen
Alle Nussarten sind möglich, z.B. Walnüsse oder Macadamianüsse. Alternativ können aber auch grüne Walnüsse verwendet werden. Hierfür die Früchte ungefähr im Juni ernten. Wichtig ist, dass das Innere der Nüsse beim Durchschneiden noch weich und weiß ist. Ca. 400 g geviertelte grüne Nüsse verwenden, Ziehdauer: drei Wochen.

Paprika

Menge: zwei Paprika (entkernt und zerkleinert)
Ziehdauer: zwei bis vier Wochen
Es gibt bei Paprika ein breites Geschmacksspektrum von süß bis scharf, in den Farben Rot, Grün und Gelb. Je nach gewünschtem Geschmack können Sie unterschiedliche Sorten verwenden, und auch die Ziehdauer muss je nach Sorte und Geschmack angepasst werden. Süße Paprika können bis zu vier Wochen angesetzt werden, schärfere ca. zwei Wochen.

Peperoni

Menge: zwei bis drei Peperoni
Ziehdauer: sehr stark geschmacksabhängig, ca. eine Woche
Je nach Fruchtgröße müssen Sie die Peperoni etwas zerkleinern. Peperoni gibt es in verschiedenen Schärfen: von süß über mild bis extrem scharf. Bei sehr scharfen Früchten sollten Sie beachten, dass die Schärfe in sehr kurzer Zeit auch in den Essig übergeht.

Pfeffer

Menge: fünf Teelöffel ganze Pfefferkörner
Ziehdauer: ein bis zwei Wochen
Es macht durchaus Sinn, hier zwei bis drei verschiedene Arten zu kombinieren, z.B. grünen, schwarzen und roten Pfeffer. Dadurch wird der Essig geschmackvoller.

Rosen

Menge: Blütenblätter von fünf großen Rosenblüten
Ziehdauer: drei Wochen
Die Blütenblätter abzupfen und in den Ansatz geben. Achten Sie darauf, dass die Rosen unbehandelt sind und von einer Sorte mit hohem ätherischem Ölgehalt stammen (z.B. Damaszenerrosen oder Apothekerrosen).

Senfkörner

Menge: sechs Esslöffel
Ziehdauer: drei Wochen
Meist werden Senfkörner in Kombination mit anderen Gewürzen und Kräutern verwendet, vor allem aber auch beim Einlegen von Gemüse in Essig.

Trockenfrüchte (z.B. Aprikosen, Feigen, Pflaumen, Rosinen)

Menge: ca. 300 g
Ziehdauer: zwei bis drei Wochen
Am besten ungeschwefelte Früchte verwenden, ansonsten gründlich abwaschen. Steine u.Ä. vorher entfernen, mit einem Messer etwas zerschneiden oder mit der Gabel anquetschen.

Veilchen

Menge: 20 g Veilchenblüten
Ziehdauer: zehn Tage
Veilchen ergeben eine wunderbar violette Essigfarbe. Die Blüten sollten Sie nur in Weißweinessig ansetzen, da hier sowohl Aroma als auch Farbe ideal zur Geltung kommen.

Zimt

Menge: zwei Zimtstangen (15–20 g)
Ziehdauer: eine Woche
Achten Sie darauf, dass Sie wirklich Zimtstangen verwenden und nicht den oft als Zimt angebotenen Cassiazimt (Gewürzrinde), der Geschmacksunterschied ist sehr groß.

Zirbelkiefer (Zirbe)

Menge: ca. drei Zirbelkieferzapfen
Ziehdauer: zwei bis drei Wochen
Die Zapfen im Sommer ernten, solange sie noch weich sind. Es können auch Zapfen anderer Nadelhölzer verwendet werden oder die jungen Maitriebe (siehe weiter oben unter „Fichtenspitzen").

Zitronen

Menge: zwei unbehandelte Zitronen
Ziehdauer: zwei Wochen
Die Früchte würfelig kleinschneiden. Alternativ können Sie mit einem Kartoffelschäler den gelben Teil der Schale abnehmen und nur diesen verwenden. Die Schale ohne den weißen Teil ergibt einen intensiveren Geschmack, ohne jedoch bitter zu werden.

Zwiebel

Menge: zwei bis drei große Zwiebeln
Ziehdauer: ca. zehn Tage
Zwiebeln schälen, nur grob zerkleinern.

Fruchtaromaessig

Die Herstellung erfolgt wie bei den Kräuteressigen, die Früchte können frisch oder tiefgefroren angesetzt werden. Zur Verwendung von Trockenfrüchten, siehe weiter unten.

Grundrezept: Die bei den Einzelrezepten angegebene Fruchtmenge in **1 l Essig mit mindestens 7 % Säure** ansetzen, da er durch die Früchte verdünnt wird. **Ziehdauer: je nach Frucht zwei bis acht Wochen**, bei ca. 18 °C, vorzugsweise im Dunkeln. Große Früchte zerkleinern. Statt der Früchte selbst können auch die jeweiligen Fruchtsäfte verwendet werden. Alternativ kann auch das Obst in einer Pfanne sehr vorsichtig erhitzt werden, so dass zwar der Saft austritt, die Früchte aber nicht angebraten werden. Den Saft dann zum Essig geben.

Äpfel

Menge: vier Äpfel in Scheiben
Ziehdauer: vier bis sechs Wochen
Es sollte sich um geschmacksintensive Früchte handeln wie z.B. Boskop oder Gravensteiner und keinesfalls um saure Früchte wie Frühäpfel. Wenn die Äpfel überreif sind und schon leicht schrumpelig, haben sie das beste Aroma.

Aprikosen (Marillen)

Menge: fünf Aprikosen
Ziehdauer: vier bis sechs Wochen
Entkernen (sonst übertüncht der Stein- den Fruchtgeschmack) und zerkleinern. Auch als Trockenfrucht können Aprikosen verwendet werden, ergeben aber dann einen anderen Geschmack als die frische Frucht.

Birnen

Menge: vier bis fünf Birnen
Ziehdauer: vier bis sechs Wochen
Je nach Größe in kleine Stücke schneiden. Vor allem geschmacksintensive Früchte wie Williams- oder Mostbirnen verwenden.

Brombeeren

Menge: ca. 350 g
Ziehdauer: acht Wochen
Brombeeren mit der Gabel leicht anquetschen. Sie können auch den Saft der Früchte zugeben, was im Aroma nicht viel Unterschied macht. Achten Sie auf vollreife Früchte, sonst ist das Aroma zu gering.

Cranberries (Moosbeeren)

Menge: ca. 200 g
Ziehdauer: acht Wochen
Cranberries leicht anquetschen. Die Cranberry ist nicht zu verwechseln mit der Preiselbeere, die deutlich anders schmeckt.

Erdbeeren

Menge: ca. 300 g
Ziehdauer: vier bis sechs Wochen
Walderdbeeren ergeben das beste Aroma. Sehr große und wässrige Früchte sind weniger geeignet, da sie kaum Aroma an den Essig abgeben. Achten Sie bei den Früchten auf Aroma und Reife: Schmecken die Früchte süß und erdbeerig, dann wird der Geschmack auch an den Essig abgegeben.

Feigen

Menge: ca. fünf Feigen, geviertelt
Ziehdauer: zwei Wochen
Sie können sowohl frische als auch getrocknete Feigen verwenden.

Hagebutte

Menge: ca. 150 g
Ziehdauer: vier Wochen
Kleine Kerne entfernen, Fruchtfleisch zerschneiden.

Heidelbeere

Menge: ca. 300 g (vollreif)
Ziehdauer: vier Wochen
Die in Supermärkten erhältlichen riesigen Kulturheidelbeeren sind für Essigansätze prinzipiell ungeeignet, da sie kaum Aroma haben. Waldheidelbeeren oder Früchte aus dem Garten sind für diese Anwendung ideal.

Himbeere

Menge: 250 g
Ziehdauer: zwei Wochen
Himbeeren leicht mit der Gabel zerdrücken. Nach zwei Wochen filtrieren, da die kleinen Samen sonst einen bitteren Geschmack abgeben.

Johannisbeere (Ribisel)

Menge: 250 g (rot, weiß oder schwarz)
Ziehdauer: zehn Tage
Früchte leicht anquetschen. Alternativ kann auch nur der Saft der Früchte verwendet werden, was ebenfalls ein sehr gutes Aroma ergibt.

Kirsche

Menge: 200 – 300 g
Ziehdauer: vier bis sechs Wochen
Sauerkirschen (Weichseln) sind meist aromatischer, es eignen sich aber auch geschmacksintensive Süßkirschen. Die Früchte vorher leicht anquetschen, die Steine keinesfalls zerstören. Sie sollten die unzerstörten Steine aber im Ansatz belassen, weil sie einen guten Geschmack abgeben.

Preiselbeere

Menge: ca. 150 g
Ziehdauer: acht Wochen
Beeren von den Stielen säubern und leicht anquetschen.

Quitten

Menge: zwei Quitten
Ziehdauer: sechs Wochen
Zerkleinern und weichkochen. Werden die Früchte angesetzt, ohne vorher weichgekocht worden zu sein, gelangt kaum Aroma in den Essig, da die Früchte zu hart sind.

Zwetschgen, Pflaumen, Kriecherln, Schlehen

Menge: ca. 200 g
Ziehdauer: vier bis sechs Wochen
Für maximales Aroma sollten die Früchte bereits überreif sein. Vor dem Ansetzen leicht anquetschen, die Kerne keinesfalls zerstören, aber im Ansatz belassen.

Mischungen

Viele aromatische Essige sind auch Mischungen aus den vorhergehenden Rezepturen. So kann z.B. ein Essig aus Apfelmaische mit Orangen, Zitronen und Basilikum verfeinert werden. Die folgende Aufstellung zeigt Ihnen einige Anregungen für das Mischen unterschiedlichster Zutaten. Die Mengenangaben beziehen sich immer auf einen Liter.

- ▷ Apfelessig, 20 g Basilikum, eine Orange und eine Zitrone
- ▷ Weißweinessig, 100 g Walnüsse, ein Esslöffel Honig
- ▷ Apfelessig, zwei Äpfel, 10 g Zitronenmelisse
- ▷ Rotweinessig, zwei Chilischoten, zwei Knoblauchzehen, eine Zwiebel, zehn Pfefferkörner
- ▷ Weißweinessig, eine Orange, eine Stange Zimt
- ▷ Apfelessig, zwei Limetten, 10 g Minze
- ▷ Zwetschgenessig, eine Stange Zimt
- ▷ Apfelessig, zwei Äpfel in Scheiben, eine Stange Zimt, zehn Gewürznelken
- ▷ Weißweinessig, 250 g Himbeeren, 5 g Ingwer
- ▷ Weißweinessig, 10 g Rosenblüten, 10 g Jasminblüten, 10 g Orangenblüten
- ▷ Apfelessig, 10 g Rosenblüten, fünf Tropfen Rosenöl
- ▷ Aprikosenessig, 100 g Sauerkirschen, drei frische Feigen
- ▷ Apfelessig, 20 g Rosenblüten, 10 g Kamillenblüten, 15 g Holunderblüten
- ▷ Weißweinessig, 20 g Basilikum, drei Knoblauchzehen
- ▷ Apfelessig, 20 g Holunderblüten, zwei Esslöffel Honig
- ▷ Apfelessig, eine Zitrone, 15 g Zitronenmelisse

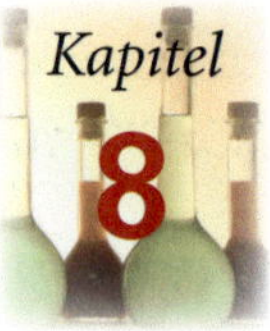

Anwendungen

Der Essig wird schon seit vielen Jahrhunderten zum Würzen, Konservieren, Reinigen und auch in der Gesundheit verwendet. Nachdem Sie nun den Essig in unterschiedlichsten Varianten selbst herstellen können, finden Sie in diesem Kapitel Grundrezepte für die Verwendung von Essig. Die Rezepte sind so gestaltet, dass wir die Grundzutaten angeführt haben, weitere verbessernde Zutaten sind dann Ihrer Erfahrung bzw. Fantasie überlassen. Die gesundheitlichen und kosmetischen Wirkungen des Essigs kommen nur bei natürlichem und unbehandeltem Essig, der aus frischen und vollreifen Zutaten gewonnen wurde, voll zur Entfaltung, insbesondere bei „lebenden" Essigen (ungeschwefelt, weder erhitzt noch steril filtriert). Essige, die aus Konzentrat hergestellt wurden, haben diese Wirkungen nicht.

▼ Essig als Aperitif

Küche

Als Speisewürze findet man Essig vor allem in Salat, Mayonnaise, Senf und Ketchup. Vor allem qualitativ hochwertige Essige eignen sich auch als Dressing für Süßspeisen oder als Aperitif bzw. Digestif.

Aperitif, Digestif

Es werden oft Essige pur als Aperitif und Digestif angeboten. Sie sollten damit aufgrund der Säure vorsichtig sein, da diese besonders den Magen und auch die Zähne schädigen kann. In unseren Rezeptvorschlägen wird der Essig verdünnt.

Aperitif

Birnen-, Himbeer- oder Johannisbeeressig sind als Geschmacksöffner vor dem Essen bestens geeignet. Ca. 20 ml Essig mit 80 ml Prosecco, Sekt, Champagner o.Ä. auffüllen.

Digestif

Hierfür eignen sich Quitten- oder Zwetschgenessig. Verwenden Sie 50 ml Essig und verdünnen Sie den Essig mit 100 ml Soda- oder Mineralwasser.

Salat

▼ Blattsalat

Für ein Dressing für einen Salatkopf verwenden Sie ca. zwei Esslöffel Essig und zwei Esslöffel Öl. Salz, Pfeffer und frische Kräuter nach Geschmack zugeben. Für Salatsoßen eignen sich nicht nur die Klassiker Apfelessig und Balsamico: Fruchtige Essige bieten eine schmackhafte Abwechslung.

Vorspeise

Pochierte Eier

Hierfür Wasser in einem Topf ca. 5 cm hoch zum Kochen bringen, Salz und vier Esslöffel Essig zugeben. Vier Schöpfer in das Wasser einhängen, so dass das Wasser die Schöpfer bedeckt. Jeweils ein Ei in einen Schöpfer schlagen. Das Eiweiß mit einem Löffel über den Dotter ziehen und vier Minuten leicht wallend kochen lassen.

Gebratener Spargel

250 g grünen Spargel waschen, den Stumpf etwas abschneiden und die unteren 4 cm schälen. Den Spargel in dünne Scheiben schneiden. Anschließend den Spargel in eine Pfanne mit zwei Esslöffeln zerlassener Butter geben und fünf Minuten leicht anbraten. Salzen, pfeffern und einen halben Teelöffel rosa Pfefferkörner darüberstreuen. Weitere zwei Minuten mit wenig Hitze garen. Drei Esslöffel Balsamicoessig dazugeben, 30 g Parmesan hineinreiben und mit Basilikumblättern garnieren.

Suppe

Kalte Gemüsesuppe

Eine Salatgurke, drei Tomaten, zwei grüne Paprika und eine Zwiebel klein schneiden. Mit jeweils drei Esslöffeln Essig und Öl übergießen und mit Salz, Pfeffer und Kräutern würzen. Die Mischung ein paar Stunden verschlossen ziehen lassen, dann einen Becher Joghurt und einen halben Becher Sauerrahm untermischen.

Kürbissuppe

Zwei Zwiebeln fein würfeln und in 30 g Fett anschwitzen. 500 g Kürbis in Würfel schneiden und zugeben, dann mit zwei Esslöffeln Essig ablöschen. Anschließend mit 1 l Rinderbrühe aufgießen und weichkochen. Das Ganze passieren, mit Salz, Pfeffer und Zucker abschmecken. 30 ml Sahne schlagen und unterheben. Mit Kresse bestreuen und sofort servieren.

Hauptspeise

Gulasch

500 g Zwiebeln klein schneiden und in 70 ml Öl anrösten. Mit einem Esslöffel Paprikapulver bestreuen und ein dreiviertel Kilo Rindfleisch zugeben. Das Fleisch anrösten, danach mit ein bis zwei Esslöffeln Essig ablöschen, Salz, Majoran und Kümmel zugeben. Das Fleisch ca. 1,5 Stunden weichdünsten, nach und nach Wasser zugeben.

Huhn süß-sauer

50 g Schinken in Streifen schneiden und mit vier kleingeschnittenen Knoblauchzehen in drei Esslöffeln Öl anbraten. Ein Ästchen Rosmarin und zwei Lorbeerblätter zugeben, anrösten, alles herausnehmen. Drei Hühnerbrustfilets im verbliebenen Fond scharf anbraten, evtl. noch etwas Öl zugeben. Zwei Esslöffel Honig und drei Esslöffel Balsamicoessig verrühren, das Fleisch damit einpinseln. Das Schinkengemisch wieder zugeben und bei niedriger Temperatur eine Stunde schmoren. Immer wieder wenden und bepinseln. Ab und zu nach Bedarf ganz wenig Wasser zugeben. 20 Minuten vor Ende der Garzeit 250 g Champignons geviertelt zugeben. Soße mit Pfeffer abschmecken.

Aufstrich

Apfelaufstrich

Eine halbe Zwiebel und einen Apfel würfeln, in der Pfanne anbraten, mit Apfelsaft und Essig ablöschen und mit Honig abschmecken.

Thunfisch-aufstrich

Eine gehackte Zwiebel, ein hartgekochtes, kleingeschnittenes Ei und 100 g Mais aus der Dose mit einer Dose Thunfisch, drei Esslöffeln Mayonnaise, einem Esslöffel Essig und einem Esslöffel Senf vermischen, nach Geschmack Salz und Pfeffer zugeben.

Dessert

Strudelteig für Apfel-, Quark-, Fleischstrudel

250 g Mehl mit Salz, jeweils einem Teelöffel Essig und Öl sowie einem Ei vermengen. 150 ml lauwarmes Wasser einarbeiten. Den Teig kneten, bis er glatt wird.

Vanilleeissalat

Zwei Kugeln Vanilleeis mit einem Gemisch aus 3:1 Kürbiskernöl und Rotweinessig mit einem Zerstäuber besprühen.

Senf

50 g Senfkörner feinmahlen, z.B. mit einer Kaffeemühle. Achten Sie darauf, dass beim Zermahlen der Körner diese nicht warm werden, das Aroma würde sich sonst verflüchtigen. Also lieber langsam und in kleineren Schritten arbeiten. Geben Sie einen Teelöffel Salz und einen Esslöffel Zucker sowie 40 ml Wasser und 30 ml Essig zu. Die gesamte Mischung mit dem Mixer ca. fünf Minuten verrühren.

Einlegen

Beim Einlegen wird immer ein Essig mit mindestens 6 % Säure verwendet. Als Grundregel gilt, dass für 1 kg einzulegendes Gemüse ca. 500 ml Essig und 500 ml Wasser verwendet werden. Die fertige Mischung muss mindestens 2 % Säure haben. Je nach Essigkonzentration sind die Produkte drei bis zwölf Monate haltbar. Für längere Haltbarkeit beim Einlegen Zucker zugeben, das Gemisch sterilisieren und zweimal mit heißem Sud übergießen.

Essiggurken

5 kg kleine Gurken waschen, Stiele und Blüten entfernen und in sterile Einmachgläser füllen. Ein bis zwei in Ringe geschnittene Zwiebeln, Dill, zwei in Scheiben geschnittene Karotten und Gurkengewürz über die Gurken geben. 1,3 l Essig (6 % Säure), 2,5 l Wasser, vier Esslöffel Salz und 250 g Zucker zu einem Sud aufkochen. Den heißen Sud in die Gläser über Gurken und Gewürze gießen und Gläser sofort verschließen. Gläser in einem großen Topf (Einmachtopf) im Wasserbad bei 80 °C ca. 20 Minuten auf dem Herd pasteurisieren. Die Gläser sollten mindestens 3 cm mit Wasser bedeckt sein.

▲ Einige Bespiele von eingelegtem Gemüse: Gurken, Zwiebeln, Maiskölbchen, Schwarzwurzeln, Peperoni, rote Bete (Rohnen), Kapernbeeren …

Haushalt

Essig kann im Haushalt auf vielfältige Weise verwendet werden und ist ein umweltschonendes und giftfreies Putzmittel. Nachfolgend sind beispielhaft einige Anwendungen aufgeführt.

Raumdesinfektion

Zur Raumdesinfektion Essig in einen Zerstäuber geben und im Raum verteilen. **Hinweis:** Auf diese Weise machen sich eventuelle Geruchsfehler des Essigs sehr deutlich bemerkbar!

Desinfektionsmittel für Labors und Operationssäle

Claudia Cortesia, Mitarbeiterin von Howard Takiff am Institute for Scientific Research in Caracas, Venezuela, konnte unlängst nachweisen, dass bereits Essig mit 6 % Säure innerhalb einer halben Stunde TBC-Erreger und andere resistente Keime der gleichen Gruppe vernichtet. Selbst bei Verunreinigungen wie Albuminen und roten Blutkörperchen.

Geruchsentfernung

Bei starken Gerüchen wie frisch gestrichener Farbe, Fisch oder altem Rauch eine Schale mit Essig im Raum aufstellen. Wie beim vorherigen Punkt sollte der Essig keinen Geruchsfehler aufweisen.

Haben Sie in der Küche während der Speisenzubereitung starken Kochgeruch, einfach einen Topf Wasser (500 ml) mit Essig (20 ml) daneben mitkochen lassen.

Im Bad oder auch in der Küche tritt oft ein Abwassergeruch aus den Leitungen auf. Frieren Sie Eiswürfel 1:1 mit Essig ein und stopfen Sie diese in die jeweilige Leitung. Anschließend etwas Kaltwasser darüberlassen.

Unkrautvernichter

Essig und Wasser im Verhältnis 1:1 mischen und in einen Zerstäuber geben. Ritzen zwischen Steinplatten können so umweltschonend unkrautfrei gehalten werden. Diese Mischung entfernt auch Ameisen.

Aber auch als Pflanzendünger kann der Essig verwendet werden. Einfach zwei Esslöffel Essig in die Gießkanne geben, dies bringt den Pflanzen Mineralstoffe.

Fleckenentferner

50 ml Essig mit 50 ml Wasser mischen und damit die betroffene Fläche befeuchten, kurz einwirken lassen und reinigen. Bei hartnäckigen Flecken kann der Essig auch pur aufgetragen werden. In diesem Fall muss der Essig jedoch bereits nach ein paar Minuten abgewaschen werden, da sonst das betroffene Textil gebleicht wird.

Entkalker

Wasser und Essig 1:1 mischen und je nach Anwendung mit Zerstäuber oder direkt auftragen. Diese Mischung eignet sich perfekt für Fliesen, Wasserhähne, Duschköpfe und Kaffeemaschinen.

Schimmelentferner

Benutzen Sie bei der Entfernung von Schimmel unbedingt Gummihandschuhe. Zuerst den Schimmel mit Wasser, Seife und einer Bürste entfernen, dann die betroffene Stelle mit Essig besprühen, am besten mit einem Zerstäuber. Den Essig mit einer Bürste auf der Fläche einreiben und den Vorgang bei Bedarf wiederholen.

Putzmittel

Essig hat eine desinfizierende Wirkung und kann auch Kalk- und Urinstein langsam auflösen. Außerdem stoppt er das Wachstum von Bakterien und Schimmelpilzen. Der

Essiggeruch überdeckt bzw. bindet auch andere Gerüche wie z.B. Fischgeruch. Essig alleine hat keine Reinigungskraft, kann also kein Fett entfernen. Man benötigt also eine Kombination aus Essig und Seife oder führt die desinfizierende Essigbehandlung erst nach erfolgter Reinigung durch. Je nach Anwendung kann der Essig unverdünnt oder 1:1 mit Wasser aufgetragen werden.

Als Putzmittel findet er hier Anwendung:

- ▷ **Sanitärbereich:** Zur Desinfizierung der WC-Schale direkt einen Becher hineinschütten.
- ▷ **Waschmaschine:** 200 ml Essig in die Maschine geben und diese ohne Wäsche laufen lassen. Bei stark riechender Wäsche oder zur Vermeidung von Fusseln ebenfalls eine Tasse dem Waschgang zugeben.
- ▷ **Fenster, Spiegel:** In einen Eimer Waschwasser 150 ml Essig zugeben, dies sorgt für streifenfreie Fenster und Spiegel.
- ▷ **Backofen:** 100 ml Essig mit 200 ml Wasser in eine hitzebeständige Schale geben und in den Ofen stellen. Bei geringer Hitze ca. 15 Minuten verdampfen lassen und den Backofen anschließend sofort reinigen.
- ▷ **Geschirrspüler:** Zum Reinigungsvorgang selbst kann man 200 ml Essig zugeben, dies ersetzt den Klarspüler. Wenn der Geschirrspüler stark riecht, 1 l Essig verwenden und die Maschine einmal leer laufen lassen.

Achtung: Essig nicht zur Reinigung kupferhaltiger Gegenstände verwenden. Es entsteht sonst Grünspan, und die Oberfläche wird korrodiert.

Gesundheit

Vor allem in diesem Anwendungsbereich ist größter Wert auf einen guten Essig zu legen. Nur ein aktiver, lebender Essig hat gesundheitliche Auswirkungen. Industrieessig und abgekochte Varianten haben keine bzw. nur eine geringe Wirkung.

Warzen

Zwanzigprozentige Essigsäure bzw. eine Essigessenz mit 20 % Säuregehalt mit etwas Mehl vermengen und auf die Warze streichen. Darauf achten, dass nur die Warze bestrichen wird und nicht die umliegende Haut. Diese kann sonst verätzt werden. Eine ebenfalls sehr wirksame Alternative ist eine Mischung aus 5 – 6 %igem Essig und Salz. Ein Pflaster darüberkleben, und die Behandlung einmal täglich durchführen. Je nach Warze dauert es Tage bzw. drei bis vier Wochen, bis diese sich schwarz färbt und abfällt. Diese Behandlung ist meist etwas schmerzhaft und sollte daher nicht bei Kindern durchgeführt werden.

Hühneraugen

Eine Zwiebelscheibe ein paar Stunden oder eine Weiß- oder Schwarzbrotscheibe 30 Minuten in Essig einlegen und über Nacht auf das Hühnerauge legen. Diesen Vorgang in Abwechslung mit einem Fußbad wiederholen, bis sich der Sporn gelöst hat.

Abnehmen

Bezüglich der abnehmenden Wirkung von Essig gibt es viele Rezepte, Geschichten und Mythen. Die Palette reicht von Apfelessigkapseln bis hin zu einer morgendlichen Apfelessigmischung. Der Essig regt zwar die Verdauung und den Stoffwechsel an, eine abnehmende Wirkung, insbesondere vom Apfelessig, konnte wissenschaftlich bis dato jedoch nicht nachgewiesen werden. Dennoch möchten wir Ihnen die folgenden beiden sehr beliebten Rezepte nicht vorenthalten:

Trinken Sie vor jeder Mahlzeit ein Glas Wasser mit zwei Teelöffeln Apfelessig. Machen Sie diese Kur sechs bis acht Wochen lang. Auf diese Art ist es angeblich möglich, ein bis zwei Kilo pro Woche abzunehmen.

Dreitägige Spezialkur zur Fettverbrennung: 1 l Pfefferminztee mit einem Esslöffel Zitronensaft, drei Esslöffeln Honig und einem Esslöffel Apfelessig mischen, drei Tage lang je einen Liter trinken.

Essigwickel gegen Fieber

Essigwickel um die Waden, in Österreich „Essigpatschen“ genannt, wirken fiebersenkend. Achten Sie darauf, dass die Hände und Füße des Patienten vor dem Anlegen warm sind. Ist dies nicht der Fall, sollten Sie diese zuerst aufwärmen. Dann Baumwollsocken in warmen Apfelessig tauchen, der zu zwei Dritteln mit Wasser verdünnt wurde, und dem Patienten überziehen. Dicke Wollsocken darüber ziehen. Die Essigpatschen bleiben so lange an, bis die inneren Socken trocken sind.

Hämorrhoiden

In ein Sitzbad 150 ml Essig geben und ca. 15 Minuten baden. Man kann die äußeren Hämorrhoiden auch mit 1:1 verdünntem Essig betupfen.

Krampfadern

Die Beine mit Essig einreiben, aber nicht massieren. Dadurch wird die Durchblutung gefördert und Krampfadern vermieden. Außerdem kann man kalte Beinwickel mit einer Apfelessig-Wasser-Mischung (1:1) auflegen. Den Essig nicht abtrocknen, sondern verdunsten lassen.

Morgentrunk – der Klassiker

Zwei Teelöffel Apfelessig und einen Teelöffel Honig in einem Glas Mineralwasser nach dem Frühstück einnehmen (auf leeren Magen ist die Säure nicht ideal). Dieser Morgentrunk wirkt entschlackend, vermindert die Lust auf Süßigkeiten, senkt die Blutfettwerte und stabilisiert niedrigen Blutdruck.

Achtung: Essig sollte niemals pur getrunken werden, da er durch die Säure den Zahnschmelz schädigen kann.

Verstopfung

Bei hartnäckiger Verstopfung mehrmals am Tag zwei Esslöffel Apfelessig in einem Glas Wasser einnehmen.

Ein Fußbad bestehend aus 5 l Wasser, 150 ml Essig und fünf Teelöffeln Salz hilft gegen Verstopfung, ebenso ein Sitzbad mit einer halben Tasse Apfelessig.

Prellungen, Insektenstiche

Einen Umschlag mit Handtüchern oder Kompressen machen, die in verdünntem Essig (1:1) getränkt wurden. Auch bei Stürzen und blauen Flecken kann als Erstmaßnahme unverdünnter Essig mit 5–6 % Säure aufgetupft werden. Er verhindert, dass der Bluterguss zu groß wird, beruhigt und lindert rasch die Schmerzen.

„Kater“

Einen Schuss Essig in einem Glas Wasser einnehmen.

Schluckauf

Einen Teelöffel mit je zur Hälfte Apfelessig und Zucker einnehmen, und der Schluckauf wird umgehend behoben.

Erkältungen

Die tägliche Einnahme von zwei bis drei Esslöffeln Essig in einer heißen Tasse Wasser verhindert Erkältungen.

Bei Schnupfen eine Nasenspülung mit Essig durchführen. Hierfür 100 ml Wasser mit 100 ml Apfelessig in eine kleine Schüssel geben, mit einem Finger ein Nasenloch zuhalten und das Essigwasser durch das andere Nasenloch aufsaugen.

Bei Halsschmerzen Essig zu gleichen Teilen mit Wasser verdünnen und damit gurgeln.

Bei Husten zwei Esslöffel Essig in ein Trinkglas mit Wasser geben und immer wieder ein paar Schluck davon nehmen.

Fiebrige Erkältung: Honig und Apfelessig zu gleichen Teilen mischen, fünfmal täglich einen Teelöffel einnehmen.

Zur Inhalation, siehe nächstes Kapitel.

Kosmetik

Auch hier kommt es nur bei qualitativ hochwertigem Essig zu einer optimalen Wirkung. Selbsthergestellte Produkte eigenen sich deshalb für den kosmetischen Bereich besonders gut.

Haarwasser

Wasser im Verhältnis 3:1 mit Quittenessig mischen, auf das Haar geben und nach fünf Minuten Einwirkzeit ausspülen. Gegen trockenes Haar sollten Sie Apfelessig verwenden.

Bei Haarausfall hilft folgende Anwendung: 10 g Lavendelblüten, 10 g Rosmarin, 10 g Birkenrinde und 10 g Brennesselwurzel in 1 l Essig aufkochen und 20 Minuten ziehen lassen. Durch ein Sieb abgießen, die übrige Flüssigkeit auf die Haare geben und die Kopfhaut damit einreiben.

Um Schuppen zu beseitigen, Essig und Wasser zu gleichen Teilen verdünnen und über die Haare gießen, gut einmassieren. Zwei Minuten einwirken lassen, dann die Haare trockentupfen, den Essig im Haar lassen. Bei zweimal täglicher Anwendung werden die Schuppen nach ca. drei Tagen verschwunden sein.

Dieselbe Mischung hilft auch gegen Läuse. Eine Stunde einwirken lassen, gut ausspülen, mit Nissenkamm durchkämmen. Ein bis zwei Wochen lang täglich wiederholen.

Inhalation

125 ml Apfelessig mit 500 ml heißem Wasser aufgießen. Ein Handtuch über den Kopf und die Schüssel geben und die Dämpfe einatmen. Eignet sich bei unreiner Haut, aber auch bei gesundheitlichen Problemen wie Husten, Heuschnupfen und Halsschmerzen.

Gesichtswasser

Gesichtswasser gegen fettige Haut, Akne und große Poren: 100 ml Apfelessig mit 100 ml Wasser mischen. Die Mischung täglich morgens und abends mit einem Wattebausch auf die Haut auftragen.

Peeling

5 ml Essig und 5 ml Wasser mit zwei Esslöffeln Meeressand aus der Drogerie vermischen. Die dickflüssige Masse auf die Haut leicht einmassieren, danach mit lauwarmem Wasser abspülen. Nicht nur hier wäre es sinnvoll auch einige Tropfen ätherisches Öl dazu zumischen (siehe Seite 181).

Hautunreinheiten

Bei Mitessern den Essig direkt mit einem Wattestäbchen auf die betroffene Stelle auftupfen. Für einige Hauttypen ist unverdünnter Essig zu stark. In diesem Fall den Essig 1:1 mit Wasser oder Teebaumöl verdünnen und auftragen.

Akne-Spezialmischung: 100 g Meerrettich (Kren) reiben und mit 100 ml Essig übergießen, die Mischung eine Woche ziehen lassen. Die betroffenen Stellen morgens und abends betupfen. Nach ca. zehn Minuten Einwirkzeit abwaschen.

Fußbad

Drei Esslöffel Essig in ein Wasserbad geben: Das belebt die Füße nach einem anstrengenden Tag und hilft auch gegen Fußpilz. Alternativ kann man auch einen Zerstäuber zu ca. einem Viertel mit Essig, den Rest mit Wasser befüllen und abends und morgens damit die Füße besprühen.

Badezusatz

Die Essigzugabe verhindert, dass die Haut durch die Badezusatzstoffe ausgelaugt wird. Geben Sie ca. 100–200 ml Essig in eine Badewanne. Besonders Pfirsich- und Apfelessig eignen sich als Badezusatz.

Kapitel 9 Rechtliche Situation

Hobbyhersteller, die keine wirtschaftlichen Interessen verfolgen und Essig nur für den Eigenverbrauch herstellen, unterliegen nicht den gesetzlichen Regelungen zur Essigherstellung. So darf Maische auch aufgezuckert werden, um den notwendigen Zuckergehalt zu erreichen. Außerdem sind scharf schmeckende Stoffe wie Pfeffer, Chili oder Paprika für den Privatgebrauch erlaubt – gewerblich jedoch nicht, es könnte schließlich ein höherer Säuregehalt vorgetäuscht werden.

Gewerbemäßige Hersteller müssen sich beim Verkauf genau an die Vorschriften ihres Landes zur Bezeichnung der jeweiligen Essigart halten. Für alle Länder gilt, dass auf dem Etikett folgende Informationen angegeben sein müssen:

- ▷ Name des Essigs, z.B. Birnenessig, Salbeiessig …
- ▷ Essigart: Gärungsessig, Essigessenz, Essig aus Essigsäure
- ▷ Gehalt an Essigsäure: z.B. 5 %

Da sich die Gesetzestexte laufend ändern, ist es sinnvoll, sich die aktuelle Version bei Bedarf zu beschaffen. Einen detaillierten Gesetzesauszug der jeweiligen Länder finden Sie hier:

Deutschland:

- ▷ http://bundesrecht.juris.de/essigv/__4.html
- ▷ http://www.gesetze-im-internet.de/essigv/BJNR007320972.html
- ▷ http://www.gesetze-im-internet.de/bundesrecht/essigv/gesamt.pdf

Österreich:

- ▷ Österreichisches Lebensmittelbuch, Kapitel B8: http://www.bmgfj.gv.at/cms/site/standard.html?channel=CH0832&doc=CMS1167207128242

Schweiz:

- ▷ **Verordnung** des EDI über Suppen, Gewürze und **Essig** 817.022.103, 23.11.2005: http://www.admin.ch/ch/d/sr/8/817.022.103.de.pdf

Epilog

Wir veranstalten mehrmals jährlich Essigseminare, bei denen die Teilnehmer die wichtigsten Schritte der Essigherstellung selbst aktiv nachvollziehen. Es werden Ihnen sämtliche Materialien und Messgeräte zur Verfügung gestellt. Im Rahmen des Seminares führt jeder Teilnehmer selbstständig folgende Tätigkeiten durch:

- ▷ Bestimmung des Säuregehaltes
- ▷ Bestimmung des Alkoholgehaltes
- ▷ Ansetzen eines Orléans-Verfahrens
- ▷ Ansetzen eines Fesselverfahrens und Inbetriebnahme mit Einsäuerung
- ▷ Einsatz von aromatischen Füllkörpern
- ▷ Herstellen eines Gärstarters.

Inbegriffen sind Kostprobenfläschchen, außerdem nimmt jeder Teilnehmer seine eigene Starterkultur mit nach Hause.

Interessiert, aber keine Möglichkeit daran teilzunehmen? Dann besuchen Sie doch online unsere Seminarseite, www.distilling-fermenting-seminars.com. Auf unserer Webseite www.essigherstellung.at finden Sie die im Buch beschriebenen Gerätschaften, das notwendige Zubehör sowie Infos zu den Praxis-Seminaren.

Kontaktadresse:

Dr. Bettina Malle und Dr. Helge Schmickl
Ehrentalerstr. 39
9020 Klagenfurt am Wörthersee
Österreich
Tel./Fax: 0043-(0)463-437786
E-mail: schmickl@essigherstellung.at
Homepage: www.essigherstellung.at

Stichwortverzeichnis

A

B

C

D

E

Weitere Bücher im ökobuch Verlag

Anders gärtnern

Permakultur-Elemente im Hausgarten. Ob Kräuterspirale, Krater- bzw. Hochbeet, Kartoffelturm, Wurmfarm oder Erdgewächshaus mit Hühnerstall, bei allem dient die Natur als Vorbild. Mit vielen Anleitungen für einen Hausgarten, in dem die Bereiche harmonisch zusammenwirken und sich gegenseitig fördern. Von Margit Rusch. 96 Seiten, mit vielen farbigen Abbildungen, 16,95 €

Mein kleiner Permakultur-Garten

300 kg Ernte auf 150 m² Fläche mitten in der Stadt. Der Autor Josef Chauffrey beschreibt die Kultivierung eines Reihenhausgartens nach Permakultur-Prinzipien und zeigt, wie sich beachtliche Ernteerfolge an Obst u. Gemüse erzielen lassen. 110 Seiten, mit vielen farbigen Abbildungen, 16,95 €

Das Biogarten-Praxisbuch

Anleitung zum naturgemäßen Gärtnern in Bildern. Hier wird das notwendige Wissen vermittelt, um erfolgreich den Boden zu bestellen und reichhaltig gesundes Obst und Gemüse zu ernten. Susanne Bruns. 224 Seiten, viele Abbildungen, 18,95 €

Permakultur im Hausgarten

Mit diesem Buch gibt der Autor einen Leitfaden an die Hand, wie ein Hausgarten Stück für Stück zum persönlichen und vielseitigen Permakultur-Garten gestaltet oder umgestaltet werden kann. Jonas Gampe. 144 Seiten, mit vielen Abbildungen, 16,95 €

Auf 300 qm Gemüseland

… den Bedarf eines Haushalts ziehen. Wie man auf kleinstem Raum einen Nutzgarten anlegt und erfolgreich bewirtschaftet, können wir von unseren Vorfahren lernen. Mit schnellen, praktischen, alphabetisch geordneten Infos über die wesentlichen Pflanzen, über Anbau- und Arbeitsmethoden. Von Arthur Janson. Neugestalteter Nachdruck der Erstausgabe von 1926. 170 Seiten, 16,95 €

Saatgut aus dem Hausgarten

Nach einer Einführung in die Saatgutgewinnung und in die Praxis der Vermehrung werden die nötigen Hilfsmittel, Ernte, Reinigung und Lagerung der Samen sowie Aussaat und Aufzucht beschrieben. Mit kurzen Pflanzenporträts aller im Hausgarten üblichen Kräuter, Gemüse und Blumen. Von Marlies Ortner. 138 Seiten, mit vielen farbigen Abbildungen, 19,90 €

Trocknen und Dörren mit der Sonne

Bau & Betrieb von Solartrocknern. Ein Buch für alle, die einen funktionstüchtigen Solartrockner kostengünstig selbst bauen möchten, um Obst, Gemüse und Kräuter natürlich und hochwertig haltbar zu machen. Außerdem: Praxis des Trocknens mit vielen Tipps aus langjähriger Erfahrung. Herausgegeben von Claudia Lorenz-Ladener. 96 Seiten, mit vielen farbigen Abbildungen, 16,95 €

Terrassen und Decks aus Holz selbst gebaut

Planungsüberlegungen, sinnvolle Konstruktionen, Materialempfehlungen. Viele Beispiele und Schritt-für-Schritt-Bilder vermitteln das Wissen zum Bau schöner Holzdecks. Von Peter Himmelhuber. 102 Seiten, mit vielen farbigen Abbildungen, 16,95 €

Mein Garten lebt

Vögel, Schmetterlinge, Igel, Wildbienen und andere nützliche Tiere ansiedeln. Mit Bauanleitungen und Gestaltungsideen, um durch Nisthilfen, Schlafquartiere u.ä, Gärten tierfreundlich zu gestalten. Von Peter Himmelhuber. 96 Seiten, mit vielen farbigen Abbildungen, 16,95 €

Natürlich konservieren

Die 250 besten Rezepte, um Gemüse und Obst möglichst naturbelassen haltbar zu machen und ein maximum an Vitaminen, Nährstoffen und Geschmack zu erhalten. Herausgegeben von Terre Vivante. 160 Seiten, mit vielen Abbildungen, 16,95 €

Trockenmauern für den Garten

Bauanleitung & Gestaltungsideen. Ob Sitzplätze oder Hochbeete einzufassen, eine Hangfläche zu terrassieren oder das Grundstück einzugrenzen: Mit einfachen Werkzeugen kann jeder kostengünstig eine schöne und dauerhafte Trockenmauer selbst bauen. Von Jana Spitzer und Reiner Dittrich. 96 Seiten, mit vielen farbigen Abbildungen, 16,95 €

Gottfried Haefele
Wolfgang Oed
Ludwig Sabel
Haus
Erneuerung
Instandsetzen
Modernisieren
Energiesparen
Umbauen
Ökologische Baupraxis
Mit Anleitung zur Selbsthilfe
ökobuch

Mit Weiden bauen
antis

Walter Friedl
Bunte Körbe aus Gräsern und Kräutern selbst hergestellt
Die Technik des Korbwickelns neu entdeckt

Hütten von Kindern selbst gebaut

Hrsg.
Ingo Gabriel
Heinz Ladener
Vom Altbau zum Effizienzhaus
Modernisieren und energetisch sanieren
Planung
Baupraxis
KfW-Standards
EnEV 2014/2016
ökobuch

Ingo Gabriel
PRAXIS
HOLZFASSADEN
MATERIAL PLANUNG AUSFÜHRUNG
ökobuch